本书得到"中央高校基本科研业务费专项资金"资助

(supported by "the Fundamental Research Funds for the Central Universities")

网络犯罪治理
研习教程

谢 澍 主编

中国政法大学出版社

2024·北京

图书在版编目（CIP）数据

网络犯罪治理研习教程 / 谢澍主编. -- 北京 ：中国政法大学出版社，2024.8. -- ISBN 978-7-5764-1609-1

Ⅰ. D924.364

中国国家版本馆 CIP 数据核字第 2024J4L120 号

书　名	网络犯罪治理研习教程 WANGLUO FANZUI ZHILI YANXI JIAOCHENG
出版者	中国政法大学出版社
地　址	北京市海淀区西土城路 25 号
邮　箱	bianjishi07public@163.com
网　址	http://www.cuplpress.com (网络实名：中国政法大学出版社)
电　话	010-58908466(第七编辑部) 010-58908334(邮购部)
承　印	固安华明印业有限公司
开　本	720mm×960mm　1/16
印　张	17.75
字　数	282 千字
版　次	2024 年 8 月第 1 版
印　次	2024 年 8 月第 1 次印刷
定　价	58.00 元

编委会

序　言

　　欣闻谢澍博士主编的学术型教材《网络犯罪治理研习教程》即将出版并邀我作序。接到邀请的第一时间，我的心情既欣喜又忐忑。欣喜的是，谢澍博士作为勤奋努力的"青椒"，在学术道路上再次迈出了坚实的一步。作为授业导师，我也乐于陪伴和见证谢澍博士在刑事一体化的道路上前行和探索。忐忑的是，教材和一般的学术专著不同，不能像学术专著一样仅围绕核心问题进行研究，而是要尽可能详细地向读者讲授一个领域的相关知识，构建起知识图谱。如今法学研究中，不乏方家在一个领域钻研数十年，竭尽半生之力方在这一领域中小有所成。想要在网络犯罪领域出版教材，难度很大，恐怕需要多年的研究才能克服重重困难。

　　当我委婉地表达出我的疑虑后，谢澍博士告诉我，这本教材不是他一个人的成果，而是由十余位学者、检察官、互联网企业法务等网络犯罪领域专家协作共同编著。实际上，哪怕研究再长时间，学者始终是以学者的视角来看待问题，与法官、检察官、律师的思维方式和思考角度都不一样。而网络犯罪又是一个随着网络技术方法的更新，变化相当快的领域。在相关技术应用几年一变的背景下，学者如果针对网络犯罪问题埋头研究数十年，待研究成果问世时，网络犯罪手段或许早就更新迭代变得面目全非了。因此，想要在高速发展的网络犯罪领域编著一本研究对象新颖且知识深度充分的教材，团队化协作无疑是一个更好的选择。

　　《网络犯罪治理研习教程》从网络犯罪治理这一视角展开，体系性介绍了网络犯罪治理的相关知识。教材需要有一个全面、系统的框架，而在本书中，网络犯罪的知识框架被划分为问题与趋势、侦查与办理、规制与审查、行动与对策。这一框架从网络犯罪治理的流程维度着手，对知识进行了体系性分类，具有教材的全面性和体系性。此外，在每一章节中，本书并非仅仅进行了大段的理论阐述，而是从读者将本书作为教材进行阅读的前提出发，在每章中设有研习要点、典型案例、理论解读和延伸思考。研习要点是每章要点的总结，能够帮助读者提炼概括每章的中心和要旨，对读者的学习发挥提纲挈领的作用。典型案例体现了每章内容的实践性，有助于读者了解每章的内容在实践中的作用和地位，通过案例的方式进行讲解也有助于读者对艰深的理论更好地加以理解。理论解读是每章的主体内容，围绕每章的主题阐明了每章知识点的具体理论。每一章的理论解读都来源于编写专家的最新研究成果，并在原成果的基础上针对教材的特点进行了修改。延伸思考是每章的相关问题，可能是理论的延伸所在也可能是理论的欠缺之处，目的是启发读者进行更深的思考，帮助读者掌握每章内容。从本书章节内容设置中，可以很清晰地看到本书的教材属性和功能。这一编写方法体现了网络犯罪教材与刑事诉讼法教材的不同。刑事诉讼法教材是连贯型教材，教材编排按照程序推进的顺序依次连接，而网络犯罪教材是要点型教材，教材编排聚焦于网络犯罪不同于一般刑事犯罪的特殊问题。

在此基础上，本书还有三个显著特点。

第一，本书是一本学术型教材。学术型教材与传统型教材最大的不同就在于学术型教材会尽力在传授知识的同时，保留学术探讨的氛围，在教学过程中致力于就知识与读者进行对话和交流，而非试图促使读者进行低效的知识记忆和不求甚解。本书中每个章节的最后，都会带有相关问题，尽力启发读者的思考，而不是树立自我权威。这对读者就网络犯罪治理形成一个既有充分认识又有独立见地的开放视角颇有裨益。如果说本书只是以己为纲，反倒可能引人质疑，但本书在传授知识的同时，尽力促进开放思考，令我对本书将来可能起到的积极作用颇为期待。学术型教材这一教材类型的选择，也契合我国网络犯罪治理的发展阶段和治理水平。在新技术革命仍在不断驱动社会形态发生区域性崩塌重构的背景下，对网络犯罪治理问题固化认知并非应对网络时代不断涌现的规范供给难题和判例缺失困境的良策。相反，面对网络社会底层技术仍在变动演进的新常态，网络犯罪治理教程应摒弃模式化的治理套路，抓住网络时代社会治理迭代升级对刑事治理的挑战，从根源上帮助读者应对不断翻新的网络犯罪问题。这一要求即为学术型教材的编写模式。学术型教材着重于避免读者局限在模式化的犯罪定性和套路化的解决对策之中，更强调读者对"道"的学习而非对"术"的学习，适应于当前网络犯罪随着底层技术发展不断升级迭代的发展趋势。

第二，本书体现了中国政法大学一直秉承的刑事一体化传统。刑事一体化理论最早由储槐植教授提出，历经近四十载风雨，刑事一体化理论不仅茁壮成长，还开花结果，成为我国法学界理论创新的重要源泉。刑事一体化着重克服刑法、刑事诉讼法、刑事政策、犯罪学之间的鸿沟，强调多元配合下对刑事案件的一体化处理。中国政法大学一直将刑事一体化作为创新发展的重要战略安排，深度融入学科建设、科学研究、人才培养等各个方面，形成了"法大模式"。本书没有局限于刑事实体法或者刑事程序法的角度，而是将二者融会贯通，在一个统一的知识结构下研究网络犯罪治理，从网络犯罪的具体特点出发，指向网络犯罪治理的形式程序和实质判断，从而有针对性地对网络犯罪进行程序和实体的双重规制。刑事一体化理论的践行拓宽了本书的理论深度和教学效果。实践中办案人员在处理刑事案件时，不可能仅仅借助刑法或者刑事诉讼法，而是站在刑事一体化的视角下，全面审视和处理案件。一本只涉及刑事实体法或者只涉及刑事程序法的教程，都不能完整展现网络犯罪治理的相关知识，不能充分帮助读者应对眼前的网络犯罪案件。

第三，本书体现了对数字时代前沿问题的关注。当前，人类社会进入了前所未有的数字时代。数字技术的应用为人类社会带来便利，也带来新型犯罪的风险。作为法律人，应关注法律问题在数字时代呈现出的新样态，以实现法学知识在新技术背景下的突破和创新。高等院校中的刑事法教学，也应关注理论前沿和实践样态的对话，回应社会发展中涌现的新需求，确保学生技能和社会需求相匹配。网络犯罪是互联网全面普及后出现的新型犯罪问题，随着互联网底层技术的升级和应用样态的优化不断变化，需要进行针对性治理。与此相关，本书体现了数字时代法律人对新型犯罪风险的认识，并将网络犯罪的前沿知识进行整合，有助于意图了解这一领域的法律人快速找到热点和难点问题，从而实现对网络犯罪治理的深入了解。对网络犯罪的治理必须关注数字时代的具体特征，从特征出发有针对性地给出治理策略。网络犯罪根植于网络科技从 Web1.0 到 Web2.0 再到 Web3.0 的代际变化之中。如何应对智能化的 Web3.0 时代网络犯罪，成为理论和实务中不可回避的问题。基于大数据技术的生成式人工智能应用作为时下最新的数字技术应用，已经在底层技术和犯罪方法上对网络犯罪产生了一定的影响。本书对此进行了一定的关注，有助于读者了解网络犯罪的发展趋势，加深对新型网络犯罪案件的了解。

阅毕本书，略记所思。最后，希望有更多的青年学者投身网络犯罪治理的教学和科研工作，产出更多的高水平成果，在刑事一体化的道路上越走越远！

是为序。

中国政法大学诉讼法学研究院名誉院长、教授、博士生导师
中国刑事诉讼法学研究会名誉会长

目 录

◆ 第三编　网络犯罪治理：规制与审查 ◆

◆ 第四编 网络犯罪治理：行动与对策 ◆

第一编

网络犯罪治理：问题与趋势

第一章
网络黑灰产活动的犯罪化态势

【研习要点】

1. 网络黑灰产业链既是打击网络犯罪的重点问题，又是打击网络犯罪的难点问题，给打击网络犯罪带来了挑战，不能单单从"行为"或"技术"的角度去理解和分析网络黑灰产。

2. 网络黑灰产活动具有犯罪行为链条化、犯罪链条模块化、犯罪模块组件化、犯罪组织集团化、犯罪空间跨域化等特点，呈现出层级化和复合化两大突出态势。

3. 从"危害性""专门性"及"形式性"三个维度进行综合考量可以对网络黑灰产活动犯罪化进行有效识别。

【典型案例】

唐某琪、方某帮助信息网络犯罪活动案[1]

[基本案情]

被告人唐某琪曾因其销售的 GOIP 设备涉及违法犯罪被公安机关查扣并口头警告，之后其仍以乔尚公司名义向方某购买该设备，并通过网络销售给他人。方某明知唐某琪将 GOIP 设备出售给从事电信网络诈骗犯罪的人员，仍然长期向唐某琪出售 GOIP 设备。自 2019 年 12 月至 2020 年 10 月，唐某琪从方

---

[1] 唐某琪、方某帮助信息网络犯罪活动案，最高人民检察院发布 10 件打击治理电信网络诈骗及关联犯罪典型案例之九（2022 年）。

某处购买了 130 台 GOIP 设备并销售给他人，并提供后续安装、调试及配置系统等技术支持。期间，公安机关在广西北海、钦州以及贵州六盘水、铜仁等地查获唐某琪、方某出售的 GOIP 设备 20 台。经查，其中 5 台设备被他人用于实施电信网络诈骗，造成张某洵、李某兰等人被诈骗人民币共计 34 万余元。

检察机关经审查认为，唐某琪曾因其销售的 GOIP 设备涉及违法犯罪被公安机关查扣并口头警告，后仍然实施有关行为；方某作为行业销售商，在明知 GOIP 设备多用于电信网络诈骗犯罪且收到公司警示通知的情况下，对销售对象不加审核，仍然长期向唐某琪出售，导致所出售设备被用于电信网络诈骗犯罪，造成严重社会危害，依法均应认定为构成帮助信息网络犯罪活动罪，检察机关依法提起公诉。北海市海城区人民法院以帮助信息网络犯罪活动罪分别判处被告人唐某琪、方某有期徒刑九个月、八个月，并处罚金人民币一万二千元、一万元。唐某琪提出上诉，同年 10 月 18 日，北海市中级人民法院裁定驳回上诉，维持原判。

[典型意义]

（1）GOIP 设备被诈骗犯罪分子使用，助推了电信网络诈骗犯罪。要聚焦违法使用 GOIP 设备所形成的黑灰产业链，既要从严惩治不法生产商、销售商，又要注重惩治专门负责设备安装、调试、维修以及提供专门场所放置设备的不法人员，还要加大对为设备运转提供大量电话卡的职业"卡商"的打击力度，全链条阻断诈骗分子的作案工具来源。

（2）坚持主客观相统一，准确认定帮助信息网络犯罪活动罪中的"明知"要件。行为人主观上明知他人利用信息网络实施犯罪是帮助信息网络犯罪活动罪的认定条件。对于这一明知条件的认定，要坚持主客观相统一的原则予以综合认定。对于曾因实施有关技术支持或帮助行为，被监管部门告诫、处罚，仍然实施有关行为的，如没有其他相反证据，可依法认定其明知。对于行业内人员出售、提供相关设备工具被用于网络犯罪的，要结合其从业经历、对设备工具性能的了解程度、交易对象等因素，可依法认定其明知，但有相反证据的除外。

【理论解读】

GOIP 设备在电信网络诈骗犯罪中被广泛使用，为电信网络诈骗犯罪提供了技术支持，加大了反制拦截和信号溯源的难度，给案件侦办带来了诸多难题。除了多被用于电信网络诈骗犯罪的 GOIP 设备，实际上还存在着庞大的网络黑灰产，网络黑灰产滋生蔓延已经成为网络犯罪多发高发的重要因素。网络黑灰产之所以带有"黑灰"的色彩，是因为它促进了网络违法犯罪的发展。然而，"黑灰"的外延并非固定不变，而是动态变化的。随着技术和实践的发展，新兴产业将纳入黑灰产的范畴，同时原有的黑灰产业也会被新技术和手段所替代。与此同时，网络黑灰产汇聚了资金、人力和技术等生产要素，形成规模化的产业，单单从行为或技术的角度去理解和分析网络黑灰产的做法是片面的、孤立的。将黑灰产理解为"行为"忽视了其规模集群化的特点，网络黑灰产的危害性并不在于单个生产行为本身，而在于其作为产业所具有的"聚沙成塔"的效应，为社会秩序带来规模性、集聚性的威胁与风险。将黑灰产理解为"技术"，是因为没有认识到尽管许多网络黑灰产高度依赖于技术手段，但技术仅仅是产业诸多生产要素中的一种。产业经济活动的开展除了技术要素外，离不开从事该产业的人、资金等其他生产要素。即使从刑法的角度对网络黑灰产进行评价，也不应忽视资金和人的影响。可见，对网络黑灰产进行全面、整体地评价离不开对其产业特征的深入剖析。整体来看，网络黑灰产活动具有犯罪行为链条化、犯罪链条模块化、犯罪模块组件化、犯罪组织集团化、犯罪空间跨域化等特点，呈现出层级化和复合化两大突出态势。

一、层级化：网络黑灰产的最新样态

出于提高效率、规避打击等因素考虑，网络犯罪行为被精细拆分为各个环节，由各个专业化团伙从事。这些不同工种、不同团伙围绕着实施网络犯罪这一最终目的紧密联系在一起，形成了层级分明、分工精细、衔接紧密的网络黑灰产业链。产业链上游大致可划分为信息层、引流层、场所层和技术层，下游主要为资金层，为犯罪提供支付结算通道，上下游各层级相互配合、共同作用，最终推动了网络犯罪实施和犯罪资金的转移。

（一）信息层

信息层主要负责个人信息和网络数据的采集和维护。当前，数据信息已经成为网络空间的基本要素，也成为网络犯罪实施的必备工具。围绕数据信息的获取，各种黑灰产也是不断"推陈出新"。账号是网络空间的身份标识，也是网络行为的必备要素，逐渐演变成网络黑灰产的首要"生产资料"，被用于电信网络诈骗、网络盗窃、"薅羊毛"、刷单炒信、获客推广等多种场景。账号作用的基础性、广泛性和多元性，形成了非法获取账号、账号"实名非实人"及账号维护等细分产业链。（1）"黑爬虫"。"爬虫"是自动抓取互联网信息的程序，能够通过自动抓取将海量的网络链接、信息等数据传送到控制人设定的存储空间。黑灰产分子利用"恶意爬虫"突破和绕过目标计算机信息系统的安全防护措施，侵入目标网站后批量获取系统内数据。（2）批量注册。如（2021）苏09刑终43号案，被告人程某某雇用他人为其编写京东账号注册软件"DJ-APP.exe"，并租用了服务器，购买了境内外多个手机号码，破解了京东登录的加密算法并调用京东注册接口，通过Proxy池或者宽带拨号频繁更换IP地址的方式避免命中京东反爬策略，用程序对接打码平台，绕过京东账号注册过程中使用的验证机制，从而批量注册京东账号。后被告人通过出售已注册成功的京东账号，违法所得327万余元。（3）钓鱼网站。为非法获取公民个人信息，黑灰产分子采用欺骗手段，使得信息提供人陷入错误认识而自愿提供个人信息。例如，伪造官方网站以骗取用户输入个人信息即典型的钓鱼网站。（4）撞库。因用户普遍有在多平台使用相同用户名和密码的习惯，黑灰产分子通过收集互联网已泄露的用户名和密码信息，生成对应的字典表，尝试批量登录其他网站后得到一系列可以登录的账户。即通过获取用户在A网站的账户从而尝试登录B网站。如（2020）京01刑终130号案，被告人汪某某使用专门用于侵入计算机信息系统的程序及包含大量用户名密码的样本数据，对北京微播视界科技有限公司的计算机信息系统实施撞库攻击，非法获取了储存的用户身份认证信息177万余组。（5）嗅探工具。嗅探工具主要包括嗅探器主机、信号扩大器、频点手机，通过改变MAC地址等手段，欺骗交换机将数据包发给自己。黑灰产分子利用嗅探工具拦截、获取周边手机用户的短信验证码、验证邮件，并利用验证码注册账号。（6）硬件植入木马病毒。黑灰产分子先将木马病毒嵌入手机主板，然后将手机主板销售给手机生产商。这些手机只要插入电话卡，主板里的木马程序就会运行，向后台发送短信，黑灰产分子就可以实时对该手机进行控制。（7）职业解封。平台对依据监管指令封号或严重违规永久封号以外的限权或封禁设有申诉解封渠道，解封方式有好友辅助解封和非好友扫码解封等。为了更好地蒙蔽平台风控策略，职业解封使用"动动手指就能赚钱""10分钟就能完成"等话术引诱学生等群体以网络兼职的名义参与解封。（8）养号。"养号"是指黑灰产分子通过集约化控制软件，维持账号的日常登录、浏览的行为，进阶的"养号"则通过刷单、刷粉、刷信誉等方式提高账号信誉度等多维度活跃，如在社交类平台刷粉、刷阅读数、点赞数、转载量，在电商类平台刷销量、刷信誉、刷评价。账号注册时间长短、粉丝关注数、是否保持更新、账号等级等维度越活跃的账号价格越高。

（二）引流层

引流层黑灰产利用上游账号养护、匿名网络等产业提供的账号和服务，通过短信、电话、互联网等各类渠道推广引流，为网络犯罪触达潜在用户群体搭建桥梁。（1）短信引流。短信引流一般有两种方式：一是伪基站，伪基站运行时用户手机信号被强制连接到该设备上，使之无法连接到公用电信网络，并以任意显示号码冒充银行、运营商等强行向伪基站运行范围内的用户手机自动发送短信。二是短信群发平台，一般有三种渠道：盗用其他单位短信群发平台发布诈骗信息、通过不正规的短信群发平台发送诈骗信息、利用部分正规短信群发平台的审核不严漏洞发送诈骗信息。（2）电话引流。一是传统人工方式，"话务员"利用话术引诱潜在用户添加犯罪团伙的社交平台账号或下载指定App；二是自动语音呼叫系统，在传统的人工电话中加入自动语音问答模块，先精准有效地筛选出潜在人群，再由人工"话务员"进行处理，大幅减少人工电话"话务员"的压力和成本。（3）网络引流。随着社交网络的成熟，网络平台受众群体大、用户黏性强等特点促使不法分子将引流重心转移到互联网上。一是搜索引擎竞价排名引流，犯罪团伙非法使用各大搜索门户网站竞价排名的功能，虚假提高网站的点击率，诱使网民点击进而实施犯罪；二是短视频、直播引流，短视频和直播引流通过各类引诱性话术将潜在受害人引流至诈骗 App 或其他平台。其中，短视频引流已经进化到自动化阶段，自动脚本代替了人工的烦琐操作。三是网页广告和弹窗引流，不法分子在热门网站、软件上投放各类广告和弹窗以吸引流量，该类广告的内容多与购物、充值、赌博及色情服务等相关。四是流量劫持，利用各种恶意软件、木马病毒等，通过修改浏览器、锁定主页或不停弹出新窗口等方式，强制用户访问某些网站，从而达到引流目的。

(三) 场所层

随着我国对网络空间管控的日益严格，电信网络诈骗犯罪分子的犯罪空间被逐渐压缩，但是部分犯罪分子仍有其隐蔽的交易及交流场所，或是向境外转移，将境外平台作为其实施犯罪的主要空间；或是寻找开发更为隐蔽的交易场所，以逃避打击、管控措施。(1) 暗网。暗网是指隐藏的网络，普通网民无法通过常规手段搜索访问，需要使用特殊的工具配置或者授权才能访问。暗网平台中的门类包括出售服务、出售数据、出售实物、求购数据等，门类齐全且大部分价格不高，给黑灰产分子提供了极大便利。数据是暗网交易的重要商品之一，暗网中交易的数据种类繁多，其中公民身份信息占比较大，金融行业是信息泄露的"重灾区"之一。(2) 发卡平台。发卡平台是将数字商品进行自动化交易的平台，已成为互联网黑灰产的重要交易通道和协作平台。发卡平台在售的商品种类十分丰富，包括平台账号、虚拟商品、影视会员等灰色商品。(3) 匿名群组。为了躲避溯源，匿名通信工具在黑灰产"业务沟通"中不可或缺。通过对相关案例进行分析，发现 Telegram 和 Signal 等软件在黑灰产领域最为流行，这类软件往往具有通信加密、阅后即焚等功能且拥有庞大的使用群体。值得注意的是，这些通信软件本身并不违法，也均制定了相关监管措施和举报渠道。

(四) 技术层

技术层在电信诈骗黑灰产业中扮演着"地基"式的角色，贯穿于黑灰产业链始终。一方面，技术层为信息层、引流层、资金层等其他层级提供技术支持和作案工具，如通过撞库软件收集公民个人信息、使用流量劫持技术进行引流等。另一方面，技术层还为犯罪分子提供了隐匿身份、集约管理、规避风控等其他便利条件。(1) 隐匿身份类。黑灰产提供的各类专业的通讯号码切换服务能够帮助犯罪团伙隐藏真实身份，不仅容易让受害者产生错误信赖，而且会为警方的追捕工作增加阻碍。较为典型的如VOIP，VOIP供应商的服务器会将语音信息转化为数字信息进行传输，黑灰产可篡改电话号码或修改电话的来源地以掩盖其真实所在地。又如GOIP，作为VOIP的升级版，可以帮助犯罪分子更好地"隐身"。境外的不法分子会招募境内工作人员来安装GOIP设备，GOIP安装到位后就会自动工作，与所在地通信基站取得连接，而SIM卡则插在境外的卡池里，人在国外操作就可以实现远程控制、群拨电话、群发短信等功能。（2）集约管理类。黑灰产快速地向集约化发展，通过集中控制技术设备和服务，犯罪分子能够实现批量作案，大大提高效率和效益。比较典型的如群控软件，群控技术能够批量控制手机设备进行脚本自动化操作，实现批量注册、验证、登录、点击、一键回复等操作。又如猫池、卡池，一台"猫池"设备可同时支持多个手机号通话，并支持群发短信、远程控制、卡机分离等功能。卡池可放置大量手机卡。如果将256个卡位的大卡池与64口猫池配合使用，相当于64台手机同时运作，每台手机拥有256张手机卡，从而可源源不断地收发骚扰电话、诈骗短信、验证码等。（3）规避风控类。用户使用设备的信息以及接入网络的环境是各大平台风控策略的重要判断维度，黑灰产分子利用"验证码突破"（即能够突破验证码防护算法，以混淆人机身份实现批量注册登录、信息滥发等操作行为），"一键新机"（即能够"一键"改变手机的IMEI等设备参数、随机切换手机定位地址等，导致手机App将一台设备误认为是多台设备，无法获取用户的真实设备参数），"秒拨IP"（即提供秒级IP切换功能，使被请求的互联网平台服务器误认为获取的IP是伪装后的秒拨IP，从而绕过平台对IP的检测防控，为下游各类网络犯罪提供低成本的虚假身份隐蔽上网服务）等工具绕过互联网平台的风控措施，给监管部门以及互联网平台对风险账号的识别和判定带来极大的难度。

（五）资金层

资金层主要负责帮助网络犯罪分子转移支付涉案资金。伴随金融科技在支付结算领域的广泛运用，传统地下钱庄已迅速向互联网转型，并时刻与平台、监管对抗。一些非法第四方支付平台利用第三方支付平台、合作银行、合作电信运营商及其他服务商接口等多种支付工具进行综合支付，并聚合多种渠道，支付成功率更高，成为发展趋势。（1）多层级银行卡洗钱。"水房"是对上游犯罪资金进行洗白的俗称，黑灰产分子需掌握大量的银行卡，通过层层资金账户转移，将犯罪所得非法资金通过拆分、混同、再拆分的方式隐匿资金来源踪迹，形成资金混同，从而使得犯罪所得资金得以"洗白"。（2）跑分平台。"跑分平台"属于非法结算的一种，类似于"众包洗钱"的模式，参与者提供一个收款码或者银行卡号，通过互联网召集众多参与者，降低了收购账号的成本，将涉案赃款伪装成小额分散的钱款往来，避开法律风险。（3）"空包"交易。黑灰产分子以电商平台销售商品为由，收取上游资金，混淆非法与合法资金。为规避电商平台从物流公司核实商品物流信息确认交易是否真实发货这一系列风控措施，黑灰产与一些物流从业者勾结，形成了专门提供"空包"的产业，在物流公司制造真实的物流信息，以掩盖交易的虚假性，而实际上是虚拟地发出快递，没有真实的商品发出。（4）虚拟商品交易。随着各大平台风控措施不断升级，实物虚假交易的难度逐渐增加，黑灰产分子开始向虚拟物品等非实物交易转移，涉及电商平台预售卡、手机话费、游戏点卡、游戏装备等，虚拟商品普遍具有可保值、易流通的特点。例如，早前的"话费充值"洗钱是上游先把来历不明的钱与洗钱团伙在约定好的店铺购买话费充值卡卡密，上游把所有钱换成卡密后，将卡密给礼品卡回收平台进行回收。（5）虚拟货币。犯罪分子利用比特币等虚拟货币的匿名、去中心化等特点，用上游犯罪所得及其收益在虚拟货币交易平台租借、收购的他人正常用户账号，充值购买虚拟货币，后提币在境外卖出提现。（6）直播代币打赏洗钱。网络直播平台因受到公众追捧，逐渐成为"洗钱"的新场所。黑灰产分子会与主播加入的直播公会联系，双方约定结算比例，不法分子先通过在平台充值取得代币后，再将代币或用代币购买的礼物打赏给主播，形成完整的上下游链条，等直播平台与公会结算后，公会再与不法分子按约定比例拆账。

二、复合化：网络黑灰产的发展趋势

（一）从"一体化组织"到"积木型组织"

当网络犯罪一体化组织被拆分为一个个小的犯罪模块时，分工更加精细，黑灰产专注在各自擅长的垂直领域中深耕发展。一方面，这些黑灰产模块犹如一块一块的"积木"，兼容性和复用性强，模块与模块之间可临时或长期组合成"一对一""一对多""多对多"的协作关系，"拼接"形成完整的犯罪"产业"链条。另一方面，犯罪分子可以购买所需要的黑灰产"积木"自由组合，构筑成不同形态的网络犯罪生产"机器"，这些庞大的"机器"不停地运转，犹如附骨之疽潜藏在社会的阴暗角落。黑灰产生态"积木化"推动了犯罪组织结构松散化的升级转型。相较于传统犯罪组织紧密的架构，可随时替换黑灰产模块搭建起来的犯罪组织纽带关系薄弱，一方面，模块与模块之间结构松散，各个模块都可为多个犯罪组织服务，对彼此的具体行为"心照不宣"或"漠不关心"；另一方面，在"长链路"犯罪中，部分模块的直接服务对象很可能并非该链路终点的下游犯罪，而是作为中间环节的预备或帮助行为，如给电信网络诈骗犯罪的"引流"环节提供互联网接入、服务器托管、网络存储等技术帮助。模块与模块之间、成员与成员之间结构松散，这一产业特征使得各环节的主观意思联络和客观行为连接性降低，但是却又能紧密为电信网络诈骗等犯罪提供服务。

(二) 从"窝点犯罪"到"跨域分踞"

随着打击的深入，以及打击手段的过度暴露或过度使用，犯罪分子不再聚集在单一地域或使用单一平台，开始跨地域、跨平台作案。犯罪分子不再聚集在单一地域，开始将产业链条上风险较大的环节向境外转移，将打击难度较大的环节，尤其是技术服务留在境内。犯罪分子充分利用不同司法区域间的协作壁垒来防御被追诉的风险。随着国内对网络空间管控愈加成熟，黑灰产交流互动的场所被逐渐压缩。黑灰产开始更多地通过暗网论坛、匿名通信工具等开展"业务沟通"。随着单一监管部门、电信网络平台的监管、风控措施不断升级，犯罪分子转而寻求利用不同行业、不同平台之间的信息不对称或者信息壁垒进行犯罪。利用社交、电商、游戏、银行、电信等不同行业、不同平台之间信息不互通的特性，跨行业、跨平台流窜作案极有可能成为未来的主流作案手法。犯罪分子通过跨地域、跨平台的方式流窜作案，整体犯罪行为被拆分，相关平台或监管利用自有的数据难以有效识别犯罪。

（三）从"家庭作坊"到"产业集团"

顺应精细化、专业化趋势，黑灰产开始从"家庭作坊"式聚集成为更加成熟的组织形态，甚至走向集团化发展道路。规模较大的黑灰产模块组织架构已经十分完善，包括销售运营、机房维护、技术研发、综合行政、竞对研究等，甚至组建起自己的法务团队。一个犯罪集团往往由多人组成，集团内部成员固定，有明显的首要分子，犯罪集团在首要分子的组织、领导下形成统一的组织形式，有计划地实施犯罪活动。尤其是集约控制技术设备和服务黑灰产的出现，大大提升了电信网络诈骗犯罪的效率，为犯罪提供隐匿身份、规避风控、集约控制等便利条件。如在手机卡、银行账户、互联网用户账号实名制背景下，个人信息以及各类"实名非实人"的虚假账号成为电信网络诈骗犯罪的首要"生产资料"，形成了需求庞大的细分黑灰产，通过单点收集快递物流、纸质票据、社交动态等所泄露的个人信息已经远远不能满足需求。为更高效地批量获取个人信息，黑灰产利用"恶意程序"突破和绕过目标计算机信息系统的安全防护措施，侵入并批量获取目标系统内的数据。组织形态的集团化提升了黑灰产分子的效率和专业化程度，导致网络犯罪日益猖獗，严重扰乱社会秩序。这一产业特征一方面使得各环节犯罪人的主观意思联络和客观行为连接性降低，另一方面网络黑灰产拥有了更专业的基础支持，甚至存在部分大型网络黑灰产犯罪集团招募专业的法务团队进行司法对抗的情况。

三、有效识别：网络黑灰产活动的犯罪化进路及限度

网络黑灰产更新迭代速度快，犯罪手段层出不穷，司法实践也由此开始挑战技术中立原则，质疑网络技术行为的边界究竟在哪里，违法性应该如何界定，并对"违反国家有关规定""非法"等空白罪状的认识产生了越来越多的分歧。网络技术刑事违法性边界模糊，也成为悬在各互联网平台头顶上的"达摩克利斯之剑"，网络黑灰产活动犯罪化的限度与有效识别进路亟须明确，以平衡打击犯罪和鼓励网络技术创新。

（一）"危害性"考察

网络黑灰产活动犯罪化的首要依据是行为是否具有社会危害性，对于危

害性判断需要全面考量其对网络空间中网络安全、数据安全、系统运行的实质影响。"危害性"考察可以从行为目的、对象、程度等维度进行综合考虑。

1. 目的维度

行为的目的反映了行为人的主观恶性，也是行为社会危害性的主要体现。在网络黑灰产活动中，能够突出反映行为非法目的的情形主要包括影响系统的可用性、未授权或违背意愿执行数据"读"和"写"操作等三个方面。（1）影响系统可用性，即通过技术手段影响网络系统的正常运转和核心功能的实现。实践中最为典型的是针对服务端系统的DDoS（Distrbuted Denial of Service）等流量攻击，攻击者通过控制计算机资源攻击目标服务器，致服务器断网或者无法提供正常服务。（2）未授权或违背意愿访问，执行数据"读"操作。行为人为了读取目标计算机信息系统的数据，通过未经授权使用或突破他人的账号等方式，查询、下载该计算机信息系统中储存的大量数据。（3）未授权或违背意愿访问，执行数据"写"的操作。主要是指通过技术手段对目标计算机信息系统执行增加、删除、修改等"写"的操作权限，如通过"写"操作将添加了赌博关键字并设置自动跳转功能的静态网页，并上传至目标服务器，提高赌博网站广告被搜索引擎命中的概率。

2. 对象维度

行为的对象，决定了行为的实施能否达到影响网络系统实质功能的后果。网络系统是交织复杂的，而其基本构架是由"云""管""端"三部分组成，分别对应为服务端系统、网络基础设施系统和终端系统。对于这些系统的控制或破坏，往往会产生系统性的影响。（1）"云"。"云"主要指服务端系统，包括办公系统、研发测试系统、业务生产系统等，是整个网络系统的核心、顶层部分。对于"云"系统的控制、破坏，往往是系统性、颠覆性的危害，如DDoS攻击导致公共服务系统不能正常运行，将广泛影响公众的正常工作和生活。（2）"管"。"管"主要指网络基础设施系统，包括网络设备、网络基础服务等。"管"是"云—端"的连接通道，如通过修改路由器、浏览器设置、锁定主页或者弹出新窗口等技术手段，强制网络用户访问指定网站的"DNS劫持"行为，即属于对网络基础设施的破坏，涉嫌破坏计算机信息系统罪。（3）"端"。"端"主要指终端系统，包括员工办公终端、用户终端、物联网（IoT）终端等。作为计算机信息系统的终端，通常具备采集、处理、存储、回传、显示等功能，以上述终端系统为犯罪对象，能够造成终端系统相关功能失灵，属于刑法意义上对计算机信息系统的破坏。

3. 程度维度

如果黑灰产行为的社会危害性已达到一定的严重程度，通过行业治理、民事或者行政调整已不足以制止这种危害行为而需要刑法手段介入时，刑法应当考虑及时介入。但是由于网络黑灰产属于新型领域，在缺乏前置法规和有效规制的情况下，司法会考虑在现行法律框架下审慎介入。如网络刷单炒信，过去打击刷单主要依靠行政手段。2017年，全国"刷单入刑"第一案裁判认为炒信平台为炒信双方搭建联系渠道，并组织网店卖家通过该平台发布、散播炒信信息，引导部分网店卖家对商品、服务作虚假宣传，并以此牟利，其主观上具有在电商平台上发布虚假信息的故意，且系犯意的提出、引发者，客观上由平台会员实施完成发布虚假信息，其行为符合全国人民代表大会常务委员会《关于维护互联网安全的决定》第3条第1项规定的，利用互联网对商品、服务作虚假宣传，构成犯罪的，依照刑法有关规定追究刑事责任。

(二)"专门性"判断

"专门性"判断主要是针对为网络黑灰产提供的工具（包括程序、服务）。因为多数网络黑灰产是通过提供工具来实现其帮助、促进犯罪实施的目的，所以判断工具的违法性，也是确定灰产行为是否犯罪化并成为黑产行为的重要要件。实践中，虽然有专门用于违法犯罪的工具、程序、服务，但多数则兼具中立使用场景，这就需要对其功能及使用的场景进行综合判断，以实现精准惩治。

1. 专门用于违法犯罪

这类可称为纯正的黑产工具，其研发目的和用途具有明显的违法性，多被用于逃避监管、窃取数据、非法控制等法律所绝对禁止的行为，可直接认定为黑产工具。如与手机生产厂商合作，将木马程序植入手机主板，控制手机回传短信以获取手机号码、验证码等信息。此类技术以秘密手段，明显违背用户意愿非法获取用户相关数据，不具有合法使用的空间，无法以帮助行为的中立性进行抗辩。其他纯正的黑产工具还包括勒索病毒、伪基站等。

2. 正常用途需要许可

部分工具、程序、服务虽有正常用途，但正常用途需要许可，那么未经许可就具有刑法规定的"专门性"。如一些黑产提供网络地址自动切换服务，甚至提供"秒级"切换的秒拨 IP 功能，为各类网络违法犯罪活动提供虚假身份隐蔽上网，规避调查等技术支持，给监管部门以及互联网平台对风险 IP 识别和判定带来了极大的难度，是诈骗、洗钱、赌博、养号、刷单等各类违法犯罪的源头性平台。根据相关规定，经营相关电信业务，必须依照规定取得电信增值业务许可证，接受更为严格的监管，未经许可提供上述服务，可以作为依据之一，用于判断"专门性"。

3. 主要用于违法犯罪

这类可称为非纯正的黑产工具。虽然其主要用途、使用场景在于违法犯罪，但是并不能完全排除其仍存在有限的正常使用的可能。其中又包括两种情况，一种情况是这种正常使用的功能仅限于理论可能或者只是在实验室测试等极为特殊的范围内产生。较为典型的如前述的 DDoS 攻击，其作为一种压力测试工具，往往只是在测试网站反应能力等极为有限的场景时才使用，多数情况下系对系统恶意攻击。如果行为人无法作出合理正当的解释，我们一般可将其认定为黑产工具；另一种情况是这种正常使用的功能在生产生活中仍具有一定的现实场景。较为典型的如前述的 GOIP、VOIP 设备，其在通信、电销等领域广泛适用，在一定程度上提高了信息传播的广度，提升了生产生活的效率。所以，不能以其主要被用于电信网络诈骗犯罪而直接归为黑产工具，而要在排除其正常使用场景后再进行综合认定。当然，认定标准通常应低于其他具有正常用途而被用于犯罪的工具。

（三）"形式性"检视

随着网络黑灰产与监管、平台的持续对抗，网络黑灰产已经从抓捕审讯的"身体对抗"、溯源取证的"技术对抗"全面拓展到法律适用的"司法对抗"。黑灰产通过专业法律支持，识别合规风险，注重留下"合规"痕迹，为未来可能的调查、诉讼布局抗辩空间，成为电信网络诈骗犯罪黑灰产对抗司法的新趋势。只有采用穿透性思维，揭开其"形式合法"外壳，才能更好地认识行为本质，给予其应有法律制裁。

1. 境内形式"合法"

随着境内打击网络犯罪的深入，犯罪开始"出海"，相关犯罪的主要环节加速向境外转移，越来越多的电信网络诈骗、网络赌博、洗钱"水房"等平台开始向缅甸、菲律宾、柬埔寨等国家和地区转移，黑灰产分子将"大本营"布局在境外，犯罪呈现出服务器、核心人员、窝点、沟通工具境外化的趋势，将短信群发、云客服、发卡平台等看似"中立""合法"的环节放在境内，加之产业链路极长，各环节分工明确，环节间关联性弱，使得"抓到人找不到站，找到站抓不到人"的情况成为常态。

2. 平台展示形式"合法"

随着监管、平台力量提升，网络黑灰产犯罪分子在单一平台上实施犯罪的难度越来越大，转而开始利用各平台之间信息壁垒、监管规制的差异，在各个平台制造出"合法"的假象，通过各平台行为的"串联"实施犯罪。以虚拟币洗钱为例，犯罪分子利用不同地域、不同行业、不同平台之间的信息不对称进行资金跨域转移，他们往往先是利用社交软件使用"暗语"进行沟通，而后通过银行卡或支付平台正常支付法定货币，再通过交易平台转移虚拟币，相关平台运营主体利用自有的数据难以进行有效监管，难以对交易中的沟通、支付、虚拟币转移等各个环节的行为进行关联。

3. 司法存证形式"合法"

当前，"司法对抗"已成为网络黑灰产发展的新特点。一些犯罪分子定期组织法律学习培训，梳理总结抗辩方式，更有一些大型犯罪团伙聘请外部律师或自建法务团队来规避刑事责任。如为实施网络犯罪提供技术黑产的人员和团伙，往往会在平台页面注明"某某服务禁止用于违法犯罪"，并在第三方电商平台与客户聊天时提示不能用于违法犯罪，用于之后的抗辩。但事实上，上述所谓的合规指引只是规避自身责任的"幌子"，实践中犯罪分子和商家客户对于黑灰产品的功能"心知肚明"，有的犯罪分子甚至将商家客户引导至匿名通讯群组中提供指导服务，"形式合法"外衣下掩盖着明显的犯罪目的。[1]

---

〔1〕 参见谢澍：《刑事司法证明模式之"作用维度"——反思"印证证明模式"的另一种理论框架》，载《东方法学》2021年第5期。

【延伸思考】

面对网络黑灰产活动具有犯罪行为链条化、犯罪链条模块化、犯罪模块组件化、犯罪组织集团化、犯罪空间跨域化等特点及层级化和复合化两大突出态势，传统的刑事司法证明方法在证明网络黑灰产犯罪的过程中会遇到什么问题，在这类案件中，又当如何达到"犯罪事实清楚，证据确实、充分"的证明标准？

第二章
互联网洗钱生态链的样态趋势

【研习要点】

1. 为了对抗互联网平台和监管部门的风控或监管措施，洗钱生态链的具体表现样态在持续迭代升级，形成了纷繁复杂的洗钱类型。跑分平台、话费充值、直播代币、虚拟货币为目前洗钱生态链的典型模式。

2. 不同人员、不同环节分工负责，合力形成了一条洗钱链条。与传统洗钱行为相比，互联网环境下的洗钱生态链呈现出组织模块化、分工精细化、人员涉众化的趋势特征，给司法办案制造了难题。

3. 以互联网洗钱生态链为代表的网络犯罪呈现出模块化、精细化、涉众化等独特特征，对惩治网络犯罪的宏观政策和具体对策产生影响，拘泥于传统共同犯罪的理论解释《刑法》* 第 287 条之二难以解决司法实践中的部分问题。

【典型案例】

陈某枝洗钱案[1]

[基本案情]

（一）上游犯罪

2018 年 11 月 3 日，上海市公安局浦东分局对陈某波以涉嫌集资诈骗罪立

---

* 为行文简便，本书中提及的我国的法律法规名称中省去"中华人民共和国"字样。

〔1〕 陈某枝洗钱案，最高人民检察院、中国人民银行联合发布 6 个惩治洗钱犯罪典型案例之三（2021 年）。

案侦查，涉案金额 1200 余万元，陈某波潜逃境外。

（二）洗钱犯罪

2018 年年中，陈某波将非法集资款中的 300 万元转账至陈某枝个人银行账户。2018 年 8 月，为转移财产，掩饰、隐瞒犯罪所得，陈某枝、陈某波二人离婚。2018 年 10 月底至 11 月底，陈某枝明知陈某波因涉嫌集资诈骗罪被公安机关调查、立案侦查并逃往境外，仍将上述 300 万元转至陈某波个人银行账户，供陈某波在境外使用。另外，陈某枝按照陈某波指示，将陈某波用非法集资款购买的车辆以 90 余万元的低价出售，随后在陈某波组建的微信群中联系比特币"矿工"，将卖车钱款全部转账给"矿工"换取比特币密钥，并将密钥发送给陈某波，供其在境外兑换使用。陈某波目前仍未到案。

上海市浦东新区人民检察院经审查认为，陈某枝以银行转账、兑换比特币等方式帮助陈某波向境外转移集资诈骗款，构成洗钱罪；陈某波集资诈骗犯罪事实可以确认，其潜逃境外不影响对陈某枝洗钱犯罪的认定。上海浦东新区人民检察院于 2019 年 10 月 9 日以洗钱罪对陈某枝提起公诉。2019 年 12 月 23 日，上海市浦东新区人民法院作出判决，认定陈某枝犯洗钱罪，判处有期徒刑二年，并处罚金 20 万元。陈某枝未提出上诉，判决已生效。

[典型意义]

（1）利用虚拟货币跨境兑换，将犯罪所得及收益转换成境外法定货币或者财产，是洗钱犯罪的新手段，洗钱数额以兑换虚拟货币实际支付的资金数额计算。虽然我国监管机关明确禁止代币发行融资和兑换活动，但由于各个国家和地区对比特币等虚拟货币采取的监管政策存在差异，通过境外虚拟货币服务商、交易所，可实现虚拟货币与法定货币的自由兑换，虚拟货币成为跨境清洗资金的新手段。要利用虚拟货币洗钱犯罪的交易特点收集运用证据，查清法定货币与虚拟货币的转换过程。

（2）上游犯罪查证属实，尚未依法裁判，或者依法不追究刑事责任的，不影响洗钱罪的认定和起诉。在追诉犯罪过程中，可能存在上游犯罪与洗钱犯罪的侦查、起诉以及审判活动不同步的情形，或者因上游犯罪嫌疑人潜逃、死亡、未达到刑事责任年龄等原因出现暂时无法追究刑事责任或者依法不追究刑事责任等情形。洗钱罪虽是下游犯罪，但是仍然是独立的犯罪，从惩治犯罪的必要性和及时性角度考虑，存在上述情形时，可以将上游犯罪作为洗钱犯罪的案内事实进行审查，根据相关证据能够认定上游犯罪的，上游犯罪未经刑事判决确认不影响对洗钱罪的认定。

【理论解读】[1]

一、互联网洗钱生态链：主要样态及其趋势特征

网络时代处处留痕，为了模糊、隐匿资金转移痕迹，互联网洗钱生态链的发展核心就是通过使用虚假账户、增加资金流转环节、转换财物形态等方式隐藏资金的真实交易主体，从而达到规避监管、洗白非法资金的目的。洗钱行为人通过发展和组合运用各类新兴互联网技术、通道、工具，不断培植新的洗钱样态和形成"产业"分工。

（一）主要手法

为了对抗互联网平台和监管部门的风控或监管措施，"实名非实人"账号成为洗钱的基本工具，混淆非法与合法资金是洗钱的主要手段，利用信息壁垒对抗监管成为洗钱的发展趋势。

1. "实名非实人"账号是洗钱的基本工具

随着账户实名制要求的落实，他人的实名账户是网络犯罪分子转移、洗白犯罪资金的基本工具。用于洗钱的实名账户包括个人账户和对公账户，相较于个人账户，利用对公账户转移犯罪资金更受犯罪分子的青睐，一是对被害人更具有蒙蔽性。对公账户户名系公司，相较于个人账户更能降低被害人的警惕性，更易使电信网络诈骗的被害人误认为交易对方是正规公司。二是让行为人大额转账更加便利。对公账户具有较高的转账额度，大额资金拆分流转快，能够更快速地洗白、抽逃资金。三是给反洗钱机构增加风控识别难度。用于犯罪的对公账户与正常经营的企业对公账户中的资金流动具有相似性，风控识别难度大，而且针对对公账户的查询、冻结所需手续更加复杂，

---

[1] 贝金欣对本部分内容撰写作出了实质贡献。

及时有效甄别的难度更高。这些账户不仅被直接用于转账，还被广泛运用于各类洗钱模式，以阻断司法机关、反洗钱机构对账户实际操作人的追溯。

2. 混淆非法与合法资金是洗钱的主要手段

为了规避监管，犯罪分子通常借助合法交易渠道制造虚假的合法资金流转痕迹，掩盖非法行径。比如，一些商户以经营为名进行虚假交易为赌博、毒品、淫秽物品等相关犯罪上游犯罪人提供服务，其本质是利用传统虚假交易的手段，混淆资金链路来隐藏犯罪资金的来源和性质。为了帮助应对电商平台对虚假交易的风控措施，一些物流从业者形成了专门提供"空包"服务的产业，在快递公司官网上发布对应虚假快递单号的物流信息，以掩盖交易的虚假性。一些不需要物流参与的非实物商品或服务使电商平台风控识别变得更加困难。为实现巨量的小额分散交易资金流转，提高虚假交易与真实资金转移额度的匹配效率，洗钱组织者通过技术实现匹配的自动化以及信息流与资金流分离。当下，互联网洗钱生态链主要依托于合法的网络资金转移链进行，如实名账户、话费充值、直播代币、虚拟货币等都是线下或者网络空间中具有资金转移支付功能的产业，这些产业可能被犯罪活动所利用，成为洗钱的渠道。

3. 利用信息壁垒对抗监管成为洗钱的发展趋势

随着单一平台风控措施的不断升级，虚假交易成功实施的难度在持续增加。犯罪分子转而寻求通过利用不同地域、不同行业、不同平台之间的信息不对称或者信息壁垒进行资金的跨域转移，对抗单一平台的风控监管，这也成为反洗钱难点之一。犯罪分子在不同地域、不同行业、不同平台之间进行复杂的正向或逆向操作，相关运营主体由于信息壁垒，利用自有的数据难以进行有效监管。以虚拟货币为例，虽然 2017 年中国人民银行等七部门叫停各类代币发行融资，[1]但是境外存在大量"合法"的虚拟货币交易平台，允许虚拟货币与法定货币之间的自由兑换，比特币、以太币以及与法定货币挂钩的稳定币——泰达币（USDT）等交易十分活跃，境内仍然可以通过各种渠道

---

〔1〕 2017 年 9 月，中国人民银行等七部门发布《关于防范代币发行融资风险的公告》，明确要求"任何所谓的代币融资交易平台不得从事法定货币与代币、'虚拟货币'相互之间的兑换业务，不得买卖或作为中央对手方买卖代币或'虚拟货币'，不得为代币或'虚拟货币'提供定价、信息中介等服务"。

登录境外虚拟货币交易平台进行交易。这就为犯罪资金跨地域转移提供了便利，他们利用虚拟币去中心、相对匿名，且尚未建立有效的监控手段和法规等特性，通过虚拟货币的交易实现资金转移。

（二）模式例析

上述工具、手段和趋势构成了当前互联网洗钱生态链的核心特征，但为了对抗互联网平台和监管部门的风控或监管措施，洗钱生态链的具体表现样态在持续迭代升级，形成了纷繁复杂的洗钱类型。

1. 跑分平台

早期，犯罪分子通过"手机墙"的形式，批量操作所掌握的他人实名账户，用于转移犯罪资金，但是犯罪分子需要购买大量他人账号，垫资压力大，且作案地点集中，极易被"一窝端"。为了弥补这一"缺陷"，"跑分平台"于2018年左右开始出现，组织者通过搭建抢单式的平台，以高额佣金为诱饵，吸引普通人群注册并提供实名资金账户用于流转犯罪资金。"跑分平台"与上游犯罪人合作，以上述注册用户提供的资金账户接受各种渠道的犯罪资金，最终汇集于"跑分平台"组织者实际控制的账户或者直接流向上游犯罪人实际控制的账户（见图2-1）。此种模式的主要特点是："跑分平台"上的注册用户数量庞大、区域分散，流转资金数量随机性强，且许多注册用户使用的实名账户是本人日常使用的账户，与正常交易混杂，容易躲避反洗钱监管部门的监管。

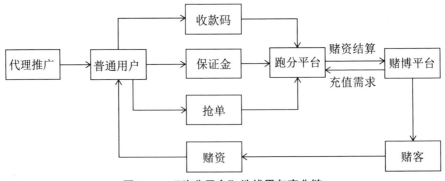

图2-1 "跑分平台"洗钱黑灰产业链

2. 话费充值

对比稍早前的"话费充值"洗钱手法，[1]"话费充值"洗钱黑灰产业链已经全面升级。从"话费充值"洗钱黑灰产业链（见图 2-2）来看，犯罪分子利用技术手段获取运营商 App 话费充值接口，与运营商代理（渠道代理商）内外勾结，批量获取正常用户充值需求信息，并部署结算系统服务器与赌博等违法犯罪平台对接，将非法资金完全藏匿在话费充值资金链路中。

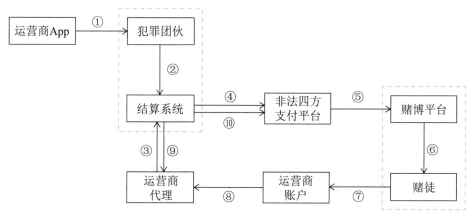

图 2-2 "话费充值"洗钱黑灰产业链

3. 直播代币

随着网络秀场直播、电商直播节目大量涌现，黑灰产团伙利用部分直播平台打赏代币，为电信网络诈骗等犯罪分子转移资金，网络直播打赏代币"洗钱"黑灰产业日渐成熟。从直播打赏代币"洗钱"黑灰产业链（见图 2-3）来看，这一模式涉及运营商、支付机构、直播平台等。基于个人隐私保护等，各平台相互间存在"信息壁垒"，高风险信息难以实时同步分析碰撞，风险的识别和拦截难度大。

---

　　[1] 根据福建省龙岩市中级人民法院（2020）闽 08 刑终 12 号刑事裁定书，买家先把来历不明的钱跟林某事先约定好在他的店铺购买话费充值卡卡密，买家把所有钱换成卡密后，将卡密给礼品卡回收平台回收，从而拿到现金，这样一套程序下来，就把不明来历的钱通过话费卡卡密的交易套现出来。

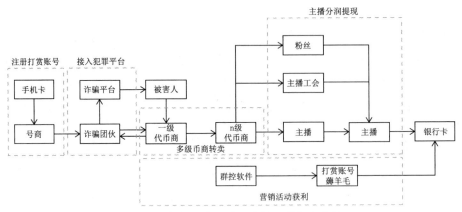

图 2-3　直播打赏代币"洗钱"黑灰产业链

4. 虚拟货币

由于实践中刑事裁判的案例较为少见，利用虚拟货币转移犯罪资金平台的手法尚不十分明确。目前可能存在洗钱嫌疑的组织模式包括但不限于：一是兑换中介模式。洗钱服务提供者直接设立群组、网站或 App 用以提供虚拟货币的兑换服务，一方面向散户大量收购虚拟货币；另一方面向上游犯罪集团批量出售虚拟货币，从中赚取差价。二是借鉴"跑分平台"模式。设立专门的虚拟货币跑分平台吸引普通人群注册账户缴纳保证金参与跑分抢单，与普通跑分平台不同的是，跑分人员缴纳的保证金从人民币变成虚拟货币。

（三）趋势特征

上述模式得以实施，不再由一个人或者一个组织独立完成，而是通过不同人员、不同环节分工负责合力实现，形成一条洗钱链条。与传统洗钱行为相比，互联网环境下的洗钱生态链呈现出以下趋势特征。

1. 组织模块化

互联网环境下，洗钱的专业化、精细化趋势不是对内部组织体系的要求，洗钱团伙不再需要建立严密的组织体系来掌控全部环节。如"跑分平台"，从个人信息收集、账户注册、客户推广、软件开发、运营维护到渠道开发等各个环节，每一环节都可以成为一个相对独立的产业模块，模块与模块之间通过"积木"的组合建立协作关系，合成完整的洗钱链条。模块与模块之间相对独立，既可以长期固定组合，也可以临时按需组合，相互之间连接松散，由此形成"一对多""多对一"等组合模式。例如，一些非法第四方支付平台聚合"跑分平台"、虚假交易、直播代币等多种渠道，支付成功率更高，成为发展趋势。

2. 分工精细化

互联网环境下洗钱生态链对专门技术的需求促使了分工精细化趋势的产生，并使得分工精细化成为可能。一方面，互联网技术在洗钱中的应用加大了对专门技术的需求，为实现资金交易真实主体与虚假主体之间的高效匹配、资金在不同账户之间的极速流转以及应对监管部门和支付平台的管控，洗钱生态链不断升级风控监管措施，以确保资金流转的"可控性""安全性"。比如，洗钱平台的搭建、正规网站漏洞的挖掘利用、监管风控措施对抗、竞争对手"黑吃黑"防范等，都需要专业技术的支持，但生态链其他环节则并没有如此高的技术要求，因此客观上形成精细化分工的需求。另一方面，互联网技术在洗钱中的应用降低了不同环节之间的沟通成本、交易成本和信任成本，使精细化分工成为可能。一些规模较大的平台通常会高薪招聘技术人员自建技术团队，更多的平台通过模块化的技术外包公司，购买技术服务。特别是专门进行技术研发的产业模块的出现，降低了看似"高精尖"的网络犯罪的门槛，洗钱行为的组织者、实施者只需带资进场，根据犯罪需求购买并组合各个模块，即可搭建出属于自己的平台。

3. 人员涉众化

互联网洗钱生态链的参与人员众多，从顶层的组织者到底层的账户提供者，呈金字塔状分布。实名账户作为洗钱的基本工具，且需要不断对抗监管，各平台必然需要最大限度地收集社会公众的实名账户。再加上互联网支付结算的普及全面消除了地域壁垒，进一步为收集账户提供了便利条件。原则上凡是拥有资金账户、凡是能够上网的普通人群都能够参与其中。在一些案件中发现，许多账户来源于偏远山村的留守老人，这些账户的取得，是组织者的代理通过"扫村"等野蛮方式以低廉资金、实物为回报收集而来的。全国范围内开展的"断卡"专项行动，瞄准的正是手机卡、银行卡相关违法犯罪，是从源头上遏止相关网络犯罪发生的重要举措。

二、当前之刑法规制：主要途径及其现实困境

当下互联网洗钱生态链行为样态复杂多变，技术手段不断升级，而且其模块化、精细化、涉众化特征给司法办案制造了客观难题。根据我国《刑法》规定，洗钱生态链中各个模块也可能单独触犯刑法，按照洗钱生态链参与人的主观明知状态和具体参与的时间节点的不同，现有罪名大致可以分为相对独立型、事后协助型和共同犯罪型三种类型。由于这些《刑法》条文出台已久，即使新近规定的帮助信息网络犯罪活动罪的出台也已经有 8 年，相关司法解释对互联网洗钱生态链呈现出的新情况、新问题未给予充分回应，导致司法机关在理解和适用时存在不同程度的局限性。

（一）相对独立型：非法经营罪、妨害信用卡管理罪等

在整个互联网洗钱生态链中，针对滥用支付结算、银行卡等基础行为，刑法规定了相应的罪名，最典型的是非法经营罪和妨害信用卡管理罪。这两个罪名规定的罪状表述相对独立，在具体适用时，只要判断是否符合自身的犯罪构成，而不需要考虑上下游关联犯罪，对关联犯罪侦查取证的要求较低。但是，由于具体样态不断变化、链条不断延长，犯罪构成要件符合性的判断也存在干扰因素。

1. 非法经营罪

由于互联网洗钱生态链的样态多种多样，参与环节人员众多，争议问题在于某一行为样态以及某一环节的行为是否属于刑法规定的支付结算业务。非法经营罪作为典型的行政犯，构成本罪以违反国家规定为前提。《刑法》第225 条第 3 项中的"资金支付结算"属于构成要件中的规范要素，需要根据相应的规范才能进行评价。[1]行政法律规定中，支付结算的规范定义主要在《支付结算办法》和《非金融机构支付服务管理办法》中，主要采取的是列举式的方法，[2]支付结算概念本身存在模糊性，其内涵和外延无法精确界定。

---

〔1〕 参见陈兴良：《教义刑法学》，中国人民大学出版社 2017 年版，第 196–197 页。

〔2〕 本办法所称支付结算是指单位、个人在社会经济活动中使用票据、信用卡和汇兑、托收承付、委托收款等结算方式进行货币给付及其资金清算的行为。《非金融机构支付服务管理办法》中指出，网络支付是指依托公共网络或专用网络在收付款人之间转移货币资金的行为，包括货币汇兑、互联网支付、移动电话支付、固定电话支付、数字电视支付等。

互联网洗钱生态链中的支付结算行为,往往需要借助"金融科技创新"的旗号实施,并通过技术手段营造合法表象,掩饰非法本质,进一步影响司法人员的准确判断。比如,2017 年中国人民银行发布的《关于开展违规"聚合支付"服务清理整治工作的通知》列举了若干违规形态,包括经手特约商户结算资金、建立资金池等。其中,是否涉及资金池,必须实质地穿透支付平台使用的各类资金账户的实际控制者。

因此,在刑事司法实践中,支付结算行为的认定多依赖于司法解释的明确规定。比如,适用该项较多的非法经营 POS 机套现行为,即由司法解释明确规定的。2018 年《关于办理非法从事资金支付结算业务、非法买卖外汇刑事案件适用法律若干问题的解释》列举了三类非法经营支付结算的行为:(1)使用受理终端或者网络支付接口等方法,以虚构交易、虚开价格、交易退款等非法方式向指定付款方支付货币资金的,可以适用虚假交易类的洗钱行为。(2)非法为他人提供单位银行结算账户套现或者单位银行结算账户转个人账户服务的,可以适用非法提供对公账户的行为,但该司法解释没有对非法提供个人账户的情形作出规定。(3)非法为他人提供支票套现服务的。除了上述明确列举的支付结算行为之外,对于兑换虚拟货币、组织个人账户设立跑分平台的性质,以及账户提供者、组织者、跑分人员等不同主体的行为性质,究竟是否属于支付结算,并无定论。

2. 妨害信用卡管理罪

妨害信用卡管理罪在设立之时,主要针对的是伪造信用卡行为,因此其列举的构成妨害信用卡管理的四种情形中,除"非法持有他人信用卡"之外,其余情形均与伪造信用卡有关。与其相类似的窃取、售卖、非法提供信用卡信息罪,也通常需要符合足以伪造可进行交易的信用卡或者足以使他人以信用卡持卡人名义进行交易,规制的也是伪造信用卡行为。而在互联网洗钱生态链中,洗钱组织者所使用的均是他人所提供的真实的信用卡,对收购、出售他人主动提供的信用卡,通常认为不能以妨害信用卡管理罪追究。

可见,上述罪名在规制洗钱生态链方面受到刑法条文本身的制约。非法经营罪中增加支付结算这一行为类型,主要解决的是非法金融活动问题,是否构成非法经营支付结算必须立足于对整体经营模式的行为实质的判断,而不能拓宽至支付结算模式中的某一环节,否则必将导致支付结算认定的泛化,使非法经营罪沦为口袋罪。因此该罪名对于惩治洗钱生态链中支付结算模式的组织者具有重要意义，但对于具体环节中的参与者则具有局限性。妨害信用卡管理罪和窃取、收买、非法提供信用卡信息罪的惩治重点在于曾经盛行的伪造信用卡类犯罪活动，对于互联网洗钱生态链中非法提供本人信用卡、银行账户等行为未在立法时予以充分考虑，刑法条文本身不存在解释的可能性。相关行为是否具有刑事追究的必要性，只能交给立法机关判断。

（二）事后协助型：广义洗钱罪

《刑法》中规定的洗钱罪名，专指上游犯罪实施后为掩饰隐瞒犯罪所得及其产生收益的来源和性质，通过各种方式使之合法化的行为。由于历史原因，在我国《刑法》中的洗钱罪有狭义与广义之分。[1] 狭义的洗钱罪，仅指《刑法》第 191 条规定的洗钱罪。广义洗钱罪则还包括《刑法》第 312 条规定的掩饰、隐瞒犯罪所得、犯罪所得收益罪，《刑法》第 349 条规定的窝藏、转移、隐瞒毒赃罪。一般认为，《刑法》第 312 条是关于洗钱罪的一般规定，《刑法》第 191 条和第 349 条是关于洗钱罪的特别规定。[2] 三个罪名的主要区别在于犯罪所得的来源不同，《刑法》第 191 条将上游犯罪的来源严格限制于七类犯罪，意味着涉及其余犯罪的犯罪所得适用《刑法》第 312 条。而在有些国家和地区，洗钱罪不区分上游犯罪，只规定一个罪名，如《德国刑法典》便是如此规定。但需要注意的是，由于我国最高人民法院、最高人民检察院通过司法解释将《刑法》第 191 条的罪名规定为"洗钱罪"，《反洗钱法》第 2 条也将洗钱活动限定于为七类上游犯罪，因此社会公众乃至金融机构、公安、司法人员普遍只将《刑法》第 191 条作为洗钱罪来对待，而对上游犯罪更广泛的掩饰、隐瞒犯罪所得、犯罪所得收益罪不纳入反洗钱的流程之中。

---

〔1〕 我国《刑法》根据上游犯罪的不同，对洗钱行为规定了不同的罪名。其中，《刑法》第 191 条规定了狭义的洗钱罪，掩饰、隐瞒的犯罪所得及其产生的收益必须来自七类上游犯罪。掩饰、隐瞒其他上游犯罪所得及其产生收益的行为，则适用《刑法》第 312 条掩饰、隐瞒犯罪所得、犯罪所得收益罪。另外，对于窝藏、转移、隐瞒毒品、毒赃的行为，则可适用《刑法》第 349 条窝藏、转移、隐瞒毒品、毒赃罪。上述三个罪名，均被反洗钱行政主管部门中国人民银行认定为广义的洗钱犯罪。

〔2〕《刑法修正案（六）》在修订时，对两个罪名之间的关系作了进一步明确，即将《刑法》第 312 条改造成为洗钱犯罪的一般条款，以此确保所有的洗钱行为均可依法追究刑事责任。参见刘为波：《〈关于审理洗钱等刑事案件具体应用法律若干问题的解释〉的理解与适用》，载《人民司法》2009 年第 23 期。与此同时，《刑法》第 349 条是对涉及毒品、毒赃行为的特殊规定。

目前《反洗钱法》正在启动修改，我国反洗钱主管部门也已经形成了广义洗钱的基本共识，将《刑法》第312条、第349条都作为反洗钱的重要条款来对待，但在立法、司法观念上还需要进一步引导。

在指控证明洗钱罪时，最关键的也是争议最多的构成要件是：（1）客观上犯罪所得及其来源的证明；（2）主观上帮助洗钱者对犯罪所得来源的主观明知的证明。[1]其中，适用《刑法》第191条还必须证明犯罪所得或其产生的收益来源于规定的七类上游犯罪，且洗钱行为人对此明知，证明难度很大。而依据互联网洗钱生态链的上述特征，欲证明事后协助洗钱犯罪具备上述两个要件，则难上加难。[2]互联网洗钱生态链的模块化、精细化特征进一步加剧了侦查取证和指控证明的困难程度。

（1）在犯罪所得要件的证明方面。如前所述，在洗钱生态链中，组织者通过增加资金转移链条，分散资金账户，借用电商、直播、虚拟货币等平台掩饰资金性质，各个模块又相对独立，欲查证流经各个账户的资金来源、性质，无论从办案期限、办案资源还是从实现可能性上，都存在现实障碍。比如，甲将自己的银行账户出租给乙使用，每月获得超过5000元的高额收益。案发时，该账号流经的非本人资金流水超过500万元，公安机关查证属实的属于流转淫秽直播平台非法所得资金却不足2万元。在此种情形下，其余流水资金性质如何查证便成为问题，更不用说确切地证明相关资金是否来源于《刑法》第191条规定的犯罪。

（2）在主观明知要件的证明方面。通说认为，洗钱行为人对犯罪所得的"明知"包括知道和应当知道，司法机关可以通过刑事推定得出应当知道的结论。[3]刑事推定时，洗钱行为人与上游犯罪人之间的人际关系、对上游犯罪人的职业、正常收入来源的认知等都是进行推定的重要基础事实。但是在互联网洗钱生态链中，上下游之间通过网络联系，相互之间根本不认识，且对

---

〔1〕　因为《刑法修正案（十一）》已将自洗钱入罪，上游犯罪本犯不存在证明明知的问题，因此修正案也将明知二字删除，但对于帮助洗钱罪仍需证明明知。

〔2〕　参见谢澍：《论刑事证明标准之实质递进性——"以审判为中心"语境下的分析》，载《法商研究》2017年第3期。

〔3〕　参见何萍：《洗钱犯罪的刑事立法演变与完善——兼论〈刑法修正案（十一）（草案二审稿）〉对第一百九十一条的修正》，载《人民检察》2020年第22期。最高人民法院关于办理洗钱刑事案件、掩饰、隐瞒犯罪所得、犯罪所得收益刑事案件的司法解释都规定了推定明知的具体情形。

他人实际从事的活动持"心照不宣"或"漠不关心"的主观心态,[1]所以传统洗钱犯罪中用于推定的基础事实几乎不复存在。此外,与犯罪所得来源和性质的证明相同,按照主客观相一致的原则,适用《刑法》第 191 条还需进一步证明洗钱行为人明知犯罪所得来源于七类犯罪,在互联网洗钱生态链中似乎成为更不可能完成的任务。

洗钱罪所遇到的困境,也是认定共同犯罪遇到的困境。不仅如此,按传统观点,与共同犯罪中的帮助犯不同,洗钱罪属于上游犯罪的连累犯。所谓连累犯,是指事前与他人没有通谋,在他人犯罪以后,明知他人犯罪的情况,而故意以各种形式予以帮助,依法应受处罚的行为,其明显区别于共同犯罪,两者只能成立其中之一。[2]对犯罪人、犯罪所得等进行包庇、窝藏、洗钱的,都属于连累犯。因此,与共犯不同,上述三个条文所规定的洗钱行为是指行为人对上游犯罪具有主观认知,事后协助上游犯罪人掩饰、隐瞒犯罪所得的行为,三个罪名与上游犯罪的共同犯罪之间泾渭分明,不存在竞合关系。但若洗钱行为人与上游犯罪人之间事前通谋,一般以上游犯罪的共同犯罪论处。如果行为人与上游犯罪人事前通谋,通过提供资金账户等方式掩饰、隐瞒上游犯罪所得及其产生的收益来源和性质,此种行为对于上游犯罪的实施具有物理上和心理上的因果性,构成共同犯罪,我国有关刑法条文和司法解释也予以承认。[3]因此,由于洗钱罪属于事后协助的连累犯的特点,无论是狭义还是广义的洗钱罪,犯罪嫌疑人的主观故意内容,必须是认识到洗钱对象属于犯罪所得或者犯罪所得产生的收益。如在前述案例中,认定洗钱罪,不仅要证明卡内流转资金系犯罪所得或者犯罪所得产生的收益,还要证明其对此明知,前者是犯罪成立的前提条件,似没有妥协的可能,而这恰恰又是司法实践客观上难以解决的问题。因此,洗钱罪对于解决互联网洗钱生态链造成的侦查困境,也难以有所作为。此外,由于实践中洗钱参与环节不区分事前、

---

[1] 参见江溯:《帮助信息网络犯罪活动罪的解释方向》,载《中国刑事法杂志》2020 年第 5 期。

[2] 参见陈兴良:《共同犯罪论》,中国人民大学出版社 2006 年版,第 426 页。

[3] 《刑法》第 156 条、第 349 条关于走私罪,包庇毒品犯罪分子罪和窝藏、转移、隐瞒毒品、毒赃罪等规定中,都明确将事前通谋的作为共犯论处。2021 年《最高人民法院关于审理掩饰、隐瞒犯罪所得、犯罪所得收益刑事案件适用法律若干问题的解释》第 5 条明确规定,"事前与盗窃、抢劫、诈骗、抢夺等犯罪分子通谋,掩饰、隐瞒犯罪所得及其产生的收益的,以盗窃、抢劫、诈骗、抢夺等犯罪的共犯论处"。

事后，事后协助与事前通谋、事中参与的界限更趋模糊，帮助犯与洗钱罪之间区分还容易出现争议。

值得注意的是，2020 年《刑法修正案（十一）》对第 191 条作了进一步修订，排除了"自洗钱"入罪障碍，将上游犯罪本犯的洗钱行为纳入本罪规制。[1]只要上游犯罪本犯的犯罪事实成立，自洗钱的证明则不存在上述困难。同理，全国人大常委会虽然未对《刑法》第 312 条作出修改，但是其认为该条在表述上并未排除"自洗钱"。[2]但这主要解决的是上游犯罪人员的刑事责任评价问题，与为上游犯罪提供洗钱帮助的人员之刑事责任评价关系不大。

（三）共同犯罪和帮助信息网络犯罪活动罪

除了事后协助洗钱外，洗钱生态链中大量行为都发生在事前或事中环节。对于事前通谋或者事中参与并具有共同犯罪故意的行为，一般以共同犯罪论处。此类型与上述洗钱罪之间的最根本区别在于参与的时间节点不同，按通说两类犯罪之间属于非此即彼的关系。但是，实践中电信网络诈骗、跨境赌博等许多犯罪行为往往持续一段时间，在此期间提供资金账号的行为，区分事前、事中和事后缺乏一致认识。特别是在对事前通谋程度的界定上，存在争议。[3]

网络犯罪中的帮助行为往往没有固定的帮助对象，即传统的共犯一般是"一对一"的关系，而网络上的共犯通常是"一对多"的关系。[4]在共同犯罪实施的具体认定上，遇到最大的障碍与洗钱罪有相通之处，即客观行为难以全面查清，主观故意难以认定，传统共同犯罪理论难以对帮助者进行有效规制。比如，如果按照传统的认定诈骗罪的做法，需要对诈骗所得逐笔核对，且诈骗犯罪嫌疑人和被害人之间要一一对应，但网络诈骗往往不是传统的"一对一"，而是"一对多""多对多"，犯罪链条比较复杂，被害人也具有不

---

〔1〕　在刑法修正之前，一些学者认为，从立法论上应当将自洗钱入罪，但当时的刑法明确规定洗钱罪仅限于"帮助"洗钱，排除了自洗钱行为，定罪不符合罪刑法定原则。参见张明楷：《刑法学》（下册），法律出版社 2016 年版，第 793 页；时延安、王熠珏：《比特币洗钱犯罪的刑事治理》，载《国家检察官学院学报》2019 年第 2 期。当然，也有一些学者基于自洗钱属于"事后不可罚"行为犯罪在我国刑法理论体系内将自洗钱作为犯罪处理。

〔2〕　参见张义健：《〈刑法修正案（十一）〉的主要规定及对刑事立法的发展》，载《中国法律评论》2021 年第 1 期。

〔3〕　参见姜涛：《事前通谋与共同犯罪的成立》，载《中国刑事法杂志》2014 年第 5 期。

〔4〕　参见喻海松：《网络犯罪二十讲》，法律出版社 2018 年版，第 100 页。

特定性，有时很难对全案各个环节都查清楚。[1]又如，可能存在单个被帮助对象造成"微量损失""低量损害"没有达到立案追诉标准等"微网络犯罪"的情形，即被帮助对象虽然众多但帮助者实际累计的损失、损害无法达到立案追诉标准。[2]此外，上下游之间无须紧密联络，联络通过网络通信工具，甚至加密即时通信工具进行，资金流经账户众多且合法交易与非法交易混杂，侦查取证难以有效开展。当然，这并非法律理解适用的问题，但却是需要加以思考和回应的问题。

立法机关也认识到，"网络犯罪与传统犯罪相比，也呈现出很多不同特点，这些不同特点对犯罪追诉模式也带来了一定挑战，为此，需要根据情况的变化及时研究调整刑法惩处网络犯罪的策略"。[3]2015年《刑法修正案（九）》中增设了《刑法》第287条之二帮助信息网络犯罪活动罪，洗钱生态链中提供非法支付结算帮助系法条列举的帮助行为类型之一。但该罪名刚一出台，便引起帮助犯正犯化、量刑规则、累积犯等观点争议。而这些争议从本质上解决的问题是，在案件事实已经查清的前提下如何适用法律的问题，却没有解决司法实践中遇到的另一困境，即全案各个环节查不清楚的时候是否可以定罪处罚，而现实案件中大多属于此类。

2019年最高人民法院、最高人民检察院的司法解释试图调和丰满理想与骨感现实之间的矛盾，采取折中办法：一般情形下，必须以帮助对象构成犯罪为入罪前提；确因客观条件限制无法查证被帮助对象是否达到犯罪的程度时，相关数额（如支付结算数额）总计达到被帮助对象构成犯罪数额标准五倍以上，或者造成特别严重后果的，也可以追究刑事责任。例外条款在解读时仍存在分歧，有观点认为，未达到犯罪程度，但要求经查证确系刑法分则规定的行为，如果是一般的违法行为也不能适用这一例外规定。若此，该司法解释实际上是采取了前述累积犯说的观点，认可在被帮助对象造成微量损害的情形下，可以以累计数额认定帮助者的犯罪情节，解决"一对多"的问

---

〔1〕 参见全国人大常委会法制工作委员会编：《中华人民共和国刑法释义：根据刑法修正案九最新修订》，法律出版社2015年版，第506页。

〔2〕 参见皮勇：《论新型网络犯罪立法及其适用》，载《中国社会科学》2018年第10期。

〔3〕 参见全国人大常委会法制工作委员会编：《中华人民共和国刑法释义：根据刑法修正案九最新修订》，法律出版社2015年版，第505页。

题。例外条款对于解决洗钱生态链现实困境的助益大大降低，而且例外条款中"确因客观条件限制"的前置条件反而限制了累积犯说的适用范围。事实上，何种情形属于"确因客观条件限制"在具体判断时也缺乏明确指引。

显而易见，帮助信息网络犯罪活动罪在具体适用时，同样面临诸多争议。然而，产生现有争议的争点在于许多观点仍然在传统共同犯罪的理论框架内解释该罪名，从而实质上限缩了该罪名的适用范围，淡化了立法机关设立该罪名的实践价值。相较于前述两种类型的犯罪，该罪名还存在进一步解释的空间。此外，由于规制互联网洗钱生态链的罪名较多，不可避免存在竞合问题，同一团伙的不同人员、同一样态中的不同环节以及同一行为都可能触犯多个罪名，在上述罪名的选择过程中还需要注意罪刑平衡的问题。互联网洗钱生态链中不同模块、不同主体可能触犯不同罪名，由于各罪名法定刑悬殊，适合哪个罪名，是否作为共犯处理，是否认定主从犯等，都会影响相应主体的刑事责任问题。比如，在非法吸收公众存款罪中，一般而言，对专门从事资金相关业务的财务人员，往往认定为从犯，判处相对较轻的刑罚，但如果按洗钱罪定罪，则动辄在五年以上有期徒刑起刑。又如，在电信网络诈骗罪等共同犯罪中，如果诈骗数额特别巨大，以诈骗罪等共犯论处可能重于帮助信息网络犯罪活动罪。司法实践中，有时司法人员考虑更多的是办案效率问题，而不是罪刑平衡的问题，从而导致实质上的罪责刑不相适应问题。

三、互联网洗钱生态链之应对：司法困境的刑法解释学路径

互联网洗钱生态链的演变发展对司法实践提出的最大挑战，不仅在于应然层面相关刑法条文的解释问题，更紧迫的是实然层面侦查取证受限、部分案件事实无法查清下的法律适用问题。比如，对于非法提供的资金账户中的资金来源无法逐笔查清的情形，是否一律作非罪处理？在网络犯罪产业链化态势下，"被帮助的正犯作为犯罪行为的直接实行行为人，不仅服务器可能设置在境外，而且其人可能也躲避在境外。因此，对网络共同犯罪进行刑事归责时，经常面临提供网络服务的帮助犯被追诉而正犯却逍遥法外的困境"[1]，难

---

〔1〕　梁根林：《传统犯罪网络化：归责障碍、刑法应对与教义限缩》，载《法学》2017 年第 2 期。

以将帮助者认定为帮助犯，而按其他犯罪处理也往往缺乏事实和法律依据。[1]"在立法功能主义时代，解释好刑法文本是重中之重，其对于妥当处理当下的具体案件，以及实现未来立法的科学化、合理化都有重大意义"。如前所述，在互联网洗钱生态链可能触犯的罪名中，上游犯罪的共同犯罪与洗钱罪，掩饰隐瞒犯罪所得、犯罪所得收益罪以及非法经营罪等传统罪名的解释空间较为有限，唯帮助信息网络犯罪活动罪存在进一步解释的空间。这就需要从法教义学的立场，进一步研究探讨《刑法》第287条之二的解释路径。

（一）网络犯罪刑法解释的基本立场

法学是一门解释的学问，法律的生命力在于执行。在执行法律的过程中，司法三段论是最基本的方法。司法三段论要求司法人员在当为与实存之间往返流转，既要明确大前提——法律的解释问题，又要查清小前提——案件事实的认定，两者不可偏废。由此，对于法律的解释，既离不开对法条本身的阐释，也离不开所欲规制的案件事实。网络犯罪手段不断迭代升级，对于网络犯罪刑法的解释必须关照这一客观现实，不能停留在法律文本，否则就可能导致法律成为具文，失去生命力。《刑法》第287条之二的解释便是如此。基于刑法教义学的基本原理，需要进一步明确对网络犯罪相关条文的解释的基本立场。

首先，刑法解释需要回应网络时代各类犯罪的演变趋势。在快速工业化的进程中，随着越来越多的破坏性力量被释放出来，并暴露于公众的视野之下，现代化的副作用引发了对现代化的反思和批判，[2]网络技术的副作用无疑是其中之一。要从根本上解决惩治新型网络犯罪带来的司法实践困境，就需反思并确立特定时代环境下该罪名的立法目的，探寻合目的性的解释空间。为了解决网络犯罪中案件事实无法一一查清的问题，《刑法修正案（九）》增设帮助信息网络犯罪活动罪，该罪名对于惩治各类网络犯罪帮助行为在一定程度上具有兜底的功能。以互联网洗钱生态链为代表的网络犯罪呈现出的模块化、精细化、涉众化等独特特征，这些特征均对惩治网络犯罪的宏观政策和具体对策产生了影响，拘泥于传统共同犯罪的理论解释，《刑法》第287

〔1〕 参见皮勇：《论新型网络犯罪立法及其适用》，载《中国社会科学》2018年第10期。

〔2〕 参见劳东燕：《风险社会与变动中的刑法理论》，载《中外法学》2014年第1期。

条之二显然有些捉襟见肘。如果严格按照共同犯罪对该罪名进行解释，即使采取累积犯说的观点，其解决的问题仍然是有限的，无助于从根本上解决案件事实无法一一查清的问题。针对帮助信息网络犯罪活动罪的主要观点，同样均系假定案件事实已经确定的情形下的法律适用问题，而忽略了案件事实认定困境本身对于刑法理解和适用的影响。虽然这些观点对于解决分歧十分重要，但以假定的案件事实为基础的解释方案只能解决司法实践中的部分问题。

其次，文义的可能范围是评价解释正当性的消极标准。对于刑法条文的任何解释，都不可能超出文义的可能范围，这是罪刑法定原则的基本要求，否则就属于类推适用。反之，若在文义可能范围内进行扩大解释，则不当然违反罪刑法定原则。其正当性与否，则需要借助其他标准进行评价。必须承认的是，若解释结论尚在文义可能范围之内，便不能直接否认该解释结论的正当性。但如果超越了刑法条文文义的可能范围，即使具有刑事追诉必要性，也只能通过修改刑法加以解决。

最后，客观的立法目的是解释刑法的价值基础，也是评价符合文义可能范围之解释结论正当性的积极标准。法律解释不仅仅是形式上的方法论或者"文字游戏"，而是一种蕴含价值判断的思考，刑法解释必须符合刑法的立法目的，无论是文义解释、历史解释还是体系解释，最终必须接受立法目的的检验。立法目的，实际上就是立法条文背后所蕴含的价值判断，从本质上是对法律所欲调整的各种利益冲突的权衡，由此立法目的成为解释法律条文的唯一价值基础，也是评价文义解释、历史解释结果正当性的评价标准。但是，需要指出的是，立法目的不等同于立法者原意或者文义本身，立法者原意也好、文义本身也好，均是司法人员探寻立法目的的工具。而刑法文本所蕴含的立法目的，不是停留在立法当时的所谓的立法者原意，而是与时代一同演进的客观精神。[1]对于网络犯罪相关罪名的立法目的的探寻，必须结合当下网络社会的客观现实以及刑事政策展开。即使立法之时立法者原意是明确的，该立法者原意也不应拘束适用刑法之时的客观环境。

---

〔1〕　参见〔德〕卡尔·拉伦茨：《法学方法论》，陈爱娥译，商务印书馆 2003 年版，第 199 页。

（二）《刑法》第 287 条之二解释的具体展开

如前所述，对于《刑法》第 287 条之二的解释，按照共同犯罪进行解释不能应对网络犯罪案件事实难以全面查清的客观现实。那么是否可以脱离共同犯罪对《刑法》第 287 条之二的文义作出扩大解释？有观点认为，无论如何扩张、修正传统共犯理论以囊括上述行为都无异于"削足适履"，回到本罪所关注的"难以解释为帮助犯的网络帮助行为"，干脆承认这类行为本就不是传统共犯的范畴，转而研究其行为本身独立的刑事可罚性问题。〔1〕这不失为解决惩治互联网洗钱生态链司法实践困境的一个可行路径。但是这一思路如何通过刑法解释的方法证成，以及该独立帮助行为的具体范围究竟可以扩张到何种程度，需要进一步论证。

首先需要讨论的是，非传统共犯范畴的帮助行为是否在文义的可能范围之内，以及哪些非传统共犯范畴的帮助行为属于文义的可能范围。主流观点认为，构成此罪，他人利用信息网络实施犯罪的事实原则上必须全部查清，至少应当查清他人利用网络实施了刑法分则规定为犯罪的行为，而不是一般违法行为。〔2〕2019 年最高人民法院、最高人民检察院《关于办理非法利用信息网络、帮助信息网络犯罪活动等刑事案件适用法律若干问题的解释》对"确因客观条件限制"下作出的例外解释，采取了"无法查证被帮助对象是否达到犯罪的程度"这一表述方式，严格来说采取的是累积犯说的立场。这一解释当然在文义的可能范围之内，但是由于过于谨慎导致该罪名设立的意义大为降低，甚至没有必要性。因此，我们需要进一步考虑另一种文义解释的可能性。《刑法》第 287 条之二的文本并没有明确要求他人利用信息网络实施犯罪已经付诸实行，也没有要求犯罪已经既遂。在此种情况下，"明知他人利用信息网络实施犯罪"存在解释成为一个单纯的主观要件的可能性，即理解为行为人对其所提供帮助行为可能被他人用于犯罪活动的主观认知，该要件的成立不需要依托被帮助对象具体实施了犯罪行为，从而使帮助行为在刑法评价上具有相对的独立性。在一些案件中，由于银行卡账户内的流水来源无法一一核实，只要查清一笔资金涉及的被帮助对象构成犯罪，其余资金即不

---

〔1〕 参见江溯：《帮助信息网络犯罪活动罪的解释方向》，载《中国刑事法杂志》2020 年第 5 期。

〔2〕 参见喻海松：《网络犯罪二十讲》，法律出版社 2018 年版，第 100 页。

再要求一一查证。例如，上海一判决查明被害人张某某受他人引诱，以投注网络赌博方式被骗 47 万余元，其中 5000 元流入被告人所出售的农业银行卡，同时查明该农业银行卡于 2020 年 3 月 18 日、19 日两天内接受他人转账百余笔后又立即转出，转出款项总计逾 193 万元。[1] 为何其余资金尚未查证性质，却可按照犯罪数额进行认定，从现有司法解释得不出结论，但实践中这一做法并非全然无法律根据。若采上述文义解释，上述纠结之处便可迎刃而解。而《刑法》第 191 条则没有作此扩张解释的文义空间，该条规定为掩饰、隐瞒七类犯罪的所得及其产生的收益，无论如何解释都只能理解为行为人洗钱的对象系犯罪所得及其产生的收益，而无法将没有查清来源和性质的财物作为洗钱的对象来认定。

其次，此种解释是否具有正当性，需要立足于《刑法》第 287 条之二的立法目的进行考察。立法目的作为蕴含在法律条文中的价值判断，实际上是对刑法所欲规制的事物本质的判断。具体到帮助信息网络犯罪活动罪中，就表现为刑法所欲规制的帮助信息网络犯罪活动的本质。前面列举的互联网洗钱生态链中的不同样态，充分反映了网络帮助行为在当下网络空间中越来越具有独立性、危害性和对被帮助对象无差别对待的特性，其对网络秩序、社会秩序的危害，不仅仅在于实际帮助他人具体实施了犯罪，而是在当前网络犯罪生态链中无差别对待所造成的具体危险。借助互联网生态链，每一个帮助模块都可以轻易实现"一对多"的帮助，而不再受限于相对固定的犯罪组织，由此这种帮助行为可能造成的社会危害也就成倍放大。越来越多的学者认可，网络犯罪中一些帮助行为的社会危害性，已经超出传统帮助行为，有的新型网络犯罪不直接引起危害结果或者侵害法益的危险，间接侵犯的法益具有"广谱性"，不限于重大法益，虽然单次危害行为的社会危害程度低，但其情节要件实际上起到主要决定着罪与非罪的作用，是典型的情节犯。[2] 因此，帮助信息网络犯罪活动罪在客观实际上和刑法立法上都具有独立地位，应破除其帮助犯性质的认识，按照独立犯罪认定。[3] 如不加以预防和遏制，无疑将成为各类网络犯罪的得力帮凶。在网络犯罪中，对于预备行为、帮助

---

〔1〕　参见上海市闵行区人民法院（2020）沪 0112 刑初 1646 号刑事判决书。
〔2〕　参见皮勇：《论新型网络犯罪立法及其适用》，载《中国社会科学》2018 年第 10 期。
〔3〕　参见皮勇：《论新型网络犯罪立法及其适用》，载《中国社会科学》2018 年第 10 期。

行为的提前规制，已经不是例外，比如《刑法》第287条之一的非法利用信息网络罪，《刑法》第285条的提供侵入、非法控制计算机信息系统程序、工具罪等，都具有提前规制的性质。将提供行为与使用行为相对独立，单独入罪，更有利于对此类社会危害行为的打击。[1]而且，从法律执行最终能够实现的效果来看，强调凡是适用帮助信息网络犯罪活动罪均要查清被帮助对象的行为性质，会因客观侦查取证的困难，导致这些具有社会危害的网络犯罪帮助行为成为无法有效规制的灰色地带，给网络空间秩序乃至经济社会秩序造成严重破坏。同时，刑法对帮助信息网络犯罪活动罪设置了较轻的刑罚，最高刑不超过三年有期徒刑，也在一定程度上考虑了此种行为的社会危害性程度，意图在原有罪名和共犯理论之外，对其他具有社会危害性的网络帮助行为进行妥当处罚。如果再将本罪的解释回归到传统共犯理论之中，《刑法》第287条之二不仅毫无意义，而且还会降低真正共犯行为的刑事责任，显然不符合本罪的立法目的。

最后，立法者原意也可以为上述解释提供支持。立法者原意，除非立法说明中有明确表述，否则就是一种不可捉摸的存在，某一个立法参与者所欲通过起草文本表达的原意，可能在另一个举手表决的全国人大常委会委员心中是另一个原意。但无论如何，全国人大常委会法工委立法工作者起草的立法释义，一定程度上代表了立法机关起草相关条文时的考虑。在该罪名的释义中，立法工作者使用了相当长的篇幅对增设该罪名的背景和理由进行说明，其中举了一些具体实例："如按照传统的认定诈骗罪的做法，需要对诈骗所得逐笔核对，且诈骗犯罪嫌疑人和被害人之间要一一对应，但……有时很难全案各个环节都查清楚……"，"如窃取公民个人信息者，倒卖公民个人信息者，并不确切了解从其手中购买信息的人具体要实施诈骗、盗窃等犯罪行为，还是要发放小广告，很难按照诈骗、盗窃等共犯处理"。[2]显然，在增设该罪名时，立法工作者意图解决上述网络犯罪中的特有困境。但是，如果对该条文的解释，仍然局限于对于被帮助对象的具体行为性质——查清后才能认定帮助者构成犯罪，那么上述问题依然没有得到解决，实践问题与立法方案就产

---

〔1〕 参见黄太云：《〈刑法修正案（七）〉解读》，载《人民检察》2009年第6期。

〔2〕 全国人大常委会法制工作委员会编：《中华人民共和国刑法释义：根据刑法修正案九最新修订》，法律出版社2015年版，第506页。

生脱节。

基于上述解释立场，将《刑法》第287条之二解释为除了知道或应当知道他人利用网络具体实施犯罪之外，还包括知道或者应当知道其提供的帮助行为能够帮助他人实施犯罪的情形，无论其"漠不关心"还是"心照不宣"都属于刑事处罚的范围。虽然有学者试图区分"漠不关心"和"心照不宣"两种类型，但在实际上很难通过证据进行细分，而且区分的必要性也不大，无论是哪种类型在具体适用时都可采同一标准。其中，对于帮助对象行为已经查清的，应按照累积犯说的立场，对于帮助对象行为尚未达到立案追诉标准的犯罪类型，应当以其帮助对象总和判断情节严重性，并定罪处罚。对于帮助对象行为无法查清的，只要证明行为人主观上具有为他人利用信息网络犯罪提供帮助的故意的，可以按其自身帮助行为的严重性判断其情节严重性，并定罪处罚，无须查明其帮助对象的行为已构成犯罪。

在惩治互联网洗钱生态链相关犯罪时，对后一种情形应当严格把握主观明知的证明要求，避免将没有社会危害性的中立帮助行为纳入犯罪圈。对于洗钱生态链中的帮助行为进行类型化，区分专门用于网络犯罪的帮助行为、高概率用于网络犯罪的帮助行为和其他网络犯罪帮助行为。2019年最高人民法院、最高人民检察院《关于办理非法利用信息网络、帮助信息网络犯罪活动等刑事案件适用法律若干问题的解释》第11条已经作了类似规定，将"提供专门用于违法犯罪的程序、工具或者其他技术支持、帮助"作为判断行为人主观明知的标准，但在我们看来，上述行为不仅是判断主观明知的要件，同样是构成本罪的客观要件，情节严重的，可以直接定罪处罚。而对于高概率用于网络犯罪的帮助行为，则需要借助大数据等方法对当前互联网洗钱生态链中的各类帮助行为进行分析研判，[1]只要行为人不能提出用于非犯罪活动的相反证据的，仍应当定罪处罚。对于其他网络犯罪帮助行为，由于其同时可能被用于合法行为和非法活动，需要采取严格的证明标准：（1）已经查清被帮助对象构成犯罪的或者实施了刑法分则规定的犯罪行为，但没有达到犯罪程度的；（2）经监管部门告知后仍然实施有关行为的或者接到举报后不

---

〔1〕　参见谢澍：《人工智能如何"无偏见"地助力刑事司法——由"证据指引"转向"证明辅助"》，载《法律科学（西北政法大学学报）》2020年第5期。

履行法定管理职责的，如果对告知、举报前的行为不能证明到第一种情形程度的，原则上只能对告知、举报后继续实施的行为定罪处罚。

（三）帮助信息网络犯罪活动罪与其他罪名的关系

2021 年《人民检察院办理网络犯罪案件规定》明确指出："人民检察院办理网络犯罪案件应当加强全链条惩治，注重审查和发现上下游关联犯罪线索。"这也是惩治互联网洗钱生态链犯罪活动的基本立场。但必须认识到，《刑法》增设帮助信息网络犯罪活动罪，很大程度上是为了解决原有《刑法》不能规制的网络帮助行为的问题，惩治互联网洗钱生态链中的犯罪行为，应当充分运用好刑法各相关的罪名，依法处置。上游犯罪触犯的罪名不同，其刑事责任便存在显著区别，从而也会影响到共犯的刑事责任的认定，并且与其在犯罪中的主从犯地位密切相关。因此，要体系化地把握可适用具体罪名之间的关系，不能顾此失彼。

第一，帮助信息网络犯罪活动罪与被帮助对象的共同犯罪。帮助信息网络犯罪活动罪的最高法定刑只有三年，相对较为轻缓。在此种情形下，如果犯罪行为明显符合上游犯罪共同犯罪的构成，原则上应当以共同犯罪论处，更有利于全面准确地评价行为人的刑事责任大小，《刑法》第 287 条之二第 3 款也作了择一重罪处理的明确规定。对于按照传统共同犯罪理论无法认定为共犯的案件，如提供帮助的上游犯罪没有达到立案追诉标准的，或者已经超出传统共犯的认定范围的，出借账户中的资金流水的性质尚未逐笔查清而以支付结算数额定罪的，则按照帮助信息网络犯罪活动罪处理。对于既有明确的上游犯罪共同犯罪事实，又有其他帮助信息网络犯罪事实的，一般应当实行数罪并罚。

第二，上游犯罪共同犯罪与事后洗钱行为。基于体系化的解释方法，对于连累犯，应当坚持独立定罪。以是否事前同谋、事中参与为界限，确定上游共同犯罪与洗钱犯罪之间的界限。一个行为不可能同时构成上游犯罪的共犯和洗钱犯罪。按照此观点，洗钱罪与帮助信息网络犯罪活动罪也不存在竞合关系。有观点认为，我国刑法将上游犯罪本犯的自洗钱作为犯罪处理后，事前通谋的帮助洗钱行为可能同时触犯两罪，对此应当按照想象竞合犯的原则处理。需要注意的是，只有保持洗钱罪与上游犯罪共同犯罪之间清晰的界限，才能合理评价刑事责任轻重，否则可能引起刑事责任的失衡。比如，在网贷平台非法集资案件中，负责资金业务的财务人员受单位主管人员的指示处置非法集资资金，经手的资金数额特别巨大，但其在整个非法集资链条中起到的作用，较主管人员或者其他直接吸收资金的人员为轻，往往按从犯处理判处较轻的刑罚。但是如果按照洗钱罪处罚，由于其洗钱行为属于相对独立的犯罪行为，不存在从犯情节，则可能按其洗钱数额判处较其他参与者更重的刑罚，造成实质上的罪刑失衡。当然，对于真正的事后洗钱行为，由于《刑法》规定了独立的罪名和独立的刑罚，行为人根据洗钱罪的规定承担相应的刑事责任，不需要与上游犯罪的刑罚进行比较。

第三，非法经营罪和帮助信息网络犯罪活动罪中的"支付结算"。《刑法》第 225 条和第 287 条之二都规定了支付结算的规范要素，对于出租、出借、出售银行卡等行为，在适用《刑法》第 287 条之二时往往作为提供支付结算帮助进行认定，但几乎没有作为非法经营支付结算定罪处罚。因此，在实践中，虽然帮助信息网络犯罪活动犯罪中提供支付结算帮助的占较大比例，但以非法经营罪处理的仍只限于地下钱庄、POS 机套现等行为，持较为谨慎的态度。《刑法》第 225 条第 3 项规定了若干非法经营金融业务的行为，资金支付结算是其中之一。只有严重扰乱金融市场秩序的资金支付结算行为，才应当以非法经营罪追究刑事责任。因此，此处的"支付结算"必须具备金融业务的典型特征，符合中国人民银行有关规定和最高人民法院、最高人民检察院司法解释的相关规定，对于仅仅从事提供资金账户、协助转移资金等支付结算中某一个具体环节行为的，不宜以非法经营罪定罪处罚，否则就会造成刑罚过重的后果。而对于帮助信息网络犯罪活动罪的"支付结算"，可以适当从宽认定，提供支付结算中某一环节的服务的，也可以作为提供支付结算帮助加以认定，并按司法解释规定的支付结算数额定罪量刑。但是需要注意的是，对于互联网洗钱生态链中的组织开展转移、洗白资金的组织者，如"跑分平台"、虚拟币兑换平台等，通过增加环节、变换形态等方式规避监管，但本质上具备支付结算特征的，应当将这些组织者认定为支付结算的经营者，而不能仅以帮助信息网络犯罪活动罪追究其刑事责任，否则便容易轻纵犯罪。不属于司法解释列举的非法支付结算行为类型的，可以结合支付结算的本质特征，根据兜底条款解释的相当性原则，作出实质判断。由于非法经营罪的最高刑为十五年有期徒刑，而洗钱罪的最高刑只有十年，帮助信息网络犯罪活动罪只有三年，在想象竞合犯的场合，应当采择一重罪处罚的原则。在既有洗钱行为又有非法经营行为的情形下，可以进行数罪并罚，总体上应倾向于从严惩治的解释立场。

此外，除准确把握不同罪名之间的关系外，由于互联网洗钱生态链涉案人员众多，特别是底层提供资金账户等基础帮助的人员众多，在具体案件中还需妥善把握追诉人员范围，从而更好地体现刑法的谦抑性原则。一方面，要严格把握犯罪构成要件的证明，特别是要避免客观归罪现象。对于不具备认知能力的提供资金账户的人员，不能单纯以客观上出借、出售资金账户的数量、资金流水金额认定犯罪。另一方面，要坚持宽严相济的刑事政策，对于初犯、偶犯、未成年人、在校学生、老年人等，要注重结合多方面因素综合判断其情节严重性，不能唯数额论，情节显著轻微危害不大的，不以犯罪论处。

【延伸思考】

增设非法利用信息网络罪和帮助信息网络犯罪活动罪体现了积极刑法观的立法倾向，意图通过相对轻缓的刑罚解决传统刑法不能解决的新问题，有效地维护社会安全，当前，帮助信息网络犯罪活动罪已成为各类刑事犯罪中起诉人数排名第三的罪名。我国已经步入了轻罪时代，积极刑法观带来了犯罪圈扩大问题，犯罪圈扩大的倾向与刑法的谦抑性产生了一定程度的矛盾，同时与有限的司法资源之间存在冲突，犯罪圈扩大也将引发"犯罪标签"泛化的问题。在坚持宽严相济刑事政策的立场下，刑事诉讼法又应当如何应对这一挑战？

第三章
网络暴力犯罪现状与平台应对

【研习要点】

1. 根据网络暴力呈现的不同形式和特点，将网络暴力分为侮辱谩骂、侵犯隐私、造谣诽谤、网暴服务四大不同类型，对四种网暴类型的表现形式、区别以及共性等内容进行思考。

2. 在对象上，遭受网络暴力的受害人群体特征发生了新的转变，由过去的明星、红人等公众人物群体正在向有影响力事件的主人公等普通大众转变，网络暴力所针对的对象已经不再受局限。在空间上，网络暴力发生的场域和场景也不断进行扩展。在方式上，网暴者的暴力手段随着网络技术发展更新速度加快。

3. 我国近年来重视网络暴力对被害当事人、网络秩序和网络生态产生的负面影响，对于打击网络暴力展现出零容忍的态度，针对打击网络暴力采取了一系列的行动。在犯罪新趋势下，法律法规对平台方所应承担的义务和责任予以明确规定，并且各方平台针对自身特点也采取了相应防网暴的措施与方案。

【典型案例】

吴某某诽谤案[1]

[基本案情]

被告人吴某某在网络平台上以个人账号"飞哥在东莞"编发故事，为开展地产销售吸引粉丝、增加流量。2021 年 11 月 19 日，吴某某在网上浏览到

---

〔1〕 吴某某诽谤案，最高人民法院发布七起依法惩治网络暴力违法犯罪典型案例之一（2023 年）。

被害人沈某某发布的"与外公的日常"帖文，遂下载并利用帖文图片在上述网络账号上发布帖文，捏造"73岁东莞清溪企业家豪娶29岁广西大美女，赠送礼金、公寓、豪车"。上述帖文信息在网络上被大量转载、讨论，引起网民对沈某某肆意谩骂、诋毁，相关网络平台上对上述帖文信息的讨论量为75 608条、转发量为31 485次、阅读量为4.7亿余次，造成极恶劣社会影响。此外，被告人吴某某还针对闵某捏造并在网上发布诽谤信息。广东省东莞市第一市区人民检察院以诽谤罪对吴某某提起公诉。广东省东莞市第一人民法院判决认为：被告人吴某某在信息网络上以捏造事实诽谤他人，情节严重，且严重危害社会秩序。综合被告人犯罪情节和认罪认罚情况，以诽谤罪判处被告人吴某某有期徒刑一年。该判决已发生法律效力。

[**典型意义**]

（1）传统侮辱、诽谤多发生在熟人之间。为了更好地保护当事人的隐私，最大限度修复社会关系，刑法将此类案件规定为告诉才处理，并设置了"严重危害社会秩序和国家利益"的例外情形。随着网络时代的到来，侮辱、诽谤的行为对象发生了重大变化。网络暴力的受害者通常不与侵害者在现实生活中有联系，由于网络侵害的时空特殊性，受害人往往难以收集相关证据、起诉侵害人，维权成本高、难度大。对此，要准确把握侮辱罪、诽谤罪的公诉条件，依法对严重危害社会秩序的网络侮辱、诽谤案件提起公诉。需要注意的是，随意选择对象的网络侮辱、诽谤行为，可以使相关信息在线上以"网速"传播，迅速引发大规模负面评论，不仅严重侵害被害人的人格权益，还会产生"人人自危"的群体恐慌，严重影响社会公众的安全感，[1]应当作为"严重危害社会秩序"的重要判断因素。

（2）本案即随意以普通公众为侵害对象的网络暴力案件，行为人为博取网络流量，随意以普通公众为侵害对象，捏造低俗信息诽谤素不相识的被害人，相关信息在网络上大范围传播，引发大量负面评论，累计阅读量超过4亿次，社会影响恶劣。基于此，办案机关认为本案属于"严重危害社会秩序"情形，依法适用公诉程序，以诽谤罪对被告人定罪判刑。打击网络暴力违法

---

〔1〕 简云：《网络暴力协同治理之思》，载《检察风云》2023年第21期。

犯罪活动，有利于维护公民人格权益和网络秩序。

【理论解读】

一、网络暴力类型分布

"网络暴力是指以网络为媒介，通过诽谤侮辱、煽动滋事、公开隐私等人身攻击方式，侵害他人人格权益，危害网络空间正常秩序的失范行为。"[1]最高人民法院、最高人民检察院、公安部，在2023年9月印发的《关于依法惩治网络暴力违法犯罪的指导意见》中明确了目前网络暴力的主要表现形式，即在信息网络上针对个人肆意发布谩骂侮辱、造谣诽谤、侵犯隐私等信息的网络暴力行为，贬损他人人格，损害他人名誉，有的造成了他人"社会性死亡"甚至精神失常、自杀等严重后果。

我们选取了2012年6月到2023年8月较为典型且具影响力的48件网络暴力案件，其中8件案件是北京互联网法院于2023年8月3日对涉网络暴力案件审理情况进行通报的典型案例。在官方明确的网络暴力表现形式的基础之上，结合新发典型案例的特点，根据暴力行为的不同表现方式及特点，将48件案件分为四大类型，包括：（1）侮辱谩骂；（2）侵犯隐私；（3）造谣诽谤；（4）网暴服务。其中，涉及侮辱谩骂情节的网络暴力案件高达31件，涉及造谣诽谤的案件13件，涉及侵犯隐私的案件9件，涉及网暴服务的案件2件。网络暴力行为主要实现途径具有对虚拟网络空间中的特定对象发表强烈攻击性与侮辱性言论的特点。因此，这四种表现形式所包含的网络暴力行为在表现特征上具有本质共通性，在某一案件中并不存在单一的表现内容和形式，而更多地呈现出融合复杂的特性。

（一）侮辱谩骂

侮辱谩骂即网暴参与者在网络上发表具有高度攻击性、侮辱性的言论，包括了大量诅咒讽刺、道德绑架与恶意揣测等。网络信息传播的过程中，不仅信息传播的速度极快，且信息的角度和内容通常来说都十分片面化，而绝

---

〔1〕 刘艳红：《理念、逻辑与路径：网络暴力法治化治理研究》，载《江淮论坛》2022年第6期。

大部分网络参与者没有途径或者根本没有耐心去了解事件与受害者。在这种真实信息被隔绝的情况下便跟随大众盲目给事件和对象打上了负面标签，相较于当事人对实际情况的叙述和澄清，这种标签化的产物符合多数网络使用者对信息传播和接收的期待，由此负面标签在信息传递中会传播更广更远，并且给大众留下更为"深刻"的印象，即便多方施加阻止手段也难以消除恶性标签所带来的影响。这便进一步促使了"网络去抑制效应"，[1]相当部分的网络暴力参与者、围观者一同对当事人进行侮辱谩骂，究其本质是对自己平日生活不满状态的一种情感宣泄，这种效应会导致网络某个特定场域突然出现跟随式、喷涌状的大量负面信息与情绪，如同洪水一般涌向受害者，往往会击垮受害者的心理防线，导致受害者产生强烈悲观的情绪，很可能会导致受害者"社会性死亡"，从而对受害者现实生活产生巨大的负面影响。与网络施暴群体所展现的丑恶嘴脸不同，在这部分群体中，有相当部分在平日生活中反而是谦谦有礼之人，手机电脑屏幕仿佛成为他们天然的保护罩，他们在"群体狂欢"中使自己原本丑恶的面貌暴露无遗，他们对于自己戾气所带来的后果往往不以为意，这种性质恶劣的群体性网络侮辱谩骂案件典型代表有"武汉校内被撞案网暴致母亲跳楼""网红管管不堪网暴自杀留下三月婴儿"。2023年5月23日，武汉一名小学生在校内被老师驾驶的轿车辗轧致死，由于受害学生的母亲杨女士在接受媒体采访时表达了对肇事老师及学校的不满与质疑，便招来大量网民对其进行网络暴力，不仅对其穿着和身材进行恶性评价、肆意评论，并且还对其进行人身攻击、诽谤中伤、造谣污蔑甚至是死亡威胁。在巨大心理压力和社会压力之下，杨女士选择终结了自己生命。山东网红"管管"曾因开拖拉机到西藏自驾走红于网络，但在走红的过程中遭受了众多黑粉的谩骂与侮辱，在长达半年的时间，黑粉组团来到其直播间进行辱骂，同时联系与"管管"有合作的商家对其进行污蔑。在施暴者的步步紧逼之下，"管管"最后不堪网暴选择自尽。这两个案例中的被害人均是遭受了组团进行侮辱谩骂的网络暴力攻击，呈现出遭受网暴程度强、时间久的特点。两场网络暴力的出现没有缘故，并且被害人单人抵抗力不强、自证效

---

〔1〕 网络去抑制效应，由约翰·苏勒尔在2004年提出，意为人们在网络上交流时特有的现象，网络环境中的匿名技术和行为方式，使沟通者在网上会更诚实坦率地表达自我，他们变得不那么谨慎，也较少进行自我监控。

果微弱。

除了典型的大规模群体网络暴力案件，也会有非大规模网络使用者进行群体谩骂的情况，即单人有预谋地针对被害人进行言语暴力打击。如王某磊女儿遭遇网络暴力的案件：一男子注册多个微博账号，在王某磊之女王某也的个人微博评论下频繁刷屏，更换多个账号，每一个账号都是直指王某也的猥琐词语，而在此之前她便遭受过许多次针对其容貌、立场、家庭的网络暴力，其中不乏色情评论与低俗攻击。在这个案件中就并不是群体施暴者对受害者一个人进行攻击，而是单人发出的具有极强对象针对性的语言暴力。由此可见，主要以侮辱谩骂的内容网络暴力行为定性并不以规模大小为标准，而是应依照暴力行为的过程、内容严重程度以及受害人的受侵害程度进行认定。

实际上，无论是群体性大规模的侮辱谩骂事件还是单人多次有针对性的侮辱谩骂均对被害人身心造成强烈伤害，在降低被害人社会评价的同时，也对社会公益和网络秩序造成了严重的损害。根据最高人民法院、最高人民检察院、公安部联合印发的《关于依法惩治网络暴力违法犯罪的指导意见》，"在信息网络上采取肆意谩骂、恶意诋毁、披露隐私等方式，公然侮辱他人，情节严重，符合刑法第二百四十六条规定的，以侮辱罪定罪处罚。"

（二）侵犯隐私

网络暴力中的侵犯隐私暴力是指将他人隐私擅自有意图地公布于网络上，以恶意扭曲和引导公众的方式对受害者进行网络暴力的行为。侵犯隐私包括但不限于人肉搜索等恶劣行径，由侵犯被害人隐私引发一系列相关的言语暴力现象在互联网上十分常见。我们最常讨论的人肉搜索是通过互联网大批用户去搜索现实世界中特定人以及相关信息的网络暴力手段，人肉搜索打破了线下人与人信息交流的区域障碍，并利用了互联网用户人群范围广的特点和集体性无意识侵权的错误来实施侵权行为。加之当前个人信息在互联网上的私密性不足，相关信息极易容易被从浅到深连根拔除，甚至有团体专门从事提供人肉搜索的服务。如女医生泳池冲突被指殴打未成年人，经过网络媒体的传播，女医生遭到人肉搜索，不堪压力后自杀。人肉搜索往往发生在某个被放大到社会关注层面的人物事件上，在受害者成为关注中心之后被集体进行隐私信息的搜索与侵犯。不仅如此，人肉搜索也成了一种使用频繁的威胁方式，在冲浪时常见于双方矛盾中，一方对另一方发出不按照要求做即对对方进行人肉搜索的"警告"。由于人肉搜索这种侵犯隐私的行为难以顺利由单人完成，往往呈现出多人联合的特点，其中包括明知故意搜索他人未公开个人重要隐私信息的人，也不乏众多不知情的被利用者，因此要对侵犯隐私者的主观故意进行正确的认定。

因侵权者出于私人怨恨，故意将受害者个人信息暴露于互联网也属于严重侵害被害人个人隐私的行为，网暴者的目的是试图引起群体性的言语攻击事件。在官方公布的案件中，典型的就是原告王某和被告刘某在工作中产生过矛盾，只因生活中的矛盾，刘某便将王某生活照的敏感部位进行剪裁曝光，并多次对原告发布不雅和低俗言论。类似的案件还有官方案例中的刘某与赵某侵犯隐私案件，赵某将刘某公布在有限朋友圈范围内的照片经过恶意处理之后扩大散布至微博，侵犯了刘某的名誉权和隐私权。而这种侵犯隐私的方式往往发生在"熟人"之间，被暴露隐私往往只有"熟人"才能获取，从而造成了被害人更难预防的困难局面。为依法惩治侵犯公民个人信息行为，根据最高人民法院、最高人民检察院、公安部《关于依法惩治网络暴力违法犯罪的指导意见》规定，"违法收集并向不特定多数人发布公民个人信息，情节严重，符合刑法第二百五十三条之一规定的，以侵犯公民个人信息罪定罪处罚；依照刑法和司法解释规定，同时构成其他犯罪的，依照处罚较重的规定定罪处罚"。

（三）造谣诽谤

造谣诽谤即诽谤者捏造不实言论并且有意图地在网络进行大规模传播和扩散的行为。网络造谣诽谤的发生通常具有两个特点，第一，网络谣言极易捏造。捏造网络谣言的过程仅仅凭借在社交平台上发布"小作文"的方式就能够进行，更简单的方式如在热点事件或者公共人物评论区进行虚构的评论。如果试图使谣言更加"可信"，谣言传播者除了配文外还会增加截取或者偷拍的"对话"与"照片"，依据截取的部分"对话"断章取义，对于来源不明的"照片"进行"看图说话"、编造故事。第二，网络谣言极易传播。部分网民不经过验证核实便进行评论与转发，造成了网络谣言的多次扩大。其中，网民多为跟风，以猎奇和看热闹的心态对谣言进行转发。有学者指出，人工智能在网络传播过程中降低了传播信息的成本，加快了传播信息的速度。[1]大数据算法将互联网用户进行分层，算法无形之中促使谣言精准推送至众多可能感兴趣的用户身上，由此加快了谣言的传播。

在选取的具有代表性的造谣诽谤网络暴力案件中，许多都是十分轻易便能够在平台上对受害者进行肆意造谣的例子。如李某在抖音上大量发布原告苏某欠钱不还的视频，对苏某的社会评价和人格权利造成了影响，同时还损害了司法权威和公信力。再如，梁某在微博上发布前男友的各种"渣男"事件，故意引发网民愤怒，引导网民对其前男友罗某某进行网暴，随后当事人澄清才被发现所谓事实纯属捏造。网民面对众多鱼龙混杂的网络信息，谣言通常又以文字的形式呈现，大多数人无法根据造谣者的表情和口述过程对内容的真实性进行辨别，缺乏辨别的条件，更不用讨论辨别能力之事，加之造谣者往往善于利用网民的同情心理和从众心理，一场有预谋、有目的的网络谣言引发的网暴便随之而来。与网络侮辱不同，网络谣言所引起网络暴力的参与者多因为偏听偏信和盲目跟随，究其性质和恶劣程度可能需要与原发性的侮辱暴力行为相区别。但是我们需要注意的是，网络谣言也能够进一步引发严重的侮辱暴力，并且网络侮辱行为也通常包含对被害人进行恶意造谣的内容，两种暴力行为的参与者在行为发生的本质和结果上也相差无几。由此，我们在针对这两种网络暴力形式的定性、区分和处理时，一定要注意其往往"相伴而生"的特点。

网络造谣行为的目的性强烈，无非就是满足造谣者自身的心理、报复被造谣者或者吸引关注与流量。由此，我们可以把网络谣言的产生原因总结为三大类。第一，蓄意抹黑，即有预谋、有目的地去歪曲事实或者捏造虚假事件。意图引导网民对受害者进行网络暴力，降低受害者的社会评价以提升自己的社会形象，达到获取某种利益的目的。第二，恶意揣测，不少网民在使用网络过程中本身便戴有色眼镜去看待他人，认为贬损他人即抬高自己，在恶意揣测之下偏向于相信造谣的内容，并且在传播的过程中故意再次"添油加醋"，造成了更为恶劣的影响。第三，赚取流量，某些网络流量规则熟知者

---

〔1〕 参见蔡鹏程：《Web3.0 时代网络谣言刑事归责限度理论的构建——兼论网络谣言与网络暴力概念的界分》，载《阅江学刊》2023 年第 5 期。

为了赚取钱财而故意制造能够博取眼球的话题内容，他们善用网络流量游戏规则，用于为自己谋取多方利益。有些网络大 V 利用其本身具有的网络关注度去传播虚假信息，引流吸粉、以谣牟利。如官方公布案例中的王某诉张某网络侵权责任案件，被告作为公众人物，通过微博转发一篇关于原告个人的不实文章，引发了全网的专注和讨论，对原告的名誉和声誉造成了极大的影响。网络诽谤行为若不及时加以制止和惩罚，这种网络不正之风将会污染网络言论环境从而引起更为严重的后果。为了依法惩治网络诽谤行为，最高人民法院、最高人民检察院、公安部联合发布了《关于依法惩治网络暴力违法犯罪的指导意见》，明确"在信息网络上制造、散布谣言，贬损他人人格、损害他人名誉，情节严重，符合刑法第二百四十六条规定的，以诽谤罪定罪处罚"。

（四）网暴服务

网暴服务是近年来新产生的网络暴力形式，网暴服务非以打击网暴对象为目的，而是以非法赚取钱财或者其他利益为目的，这些"网络打手"在受雇之后针对特定的人进行单独或者有规模的言语攻击，该"服务"的提供者不分对象不分内容进行侮辱、诽谤、造谣等一系列的人身攻击，而网络暴力中所谓的"服务"的提供者有可能是一个依靠真人进行操作的团队，也有可能是众多网络"水军"背后的程序指令者。网络利用率变高是其产生的原因之一，同时网络能够最大程度减小时间和空间所带来的障碍，可以依托平台对任何受害目标进行暴力行为。而且个人生活、学习和工作中都离不开网络的使用，"网络打手"便可利用多种平台让暴力无孔不入。网络暴力的样式呈现多样化，并且仍然在不停地变形，加之现实管理难度大、惩罚力度低。在网暴服务购买者的需求增长的促使之下，一场有攻击目的与方向的低投入言语暴力行为往往能带来足够的"伤害效果"。

在 48 件典型案例中也存在着以提供网暴服务为新形式的网络暴力案件。例如，湖南长沙李某东以每天一百元的价格帮助客户在指定社交平台上对不特定的人进行网络言语辱骂，非法获利近万元。更恶劣的是，目前网络上还存在群体网络暴力组织，他们有预谋有商量地去实施规模性网络暴力。在河南郑州女老师猝死案件中，该女老师的学生在网上寻找团体网暴组织，利用刘老师上网课期间进入直播课堂进行语音骚扰、弹幕辱骂、投屏干扰课件等多种形式对刘老师进行谩骂和刺激，最终致使刘老师心肌梗死去世。这种组织有的是临时成立的，也有的是固定"搭伙"。无论以何种形式组建，他们在实施目的和过程上达成一致从而成为实施网络暴力的团体。

综上，在网络环境愈来愈复杂和多变的同时，网络暴力的表现形式呈现出多种侵权行为相混合的特点。不管是侵犯隐私还是造谣诽谤都伴随着对被网暴者的侮辱谩骂，可以说网暴者的根本目的即是对他人进行人身攻击以宣泄情绪。而被网暴者的身心通常会遭受重创，因为人所具有的自尊感，很难有人能完全做到不想、不顾他人带有贬损性的言论。不只是被害者自身，其家庭与被害人作为一个整体同样也会遭受网络暴力的重创。同时，网暴行为有损社会公益、破坏了网络秩序，每个人都好像成为潜在的受害者，造成了网络上群体性的焦虑与不安。

二、网络暴力被害人群体特征

在本时代，除了依靠热点为生的人会主动赚取流量，普通人使用网络分享生活也可能随时成为网络热点话题的主人公，即便是无心留下的评论也有可能引发网络骂战。网络暴力在当今更有可能发生在每一个参与互联网生活的普通人身上。由此，网络暴力的被害人群体特征也发生了相应的改变。

（一）公众人物群体

1. 明星群体

明星作为广受关注的公众人物，其一言一行都在大众的视野与监督之下，一些行为和言语便更容易遭受针对与误解。这不仅会对其身心健康造成损害，也会对其名誉和形象带来不良影响。在较为宽松的网络环境下，部分追星族的不理智追星以及网民戾气的迁移是明星群体频繁遭受网络暴力的原因，其家人通常也会受到网络暴力的牵连和影响。许多明星遭受网络暴力的情况纯属粉丝团体之间的骂战上升至明星本人，对明星本人人格、样貌等直接进行侮辱的方式成了对对方最为致命的打击。另外，需要注意网络上出现的"厕所"乱象。"网络厕所"近年来在互联网上出现，其中部分最初只是为了能够匿名发表对某个明星的真实想法或者仅仅是调侃、逗乐。网友通过后台私信的方式进行匿名投稿，匿名性是其显著特征，防搜索字词的使用使其隐蔽性极高。但越来越多的投稿演变为带有敌意的贬损和侮辱，其中不乏臆想和造谣，而博主为了吸引流量往往也不会对内容进行审核便发出，造成了极大的不良影响，助长了群体阴阳怪气的狂欢，消解了群体的理性。

2. 网络红人群体

当今许多网络红人将自己的生活制作成照片和视频发布在网络上，在吸引流量赚钱的同时许多内容细节被夸大和误解，这让网络暴力有了非常多的可乘之机。许多网暴者不赞成网红的做法、态度或者单纯嫉妒网红的生活与成就，便会成为他们的"黑粉"对他们进行有组织的言语暴力攻击，被网暴者通常都不清楚自己"做错"了什么，便沦为网暴者发泄戾气的工具。如千万粉丝网红 COSER "小柔"遭网暴多年，网暴者甚至建立了"讨厌小柔"的贴吧，在贴吧内发表群体性的网暴言论。该案件经过起诉，当事人已发布道歉信。再如在晋江某网红作家成名之后，因其行为无法满足部分人的需求，便遭到了无数性质恶劣的质疑、诋毁与谩骂。但有时网络红人群体也会成为网络暴力的制造者和推动者，网络红人为了赚取流量、吸引眼球，会利用自身的影响对事件进行故意扭曲、发布不实信息、引导话题走向等，甚至利用其粉丝群体和大众的盲从性进行有针对性的网络暴力。

（二）弱势群体

1. 女性群体

在网络暴力的受害者群体中，女性遭受网络暴力比例要比男性更高。在精选的 48 件案例中有 26 件都涉及女性，并且女性所受到网络暴力的影响更深，她们需要更长时间从被网暴经历和创伤中恢复。部分针对女性的身体、身型、衣着进行的骚扰、羞辱、侮辱等本质是网络性别暴力。女性更易遭受网暴的原因有三，第一，性别不平等下女性遭受的凝视和规制。公众往往通过女性的身材和穿着打扮去对女性的品性、道德进行推断与评价，公众对这部分内容会比关注事件本身更感兴趣，因此女性很容易在网络暴力中成为众矢之的。对女性的所谓道德要求与规制越多，对女性产生的负面评价和影响也就越多。有学者认为，在网络暴力中女性作为脆弱群体，外貌和身材往往容易成为人们用来评判的对象，因为这样的话题能迅速凝聚共识和关注。非常典型的案例就包括了郑某某拿着录取通知书去探望住院的爷爷，只因染了粉色头发就被造谣和人身攻击，并被网暴者进行羞辱，最终抑郁自杀。还有在武汉小学生校内被撞连环悲剧中，杨女士在接受采访中的穿着打扮频繁受到关注，大量不怀好意的人通过外貌和神情对杨女士进行无端的猜测和诋毁。第二，女性本身属于弱势群体，更加容易被别有用心之人当成造谣抹黑的对象。如杭州吴女士取快递被造谣"少妇出轨快递小哥"，在类似被造谣的案件中，正因为造谣事件的矛头指向女性，这似乎更加能够满足造谣者和传递谣言者的恶性目的。第三，性别对立问题导致的结果。重庆万州公交车坠江事件，在本次事件中网民将暴戾情绪对准了公交车坠江前相撞的轿车女司机身上，并上升到对"女司机"的群体控诉。再如，广州地铁女子怒斥"偷拍大叔"事件，在网络上发酵之后又引发了更严重的性别对立。女性群体本身更易成为谣言诽谤等网络暴力所攻击的对象，并且会遭受更大的精神压力与社会歧视，为了消解矛盾和歧视，需要对被侵犯的女性群体加以格外的重视和保护。

2. 未成年人群体

未成年人同样属于弱势群体，其身心尚未发育成熟，心理相较于成年人较为脆弱，并且在网络遭到欺凌的概率会更大。中国社会科学院于 2019 年发布的《社会蓝皮书：2019 年中国社会形势分析与预测》显示，青少年在上网过程中遇到过暴力辱骂信息的比例为 28.89%。而"当作没看见，不理会"则是青少年最常用的应对暴力辱骂信息的方式，占比达 60.17%。近三成的青少年遭遇过网络暴力[1]，并且未采取合理、正确的应对措施。未成年遭受网络暴力来自成年人对未成年人的网络欺凌，还包括不成熟的未成年利用网络进行互相辱骂，甚至升级到线下斗殴。无论是何种情况，给未成年人营造一个安全、积极向上的网络环境于未成年人身心健康和成长都至关重要。湖南桑植一个女孩子激情誓师走红网络的同时，却引发键盘侠的不满和愤怒，随后被恶意揣测与造谣高考成绩。2022 年 1 月，15 岁的寻亲男孩刘某某因网络暴力自杀身亡。汶川幸存女孩牛某在遭受了地震的苦难之后想把坚强的精神传递给他人，却遭到部分人的质疑与嘲讽。这些本身具有美好品质的未成年人成了心理不健康的"网络患者"的攻击对象。未成年人本身的抗压与调解能

---

〔1〕 参见李培林等：《社会蓝皮书：2019 年中国社会形势分析与预测》，社会科学文献出版社 2019 年版。

力不如成年人，遭受网络语言暴力之后带来的伤痛和后果会更难以疗愈，因此也需要对未成年人在网络世界中予以重点保护。

（三）涉影响力事件群体

区别于传统关注的易被网暴群体，普通的社会公众因涉影响力事件而被曝光在网络大众面前，已然成为更加普遍的网络暴力受害者。当社会突发热点出现时，事件往往极度容易引起大众的关注、讨论与传播，事件的发酵方向具有随机性，此时公众情绪非常容易互相影响而呈现出整体极端化的特点。在涉影响力事件漩涡中，事件主人公所受到的关注和讨论前所未有，并且他们在处理网络暴力的能力和条件上与公众人物相比十分欠缺，其受到的伤害难以想象，产生悲剧性结果也是令人万分痛心。

2022 年 3 月，东航客机逝世者亲属在网络上传怀念亲人的视频，却遭到恶意的揣测和无端的谩骂，同样的案例还有江歌之母为其女寻求正义的过程中仍然持续在网上遭受恶意博文的侮辱诽谤。在这些案件中，被网暴者本身就是涉影响力事件的受害者，却因为事件在网络上的曝光和扩大遭受了本不该承受的多次伤害。因此在涉影响力事件群体上，如何让网络用户自由地讨论事件而避免事件主体遭受网络暴力攻击是应该着重思考的问题。

三、网络暴力发展态势

在选取的典型案例中，每年的件数分别如下：2016 年 6 件、2018 年 4 件、2019 年 1 件、2020 年 2 件、2021 年 7 件、2022 年 9 件、2023 年 11 件。这与当前网络暴力案件发生次数逐年递增相吻合。2016 年的案件多为针对公众人物进行的网络暴力，其中网络暴力的重点攻击对象是明星等公众人物，并且网络暴力发生的场域主要在微博和贴吧。2018 年、2019 年网络暴力针对人群出现了变化，普通大众因为社会性事件而出现在网暴攻击的视野中，并出现了有预谋的引导网暴现象。2020 年、2021 年对普通公众隐私侵犯的网络暴力案件数量增加，有影响力事件的发生致使受害者被网络暴力的案件数量持续增加。2022 年选取的案件多为女性遭受网络暴力案件，也侧面反映出女性在网络暴力受害人中所占比例之高。2023 年选取的案件以上情况均包含在内，并且新出现专人提供网暴服务的恶性现象。

（一）网络暴力对象已不受局限

在选取的 48 件典型案例中，一共有 34 件案件涉及普通公众，这反映了网暴对象呈现出由最初的主要针对社会公众人物到如今的还包括普通大众的变化，说明网络暴力所针对的对象正在被逐渐扩大化。从 2023 年北京互联网法院召开涉网络暴力新闻通报会上通报的案例数据看，原告为普通自然人的纠纷一共 399 件，占比 85.8%。即使是非有影响力事件的主体，哪怕只是在公众平台分享普通生活和个人观点的行为，也很有可能被流量推广到大众面前从而被网络暴力，任何人在当今都有可能成为被网暴的对象。在澎湃复数实验室所分析的 311 件案例中，超四成的受害者是普通公众。而更容易受到关注的明星、网络主播与博主等公众人物，并不是最主要的网暴受害者。[1]同样，中国传媒大学人类命运共同体研究院于 2022 年 6 月发布的《网络暴力现象治理报告》也指出，早期的网络暴力受害者多为公众人物，但目前的网暴对象已经由名人下沉到普通人，其原因也不局限于道德败坏、人品有问题等有迹可循的方面，而是蔓延到不作任何区分的"不合我意者"。该现象的背后原因主要包括三点，其一，网民从关注明星日常到关注社会热点事件，关注重心的变化所致。其二，媒体等对于有影响力案件的叙述不够翔实，存在较多有争议的地方，部分无良媒体甚至主动创造争议吸取话题度。其三，网暴者不明是非、不够理性，将生活中的不满和不如意在网上肆意迁怒于陌生人，认为自己的言论不会受到相应的惩罚。

（二）网络暴力发生的场域和场景不断扩大

网络暴力的发生场域随着互联网发展也在不断变化和扩大，2012 年左右常常发生在贴吧、QQ 等平台，多以对话、留言的形式发生。由于当时微博使用人数比较有限，因此发生在微博的网络暴力较少。随着 2014 年后微博和微信的普及，微信与微博开始成为网络暴力发生的"主战场"，主要通过照片、帖子和评论等方式进行。2017 年、2018 年之后越来越多的互联网平台出现也滋生了更多的网络暴力，到现在已经逐渐地扩大到微博、微信、豆瓣、知乎、

---

[1]　参见边嘉璐等：《311 个受害案例、4 场网暴模拟告诉你，谁该"保你平安" | 有数》，载 https://www.thepaper.cn/newsDetail_forward_22399042，最后访问日期：2023 年 10 月 25 日。

小红书、虎扑等各个平台上。并且网络暴力的呈现形式也更加地多样化，已经扩展至语音和视频领域。网络暴力可能发生在互联网上的任何话题和场景之中，其发生速度也随着网速、算法的提升不断加快，影响范围也随着场域和场景的变化逐渐扩大。

（三）网络暴力手段更新加快

随着社交网络平台不断发展以及新技术的更新与运用，新型网络暴力手段更新加快。过去网络暴力多以言语攻击的形式出现，现在以恶意 P 图、技术合成虚假照片、"AI 换脸"视频进行造谣等形式发生的网络暴力正愈演愈烈。对于大规模雇佣"网暴水军"的网暴形式，需要揪出幕后网暴"黑手""推手"。与此同时，网络暴力的隐蔽手段也更加多样化，网暴者常常使用替代性词语、缩写以及制作表情包等手段对被害者进行攻击，并通过各种形式助推网暴的发生以扩大对被害人的侵害，如"饭圈"骂战中经常见到的"抽奖转发"，以财物为诱导引发其他圈层的人对侵犯隐私、虚构事实等可能导致网络暴力的内容进行转发，具有涉及范围大、人数多、人群复杂的特点，这些都加大了对网络暴力监控和惩罚的难度。在官方公布的赵某与李某网络侵权责任纠纷案中，李某将辱骂赵某的微博设置抽奖以扩散该信息，该微博被转发 4000 余次，评论数超过 400 条，引发了网民对被害人的攻击和谩骂。

此外，网暴者反搜索的意识变强，通过修改名称、变形攻击话术的方式防止官方系统拦截，除了使用明显性质恶劣的词汇外，还常常使用"阴阳怪气"的语句进行变相攻击，其伤害程度不亚于直接侮辱，因此需警惕此类新形式和内容的网络暴力。

四、网络暴力平台应对情况

2022 年 11 月，中央网信办印发《关于切实加强网络暴力治理的通知》，要求网站平台建立健全网暴预警防御机制，强化对被网暴当事人的保护，严防网暴信息扩散。对于网暴信息扎堆、防范机制不健全、举报受理处置不及时以及造成恶劣后果的网站平台，有关部门应依法依规采取通报批评、限期整改、罚款、暂停信息更新、关闭网站等处置处罚措施，从严处理相关责任人。2023 年 9 月，最高人民法院、最高人民检察院、公安部《关于依法惩治网络暴力违法犯罪的指导意见》正式发布，其中对于网络服务提供者的责任和义务作出了以下三大要求。其一，规定了网络服务提供者对于所发现有关网络暴力违法犯罪的信息不依法履行网络安全管理的义务，经过监管部门责令采取改正措施而拒不改正，致使违法信息大量传播或者有其他严重情节，符合《刑法》第 286 条之一规定的，以拒不履行信息网络安全管理义务罪定罪处罚。并且规定同时构成其他犯罪的，依照处罚较重的罪名定罪处罚。其二，规定网络服务的提供者对于所发现的网络暴力信息不依法履行信息网络安全管理义务，致使违法信息大量传播或有其他严重情节，损害社会公益的，人民法院可以依法向人民检察院提起公益诉讼。其三，对网络服务提供者及时为公安机关和检察机关取证提供必要的技术支持和协助提出了要求，即网络服务提供者须在公安机关收集网络暴力相关证据材料以及提起相关公益诉讼时，依公安机关及检察机关的要求及时提供协助。[1]

由此可见，对于打击网络暴力违法犯罪的态度是从严惩治、从严执法、严肃追究。而互联网平台作为信息监管者，对于网络暴力必须积极作为，只因其不作为的行为会为网络暴力行为推波助澜，而由网络服务提供者本身所发起和组织的违法犯罪活动更是要严加管制和从重处罚。各网络服务提供者需在各自平台运行及用户使用等特点的基础之上对网络暴力的进行及时防控和处理，除此之外还要强加平台责任感，加大对平台用户在使用过程中相互尊重、友好交流的引导与教育。

（一）微信

平台要深入梳理网暴信息治理标准，建立网暴信息样本库，及时识别和过滤不当言论和不良信息，针对网络暴力构建长效治理机制，强化对视频号、公众号环节的巡查力度，通过用户举报、技术审核、人工巡查等方式，及时清理涉网暴信息内容。根据《微信公众平台运营规范》《微信视频号运营规范》等相关协议规范，从严处置违法违规内容和账号，针对较易发生网暴的评论及私信场景，强化对涉网暴等不当内容的过滤，对发布不当言论的用户进行提醒，降低网友受到网络暴力行为侵害的风险。同时微信升级了视频号

---

〔1〕　最高人民法院、最高人民检察院、公安部印发《关于依法惩治网络暴力违法犯罪的指导意见》的通知。

防网暴功能。视频创作者在视频号个人主页的隐私设置中，可关闭"开启评论、弹幕、打招呼消息"的开关，关闭后该账号不会再收到评论、弹幕、打招呼消息。

（二）微博

在主管部门指导下，微博持续开展不友善言论攻击及网络暴力专项治理工作，并于 2022 年 8 月发布了《微博网暴治理报告》。微博对防止网络暴力作出了以下举措：（1）开启一键网络暴力防护功能与评论防火墙；（2）调整相应私信的规则；（3）一键举报功能；（4）屏蔽不友善用户以及关键词；（5）微博协管员。并且设置微博管理员进行巡站对暴力言论进行管理，站方在巡查中发现有用户发布人身攻击、号召网暴、挑动群体对立、谣言不实信息等违规言论，微博将通过账号内容清理、加大处罚、警示引导、用户教育等多重运营手段强化治理效果。此外，微博还发布了《防网暴实用指南》，梳理完善了七大网暴类别，并进一步明确了网暴的定义和处置标准。同时，通过建立网暴投诉专区，便于受害者及时通过专区维护权益，在做好违规行为处置的同时，微博上线的"评论友善引导"功能，可引导微博用户进行友善评论。

2022 年 3 月到 11 月，微博针对保护网络暴力被害人上线了私信、评论等防护功能。2023 年，微博做出了针对网络暴力的打击活动：3 月发布了微博《防网暴指南》；6 月修订了《微博平台网络暴力处置细则》；7 月召开了打击网络暴力专家研讨会，升级不友善行为投诉处置规则；8 月着重开展涉及未成年人的网络暴力治理工作；9 月针对"网络厕所"开展了账号摸排和整治工作；11 月微博发布了微博网络暴力治理报告，提出了针对网络暴力的"三提倡三反对"，对从 2022 年 3 月以来微博平台持续加强打击网络暴力探索，通过技术和运营手段不断防治网络暴力的方式与成果进行了展示。

（三）抖音

2023 年 7 月 27 日，抖音根据《网络信息内容生态治理规定》《抖音社区自律公约》等相关法律法规和平台规则，更新了平台对网络暴力信息的治理规范。规范明确，平台鼓励"友善表达，客观理性发表自身观点，传递善意"，不得"使用侮辱性、歧视性的恶意言辞，攻击、贬损他人"等。抖音表达了自己鼓励的良好网络交流行为理念，对侮辱、歧视、威胁恐吓、侵犯隐私等各种会对他人和社会造成心理、情感、社会伤害的不良信息进行了禁止性处理。同时，抖音针对受害者提供了一键防护、互动权限管理、一键取证等保护其隐私、安全和留存证据的技术支持。针对疑似施暴者，该平台通过视频、语音进行震慑与教育引导。用户违反公约规定将根据情形和影响对账号进行处罚、言论进行限制，避免暴力言论造成更大范围的影响。

同时，抖音发起反网络暴力倡议活动，呼吁友善表达，与社会各界共同反对和抵制网络暴力信息。明星名人、专家学者、公检法、媒体以及广大达人网友积极参与倡议，短短数日，参与签署倡议的人数就已超过230万，话题视频播放量接近2亿次。其中，众多机构、媒体发布反网络暴力视频，号召大家共同抵制网络暴力，加大对网络暴力的治理力度。

（四）小红书

小红书宣布，平台在2023年6月上线了"小红盾"防网络暴力工具，力求在"一键防护"等防网络暴力功能的基础上，进一步降低网络暴力给受害者带来的侵害，给用户提供更强的防护能力。据介绍，当用户遭受网络暴力侵害时，可通过"小红盾"工具进行线索上报。为平台处置判断，小红书会要求用户提供个人真实身份信息、联系电话等，同时希望上报者提供尽可能翔实的证据、材料，包括但不限于违规言论截图、报案信息等，平台将依据网络暴力处置规则及时处置违规信息，并视情节严重程度处置相关违规用户。平台会及时向用户反馈处置情况，用户在后台即可查看。

（五）哔哩哔哩

哔哩哔哩的网络暴力常见于大批量弹幕辱骂和私信辱骂。该平台规定在入站测试中要进行礼仪测试，其中就包括评论礼仪以及弹幕礼仪，由此引导网站用户进行友好评论。此外，2022年7月该网站上线了防网络暴力专项，发布了一键取证功能、防陌生人私信骚扰功能、弹幕优选功能、举报拉黑功能、消息偏好功能、一键防护功能。用户开启一键防护功能后，在7日内不会收到选择人群外的任何用户发送的私信、弹幕及评论；一键取证功能可使用户快速收集私信、弹幕等证据用于维权。哔哩哔哩对违规行为采取限制传播、折叠、添加提醒标识等措施，主动保护用户避免受到网络暴力的侵害。对于评论和弹幕的批量性人身攻击，哔哩哔哩同时设置了主动一键举报功能，如若举报不成功或数量巨大无法单独处理，还可以寻求人工客服帮助。

（六）百度贴吧

百度坚决抵制网络暴力行为，为倡导积极向上、文明健康的网络环境，百度开展网络暴力专项治理工作，并且每周对百度网络暴力治理工作进行公示，公示内容包括对用户进行一键防网络暴力的提示，对涉嫌网络暴力违规信息的提示，人工清理网络暴力的数据，以及对网络暴力相关账号的处置。对于多次发表不友善内容的用户，平台识别后会关闭其私信功能。用户收到网络暴力信息时，可以通过一键举报功能，快速、批量地向平台提交相关证据。

（七）豆瓣

2022年3月，豆瓣上线"应急防护模式"。用户开启该模式后，陌生人无法查看其主页的内容，也无法直接与其进行私信交流；用户发布的动态、日记等内容下含有不友善关键词的评论将会被隐藏。防护时间有3天、7天和14天三种选择，到期后用户可再次开启，并且无次数限制。在常态防护方面，豆瓣调整了个人主页隐私设置，对陌生账号仅展示主页半年内的10条动态，且豆列、日记、相册均不可见。同时完善黑名单功能，由单向屏蔽调整为双向个人主页不可见、双向互动屏蔽。[1]用户可以选择以屏蔽、拉黑的方式进行自我保护。

【延伸思考】

网络暴力属于数字时代利用网络信息传播进行的违法犯罪活动，随着网络信息技术的发展，网络暴力的发生原因和形式也在悄然发生变化。有学者认为，"过于强调区分侮辱罪和诽谤罪，难以全面评价和有效打击不同类型、行为高度混杂的网络暴力现象，也无法发挥预防犯罪功能，应当将侮辱、诽谤罪视为一种选择性罪名，对二罪作统一适用"。[2]对此你认为侮辱罪、诽谤罪在打击网络暴力犯罪上是否应当针对该犯罪特点作相应调整，又应当如何调整呢？

---

〔1〕 参见宋美璐：《豆瓣上线"应急防护模式"：防止网络暴力 最长防护时间14天》，载 https://tech.ifeng.com/c/8Eg23xQNTPN，最后访问日期：2023年10月25日。

〔2〕 罗翔、张慧敏：《网络暴力治理视域下侮辱、诽谤罪的同质化评价与选择性适用》，载《江淮论坛》2023年第5期。

第二编
网络犯罪治理：侦查与办理

第四章
司法机关调取互联网企业数据的类型化路径

【研习要点】

1. 随着互联网犯罪类型的多样化，行政司法机关调取互联网企业数据面临安全保障与信息保护、企业利益与社会责任、制度不健全与风险不确定之间的冲突困境。

2. 行政司法机关调取互联网企业数据应当遵循利益衡量、比例原则和正当程序，制定、完善相应法律制度，妥善平衡国家利益、公共利益和企业利益、个人利益，以最小的损害实现调取行为的目的。

3. 由于行政司法机关调取行为的多元性和复杂性，可以按照调取情形的紧迫程度、危险程度以及调取行为侵犯个人权利程度等指标，建立互联网企业响应等级体系，根据不同响应等级制定分类处理规则，保障数据信息的安全和合理使用。

【典型案例】

聂某等六人销售假冒注册商标的商品案[1]

[基本案情]

山东泰安聂某、王某某夫妇共同经营山东省泰安市东平县鲁某商贸有限公司。聂某系公司实际经营者，负责管理工作。王某某系公司法人，负责主

---

[1] 聂某等六人销售假冒注册商标的商品案，广东省人民检察院发布 2022 年度知识产权司法保护十大典型案例之五（2022 年）。

播销售工作。2020 年 10 月至 2021 年 6 月，聂某、王某某在明知销售的化妆品是假冒注册商标商品的情况下，通过"快手"直播平台销售"雅诗兰黛""海蓝之谜""欧莱雅""古驰"等各大品牌的假冒化妆品，并陆续雇用王某、张某、梁某某等人为其直播间工作人员。聂某、王某某等人非法销售假冒注册商标的化妆品共计人民币 2 326 515.4 元。

2021 年 3 月，中山市公安局对以聂某为首的作案团伙涉嫌在"快手"短视频平台直播销售假冒化妆品立案侦查。中山市第一市区人民检察院（以下简称中山一区检）及时派员提前介入，并多次与中山市公安局会商案件，引导侦查机关及时搜集与固定关键证据：一是向快手平台调取涉案直播间的后台销售记录，准确统计销售假冒化妆品的数量与金额。二是鉴定被缴获的假冒品牌化妆品是否存在对人体有害的成分，是否为假冒伪劣产品，准确给案件定性。2021 年 9 月 8 日，公安机关以聂某等六人涉嫌销售假冒注册商标的商品罪向中山一区检移送起诉。中山一区检经审查：一是以公安机关从快手平台调取的直播间后台数据为依据，高效、准确地统计出涉案金额与侵权商品种类。二是根据犯罪情节，区分主、从犯，做到罪刑相当，以各被告人入职时间分别计算各自的犯罪金额，根据被告人所起的作用、获利情况等区分主、从犯。三是贯彻落实宽严相济刑事政策，依法适用认罪认罚从宽制度。对主犯及起一定作用的聂某、王某某等五人以犯销售假冒注册商标的商品罪依法提起公诉。对犯罪情节较轻，认罪态度较好的聂某作出相对不起诉处理。2022 年 1 月 13 日，中山市第一人民法院以犯销售假冒注册商标的商品罪判处被告人聂某等人有期徒刑一年六个月至三年六个月不等，部分适用缓刑，并处罚金人民币七千元至二十万元不等。被告人均未提出上诉，判决已生效。

[典型意义]

强化与互联网企业、打假部门交流协作，畅通取证渠道。"直播售假""网店售假"销量庞大，仅依据犯罪嫌疑人手机网店销售记录截图附卷统计，工作量大且统计不准确。检察机关强化问题导向，积极引导公安机关与互联网企业、打假部门沟通协调，调取网络平台后台电子数据，从而大大提高犯罪金额认定的准确度，有效节约司法资源。

【理论解读】

互联网为人们生活提供便利的同时，也为违法犯罪活动提供了空间，不仅滋生高科技犯罪，而且成为盗、抢、骗等传统犯罪活动的空间、媒介、途径和手段。[1]据《2019 年网络犯罪防范治理研究报告》统计，2018 年，因网络犯罪导致每分钟的全球经济损失高达 290 万美元。[2]以公安部"净网2018"专项行动为例，在为期 10 个月的专项行动中，公安机关共侦破网络犯罪案件 57 519 起，抓获犯罪嫌疑人 83 668 名。[3]这些通过互联网实施的违法犯罪，必然在互联网平台留下犯罪的时间、地点、手法、结果等数据痕迹。这些信息数据能否被司法机关获取，直接影响到司法机关阻止即将发生的犯罪和侦破实际发生犯罪的能力。

一、调取互联网企业数据的实践与困境

2018 年 8 月 24 日 14 时许，钟某在浙江乐清从事滴滴顺风车业务时，通过持刀威胁、胶带捆绑的方式，对被害人赵某某实施抢劫、强奸，后将其杀害并抛尸，引发舆论哗然。据《中国司法大数据研究院发布专题报告　揭示网约车与传统出租车犯罪情况》统计，虽然每年因乘坐网约车过程中发生的犯罪案件数量并不大，2017 年数量不足 20 件，司机每万人发案率为 0.048，低于传统出租车司机每万人发案率的 0.627。但由于该案在公安机关调取数据过程中存在的问题，直接导致滴滴顺风车业务被下线整顿。据温州公安机关通报，民警在被害人朋友报案后多次与滴滴平台沟通调取顺风车车主有关信息，滴滴平台以审核等为由没有在第一时间向警方提供。[4]

互联网企业对用户数据信息拥有广泛的收集权、占有权、支配权、收益

---

〔1〕　参见靳高风、守佳丽、林晞楠：《中国犯罪形势分析与预测（2018—2019）》，载《中国人民公安大学学报（社会科学版）》2019 年第 3 期。

〔2〕　参见公安部第三研究所网络安全法律研究中心、百度：《2019 年网络犯罪防范治理研究报告》，载 http://www.cbdio.com/BigData/2019-12/19/content_ 6153569.htm，最后访问日期：2019 年 12 月 22 日。

〔3〕　参见高凯：《"净网 2018"专项行动侦破网络犯罪案件 5.7 万余起》，载 http://www.chinanews.com/gn/2019/03-07/8773667.shtml，最后访问日期：2023 年 10 月 25 日。

〔4〕　从时间线来看，滴滴审核过程过长是否实质影响最佳救援时机，无法作出判断，该案例仅作为紧急状态下处理机制的样本进行研究。

权和处置权，数据控制权成为网络平台权利的重要形态。〔1〕我们将数据交给网络服务提供商，创造了一个新的监控中介（Surveillance Intermediaries），让这些规模巨大的公司站在政府与我们的数据之间，来影响政府对数据的获取。〔2〕随之而来的问题是，司法机关在哪些条件下、何种程度上可以要求网络服务提供商披露客户的私人信息。个人数据信息保护与司法机关调取数据的需求间存在的天然冲突汇集在互联网企业面前。2020 年 7 月 3 日，《数据安全法（草案）》在中国人大网公开征求意见，该草案提出国家将对数据实行分级分类保护、开展数据活动必须履行数据安全保护义务承担社会责任等。鉴于调取行为的多元性和复杂性，是否可以按照调取情形的紧迫程度、危险程度以及调取行为侵犯个人权利程度等指标，建立互联网企业响应等级体系，根据不同响应等级制定分类处理规则，即本章所试图探索的。

（一）安全保障与信息保护之间的冲突

"当前，人们对于互联网和移动通信技术的日益依赖，互联网、移动通信这样的虚拟空间清晰地记载着人们行为的痕迹，从而使之成为可以高效利用的庞大数据库。"〔3〕为了保障公民的生命财产安全，行政司法机关向互联网企业调取数据已经成为常态。不同层级、不同领域的法律都规定了互联网企业提供相关信息数据的义务。例如，在行政执法方面，省级以上人民政府部门可以在网络安全事件发生的风险增大时，要求有关部门、机构和人员及时收集、报告有关信息。〔4〕互联网金融从业机构根据反洗钱等有关规定，需要向反洗钱中心报送大额交易和可疑交易报告。〔5〕在刑事侦查方面，法院、检察

〔1〕 参见郭渐强、陈荣昌：《网络平台权力治理：法治困境与现实出路》，载《理论探索》2019年第4期。

〔2〕 See Alan Z. Rozenshtein, Surveillance Intermediaries, 70 Stanford Law Review 99 (2018).

〔3〕 汤强：《信息化背景下侦查权能的扩张与转型》，载《净月学刊》2014年第2期。

〔4〕 《网络安全法》第54条规定："网络安全事件发生的风险增大时，省级以上人民政府有关部门应当按照规定的权限和程序，并根据网络安全风险的特点和可能造成的危害，采取下列措施：（一）要求有关部门、机构和人员及时收集、报告有关信息，加强对网络安全风险的监测；……"

〔5〕 《互联网金融从业机构反洗钱和反恐怖融资管理办法（试行）》第14条第1款规定："从业机构应当执行大额交易和可疑交易报告制度，制定报告操作规程，对本机构的大额交易和可疑交易报告工作做出统一要求。金融机构、非银行支付机构以外的其他从业机构应当由总部或者总部指定的一个机构通过网络监测平台提交全公司的大额交易和可疑交易报告。"

机关和公安机关向单位或个人收集、调取证据，有《刑事诉讼法》的明确授权，如实提供证据是相关单位和个人的法定义务。[1]网络运营者也应当为公安机关、国家安全机关依法维护国家安全和侦查犯罪活动提供技术支持和协助。[2]诸如此类的规定，对行政司法机关调取互联网企业数据权力和互联网企业提供协助义务的明确规定，一般情形下都应当严格执行。但由于实践中具体情形复杂，法律规定不够细化，对于调取互联网企业数据的情形的判断，存在不少模糊地带。比如说，前述"网络安全事件的风险"是否处于增大状态，应当由谁判断，互联网企业是否可以进行审查并作出自由裁量？滴滴顺风车案中审核过程冗长，也反映了这方面的困境。

之所以会出现上述困境，与互联网企业同时承担着严格的信息保密义务密切相关。如果互联网企业提供数据的行为构成非法，就需要承担信息保护不力的法律责任。信息保密义务源于公民的通信自由和通信秘密受法律保护这一宪法权利，并在民法、行政法和刑法等各个部门法律体系中具体化。比如，《民法总则》顺应网络时代的发展趋势，第127条专门规定："法律对数据、网络虚拟财产的保护有规定的，依照其规定。"于2020年5月28日公布的《民法典》第111条进一步发展了《民法总则》的规定："自然人的个人信息受法律保护。任何组织或者个人需要获取他人个人信息的，应当依法取得并确保信息安全，不得非法收集、使用、加工、传输他人个人信息，不得非法买卖、提供或者公开他人个人信息。"另外，《网络安全法》已经明确规定网络运营者应当"对其收集的用户信息严格保密，并建立健全用户信息保护制度"，并就网络运营者收集、使用信息的行为提出了基本原则——应当遵循"合法、正当、必要"的基本原则。《刑法》还专门设立了侵犯公民个人信息罪，对侵犯公民个人信息的行为给予刑法保障。可见，互联网企业违反规定提供数据特别是个人信息，就会面临承担民事责任、行政责任甚至刑事责任的风险。

---

[1]《刑事诉讼法》第54条规定："人民法院、人民检察院和公安机关有权向有关单位和个人收集、调取证据。有关单位和个人应当如实提供证据。……凡是伪造证据、隐匿证据或者毁灭证据的，无论属于何方，必须受法律追究。"

[2]《网络安全法》第28条规定："网络运营者应当为公安机关、国家安全机关依法维护国家安全和侦查犯罪的活动提供技术支持和协助。"

在现代国家治理语境下，公权力与私权利的平衡是核心课题。[1]互联网企业究竟是否应当报送数据，该报送哪些数据，涉及国家利益、公共利益与企业利益、个人利益之间的平衡。[2]上述规定体现了法律在信息保护和安全保障之间的平衡之道，但由于缺乏足够提供清晰的标准规范和程序规定，看似互联网企业"表里受敌"，实则是因为各方利益不能协调，各方权利、义务、责任不能对等，如何有效调取数据成为多元主体面临的共同困境。在欧洲人权法院审理的 K. U. V. Finland 案中，加害人在未告知年仅 12 岁的受害人的情况下，在某网站上虚构了该受害人的性交易广告。当时芬兰相关立法对服务商设定了保密条款，该条款虽在新法法案中予以了修改，但案发时该法案尚未生效。据此，涉案服务商拒绝向侦查人员提供加害人的相关注册信息。受害人在穷尽本国救济手段后，将案件提交给欧洲人权法院。虽然在芬兰国内对网站提供数据的义务存在争议，但欧洲人权法院认为，芬兰相关立法违反了《欧洲人权公约》第 8 条对私人和家庭生活、住所和通信权利的保护，服务上基于隐私权保护所产生的保密义务不足以阻却侦查机关获取相关信息的要求。[3]可见，在信息保护和安全保障之间如何平衡，仍需进一步细化现有的法律规定。

（二）企业利益与社会责任之间的冲突

随着网络服务渗透到人们生活的方方面面，网络通信服务提供商掌握着海量的用户数据，俨然成为执法机构和公民之间的一道屏障。[4]有观点指出，"像 Facebook、谷歌和推特这样的公司现在承担着重大的责任，一边是我们的隐私，另一边是我们的安全"。[5]互联网企业应当在多大程度上承担起这样的社会责任？追逐利润是公司天生的使命，传统公司法建立起来的基本原则是，

〔1〕 参见裴炜：《犯罪侦查中网络服务提供商的信息披露义务——以比例原则为指导》，载《比较法研究》2016 年第 4 期。

〔2〕 参见刘权：《论网络平台的数据报送义务》，载《当代法学》2019 年第 5 期。

〔3〕 参见裴炜：《犯罪侦查中网络服务提供商的信息披露义务——以比例原则为指导》，载《比较法研究》2016 年第 4 期。

〔4〕 See Alan Z. Rozenshtein, *Surveillance Intermediaries*, 70 Stanford Law Review 99 (2018).

〔5〕 Editors of Harvard Law Review, *Developments in the Law*: *More Data*, *More Problems*, *Chapter One*: *Cooperation or Resistance?*: *The Role of Tech Companies in Government Surveillance*, 131 Harvard Law Review 1715 (2018).

公司董事、高管在法律上仅对股东承担受信义务，仅对股东利益最大化负责，或者表述为了公司的最佳利益。[1]但巨型公司规模的不断扩大，不仅在经济上具有支配地位，而且通过对经济和社会的支配还获得了不相称的政治影响，因此，要求大型公众公司和企业家对社会整体承担责任的呼声越来越强烈。[2]我国 2023 年公布的《公司法》第 20 条规定，公司从事经营活动，应当承担社会责任。公司的社会责任有的通过法律予以明确规定，有的则属于公司自由裁量的范畴。公司为保障国家利益和公共利益，向行政司法机关提供数据信息，也是履行社会责任的体现。但是，履行社会责任在一定程度上会影响到公司自身利益，这就需要把握好"度"的问题。由于法律规定的不清晰，容易加剧互联网企业社会责任与自身利益之间的冲突。

第一，对负面评价的担忧。数据信息与客户隐私直接相关，将客户隐私披露给他人，即使符合法律规定，也容易引发客户反感。[3]2016 年，美国苹果公司因拒绝配合联邦调查局破解一名枪击案嫌疑人的手机密码而引发的诉讼引起了极大关注。苹果公司曾在法庭文书中承认，遵守法庭命令协助执行这个搜查令可能会"极大地给苹果品牌带来负面影响"。[4]同样是由于各个国家信息保护政策不同，执行一个国家的规定可能会导致企业在另一个国家的发展受到阻碍，遭受歧视性对待。[5]如 2018 年，阿里巴巴蚂蚁金服出价 12 亿美元收购速汇金（MoneyGram），因没有得到美国一个审查外资收购的委员会的批准而失败，该交易遭到了美国议员的猛烈抨击，被指可能让中国掌握美国用户的个人数据。[6]

第二，增加企业运营成本。随着网络违法犯罪活动的不断增长，司法机关调取数据的频次也在不断增加。根据微软发布的《执法机构请求报告》：

〔1〕　参见施天涛：《〈公司法〉第 5 条的理想与现实：公司社会责任何以实施？》，载《清华法学》2019 年第 5 期。

〔2〕　参见施天涛：《〈公司法〉第 5 条的理想与现实：公司社会责任何以实施？》，载《清华法学》2019 年第 5 期。

〔3〕　参见刘权：《论网络平台的数据报送义务》，载《当代法学》2019 年第 5 期。

〔4〕　Caren Morrison, *Private Actors, Corporate Data and National Security: What Assistance Do Tech Companies Owe Law Enforcement*, 26 William & Mary Bill of Rights Journal 407（2017-2018）.

〔5〕　参见刘权：《论网络平台的数据报送义务》，载《当代法学》2019 年第 5 期。

〔6〕　参见陈媛媛：《欧盟史上最严数据法案对中国企业是把双刃剑》，载 http://www.eeo.com. cn/2018/0610/330006.shtml，最后访问日期：2023 年 10 月 25 日。

2019 年 1 月至 6 月，微软收到全球申请调取用户信息的请求 24 175 份，涉及的账号或用户 43 727 个。其中，来自美国国内的请求有 4860 份，请求中涉及的账号或用户 14 273 个。[1] 据支付宝公司统计，2018 年提供查询次数为 64 867 次，2019 年至今提供协查次数为 84 444 次。其他知名互联网企业虽然没有披露每年接受调取证据申请的数量，但通过公安民警反馈的情况来看，向这些大型互联网企业调取相关信息数据普遍面临程序复杂、周期较长等问题，由此可推测这一数量的庞大。政府司法机关向互联网企业调取提供信息数据常态化，必然需要占用互联网企业的人力、技术、场地等资源。淘宝、支付宝、腾讯等均成立了专门的部门负责处理相关事宜，这部分业务对于企业而言，不会产生任何利润，但需要企业承担相应的成本。据蚂蚁金服有关部门负责人反映，为提供信息数据刻录的光盘的价值就是一笔相当大的费用。

第三，数据信息扩散导致企业经营风险。企业的数据信息具有巨大的经济价值，企业担忧司法机关将数据信息用于侦查犯罪以外的其他活动，将数据信息共享给其他机构，或者数据信息在调取后因安全保障措施不力而泄露等，数据信息的扩散极易造成经营风险。

（三）制度不健全与风险不确定之间的冲突

虽然调取互联网企业数据成为我国执法司法中重要的取证方式，但是相关规定较为原则化，没有针对不同情形对调取程序、调取范围等作出类型化规定，难以应对实践中调取证据的复杂情形和诸多风险。以刑事侦查为例，刑事诉讼法和相关司法解释均对向单位和个人取证作了原则性规定，于 2019 年 1 月下发的《公安机关办理刑事案件电子数据取证规则》第 41 条规定了公安机关向有关单位和个人调取电子数据的具体程序，调取数据"应当经办案部门负责人批准，开具《调取证据通知书》，注明需要调取电子数据的相关信息，通知电子数据持有人、网络服务提供者或者有关部门执行"。这一规定主要适用于已经立案的刑事案件的侦查工作，若按照此规定，根本无法应付紧急状态下的取证需求。滴滴顺风车案件中对滴滴平台的质疑，关键原因在于对特殊紧急情形下行政司法机关调取数据的规则缺乏明确规定，滴滴平台也

〔1〕 See Microsoft, *Law Enforcement Requests Report*, Microsoft, https://www.microsoft.com/en-us/corporate-responsibility/law-enforcement-requests-report.

没有建立相应的应急处置规则，客服人员仍然按照常规规程操作，导致审核过程冗长。在质疑互联网企业紧急状态下提供信息数据迟钝的同时，我们还不能忽视互联网企业的另一种担心，如果报案是出于"恶作剧"或不正当目的，信息数据泄露的风险又由谁来承担？

因此，在制度不健全的情形下，互联网企业提供或不提供数据的行为，都可能造成次生危害等不确定的风险，进而引发社会公众对互联网企业的质疑，甚至引发诉讼。因此，无论保守还是激进，都未必是最佳选择。这也是一些互联网企业在提供信息数据时保持相对谨慎的重要原因。同时，这些规定对于可调取的电子数据种类、范围也没有作出规定，仍然使互联网企业面临较大的不确定风险。

此外，在提供数据信息成为大型互联网企业日常工作的背景下，互联网企业自身在协助调取证据方面尚未形成成熟的规范，企业也没有行业统一的程序范本，能够提供哪些数据类型、提供数据的程序如何、紧急状况如何判断等问题都让企业无所适从。而且，互联网企业提供信息数据规则也没有向社会公众公开，存在不健全、不透明的问题。由于互联网企业自身提供数据信息规则的不健全、不透明，也更容易使企业的行为陷入舆论的漩涡。美国的一些大型互联网企业如苹果、谷歌、亚马逊等都向社会公布了向政府和司法机关提供数据的详细规定，这在一定程度上能够降低企业提供数据所面临的不确定风险。例如，苹果公司在官网上公布了《法律程序指南——适用于美国境内的政府和执法机构》，对美国政府及执法机构如何从苹果公司调取数据进行了详细规定。

安全保障与信息保护、企业利益与社会责任、制度不健全与风险不确定之间的冲突，无法完全避免，只能采取妥当的方式进行平衡，即充分考虑执法司法实践中的各种情形，对各方利益作出妥善的、细致的安排，完善相关的法律制度，作为行政司法机关和互联网企业的执行根据。这是当前最为迫切的工作。但是，我们也不能寄希望于通过立法解决所有实践中的困境，在法律存有漏洞的情形下，需要按照立法目的作出填补。但无论立法还是执法司法，都应当遵循同样的原则和同样的立法目的。

二、调取互联网企业数据的基本原则

博登海默指出："法律的基本作用之一，乃是使人类为数众多、种类纷繁、各不相同的行为与关系达致某种合理程度的秩序，并颁布一些适用于某些应予限制的行动或行为的行为规则或行为标准。"解决司法机关调取互联网企业数据面临的理论和实践上的三重困境，就需要通过立法予以规范。考虑到调取互联网企业数据行为牵涉利益甚广，为促使立法规范的秩序达致某种合理程度，就需要立法遵循利益衡量、比例原则和正当程序等基本原则。当然在适用法律存在分歧时，或法律存在漏洞时，也可以适用这些基本原则正确适用法律。

（一）利益衡量

司法机关调取互联网企业数据，涉及国家利益、公共利益、企业利益以及个人利益，这些利益不是平面展开的，而是具有一定的层次结构。案件所涉的利益可以区分为"当事人的具体利益""群体利益""制度利益"和"社会公共利益"四个层次，它们之间形成一种由具体到抽象的递进关系。[1]法律对当事人利益之间的分配，最终都应当服务于社会公共利益，而法律所保障的社会公共利益，也应当是对各方当事人利益最妥当的安排。公共利益原则作为法治社会的根本理念，得到许多国家和地区立法例的支持，从宪法到部门法都确立了公共利益原则的地位，权利不再局限于个人利益，不再仅仅以个人利益为最终依归，行使权利应以公共利益为指导原则，尊重社会公共利益，注重个人利益与公共利益的相互调和，并且期望超越个人利益，而以公共利益为重。[2]个人信息不仅关涉个人利益，而且关涉他人和整个社会利益，个人信息具有公共性和社会性，个人信息的适用不应当完全由个人决定，也不能由掌握信息的互联网企业决定。[3]从政府和司法机关调取互联网企业数据的情形来看，均具有明显的公共利益的特征，即出于防范、侦查和处置网络违法犯罪活动的需要。正如《网络安全法》第 1 条所规定的立法目的

---

〔1〕 参见梁上上：《利益衡量论》，法律出版社 2013 年版，第 99 页。
〔2〕 参见梁上上：《公共利益与利益衡量》，载《政法论坛》2016 年第 6 期。
〔3〕 参见高富平：《个人信息保护：从个人控制到社会控制》，载《法学研究》2018 年第 3 期。

"为了保障网络安全、维护网络空间主权和国家安全、社会公共利益，保护公民、法人和其他组织的合法权益"，对于个人信息权的保护，需要让位于保护国家安全和社会公共利益需要。这也正是前述欧洲人权法院审理的 K. U. V. Finland 案中所坚持的原则，即保护隐私不足以阻却侦查犯罪的要求。法律已经作出明确规定的，立法者已经对各方利益安排通过法律的形式予以固定。但在法律未作出明确规定，或法律存在漏洞的情形下，也应当根据利益衡量的基本原则执行法律或填补法律漏洞。

（二）比例原则

面对公权力与私权利之间的紧张关系，公共利益侵入私人空间必须保持适当的限度。行政法面临的一个核心问题，就是如何将国家权力的行使保持在适度、必要的限度之内，特别是在法律不得不给执法者留有相当的自由空间之时，如何才能保证裁量是适度的，不会为目的而不择手段，不会采取总成本高于总利益的行为。[1]刑事诉讼法也是如此，我国《刑事诉讼法》的目的包括控制犯罪和保障人权，在实现其目的的过程中，若未能保障他人的权利，对社会秩序的破坏与刑事犯罪对社会秩序的破坏相当。因此，国家权力对公民权利的侵害必须保持适度、合比例、目的的正当性、手段的有效性和必要性，并进行利益上的总体斟酌，以符合"狭义上的比例原则"。[2]司法机关在调取互联网企业数据时，会不同程度地侵犯互联网企业的利益与信息所涉个人的隐私等权益，不能无限度地任由司法机关无限制地调取数据。这就需要在实体和程序上对司法机关的调取行为进行合比例的限制，对其必要性、合目的性及对隐私权的侵害最小化进行审查。在实体上，需要根据调取数据的目的限制司法机关调取信息的范围，保证所调取的数据均为侦查犯罪所需要，不得调取与侦查犯罪无关的数据；在程序上，需要从调取程序的启动、实施、运用等方面对涉及数据调取和运用问题作出全面系统的规范，实现通过程序为个人隐私和企业利益提供合理保障；此外，还需要考虑如何减少数据调取给互联网企业带来的负担。可以通过为互联网企业提供合理补偿

---

[1] 参见余凌云：《论行政法上的比例原则》，载《法学家》2002 年第 2 期。

[2] 范剑虹：《欧盟与德国的比例原则——内涵、渊源、适用与在中国的借鉴》，载《浙江大学学报（人文社会科学版）》2000 年第 5 期。

等方式来减轻数据调取所产生的负累，反过来促进数据调取的谨慎性，最终达到最小限度地侵犯互联网企业和公民个人的合法权益的目的。

（三）正当程序

正当程序原则无疑是一项重要的宪法原则。正当的行政程序实质上是对个人自由提供的一种重要保障。[1]通过程序制约国家刑罚权的滥用，体现了在刑事诉讼中对人权的尊重和保障，同时也是程序自身所具有价值的体现。[2]在司法机关调取互联网企业数据时，平衡公共利益与个人利益、企业利益，并不存在非此即彼的分界线，经常会出现模糊地带。特别是在调取数据后无法侦破犯罪的情况下，公众更容易对调取行为的合法性产生质疑。在这种情况下，也需要借助公开透明、符合法治精神的正当程序，厘定合法调取与非法调取之间的界限，豁免司法机关或互联网企业的法律责任。因此，坚持正当程序原则，具有三个重要的价值：（1）正当程序是限制国家公权力的有效保障，也是个人利益和企业利益的有效保障，可以防止司法机关调取证据时的恣意，明确合法调取与非法调取之间的界限。（2）正当程序也可以保障互联网企业免受"不白之冤"，在符合正当程序的前提下提供相关数据信息，不被追究因提供数据可能产生的其他法律责任。（3）司法机关根据正当程序调取和使用数据应当受到保护。这一方面是指司法机关可以也应当根据正当程序来调取数据。对此，互联网企业应当配合；另一方面是指司法机关根据法律程序调取和使用了数据，即使最终没有达到破案等目的，其依法调取和使用数据行为也不应受到责任追究。但是，需要指出的是，由于调取互联网企业数据的目的不同，调取程序也应当有所区分，这就需要对调取互联网企业数据行为进行类型化，进而制定符合调取目的需求的正当程序规则，不能过度强调程序的正当性而阻碍调取数据目的的实现。

综上，行政司法机关出于维护公共利益的需要而调取互联网企业的数据，从本质上符合法律正义的要求，个人利益和企业利益均应服从公共利益的需要，不得随意拒绝司法机关的要求。但同时，互联网企业在应对调取请求时，

---

〔1〕 参见周佑勇：《行政法的正当程序原则》，载《中国社会科学》2004年第4期。
〔2〕 参见陈卫东、李洪江：《正当程序的简易化与简易程序的正当化》，载《法学研究》1998年第2期。

主要存在两个方面的疑虑，即调取程序和调取范围，这两者直接决定调取行为的反馈速度和实际效果，影响最终调取目的的实现。制定调取规则，应当在实现公共利益目标的同时，最大限度保障个人利益与公民利益。鉴于调取情形和调取对象的复杂性，可以通过类型化的思考，对调取行为进行分级，对不同级别的调取行为分类处理。

三、互联网企业数据调取行为的响应等级体系

行政司法机关面对的违法犯罪情形千差万别，对司法机关调取证据的要求各不相同。比如，在滴滴顺风车案中，司法机关需要第一时间掌握犯罪嫌疑人和被害人的行踪信息，及时制止正在发生的违法犯罪；在电信诈骗和洗钱等案件中，行政司法机关需要互联网企业跟踪异常交易信息随时报告行政司法机关；在调查、侦查普通行政违法或刑事犯罪案件中，司法机关需要互联网企业提供其所掌握的相关涉案信息。不同类型的案件，基于不同类型的调取情形、调取对象实施的调取数据的行为，对公共利益、企业利益与个人利益的影响不同。根据调取情形和调取对象的具体类型，可以通过建立互联网企业的响应等级，作为分类处理的标准。响应等级越高，对互联网企业提供数据的各方面的要求就越高，反之就越低。

本章的核心问题是要解决行政司法机关在何种情形下，对哪些范围内的信息数据，采取怎样的程序进行调取。那么制定和完善相关规范制度的基础就要从深层次的本质上厘清这三者之间的关系，确立衡量和评价每项指标的标准。通过分析行政司法机关调取互联网企业信息数据的现有相关法律法规或许可以得到启示，因此将现有法律法规的情形、主体、程序和内容进行梳理如下（见表4-1）。

表4-1　行政司法机关调取互联网企业信息数据相关法律法规

法律法规	情形	取证主体	提供主体	程序	内容
《宪法》第40条	国家安全或者追查刑事犯罪	公安机关或者检察机关	任何组织和公民	依照法律规定的程序	通信

续表

法律法规	情形	取证主体	提供主体	程序	内容
《国家安全法》第 77 条	国家安全	国家安全机关、公安机关和有关军事机关	任何组织和公民		必要的支持和协助
《网络安全法》第 28 条	国家安全和侦查犯罪	公安机关、国家安全机关	网络运营者		提供技术支持和协助
《网络安全法》第 54 条	网络安全事件发生的风险增大时	省级以上人民政府有关部门	有关部门、机构和人员	按照规定的权限和程序	有关信息
《电子商务法》第 25 条	有关主管部门要求	有关主管部门	电子商务经营者	依照法律、行政法规的规定	有关电子商务数据信息
《反恐怖主义法》第 18 条	依法进行防范、调查恐怖活动	公安机关、国家安全机关	电信业务经营者、互联网服务提供者		提供技术接口和解密等技术支持和协助
《反恐怖主义法》第 19 条	防止含有恐怖主义、极端主义内容的信息传播	公安机关或者有关部门	电信业务经营者、互联网服务提供者	依照法律、行政法规规定	停止传输、保存记录、删除并报告信息
《刑事诉讼法》第 54 条	刑事诉讼中	人民法院、人民检察院和公安机关	有关单位和个人		物证、书证、视听资料、电子数据等证据材料
《电信条例》第 65 条	国家安全或者追查刑事犯罪	公安机关、国家安全机关或者人民检察院	电信用户	依照法律规定的程序	电信内容

续表

法律法规	情形	取证主体	提供主体	程序	内容
《互联网信息服务管理办法》第14条	国家有关机关依法查询	国家有关机关	从事新闻、出版以及电子公告等服务项目的互联网信息服务提供者	依法查询	信息内容及其发布时间、互联网地址或者域名；互联网接入服务提供者应当记录上网用户的上网时间、用户账号、互联网地址或者域名、主叫电话号码等信息
《互联网金融从业机构反洗钱和反恐怖融资管理办法（试行）》第14条	大额交易和可疑交易	反洗钱中心	互联网金融从业机构	根据反洗钱等有关规定	大额交易和可疑交易报告
《关于办理刑事案件收集提取和审查判断电子数据若干问题的规定》第3条		人民法院、人民检察院和公安机关	有关单位和个人	依法	收集、调取电子数据
《公安机关办理刑事案件电子数据取证规则》第1条	办理刑事案	公安机关	被调取单位、个人	遵守法定程序，遵循有关技术标准，全面、客观、及时	电子数据

　　由现有法律规定可见：第一，在调取情形方面，考虑的主要因素是紧急程度和重要程度。具体而言，行政司法机关需要调取互联网企业信息数据主要是在维护国家安全和追查违法犯罪的情况下，特殊的是出现紧急事件或者针对重要领域的情形。即法律法规对紧急危险情况和重大风险领域需要进行特别规制。第二，在调取对象方面，应将有用程度和私密程度进行衡量，确

定调取的必要性，因为条文对调取对象的表述基本上都要求是"必要的""有关的"信息数据。第三，在调取程序方面，需要兼顾打击犯罪效率和保障人权自由。调取信息数据既要全面、客观、及时，又应遵守法定程序和有关技术标准。基于上述考量因素和标准，可对调取情形、调取对象和调取程序进行更加具体的分类分级。

（一）调取情形的类型化

从调取情形看，需要考察调查行为的紧急程度和重要程度两个指标。

（1）紧急程度。在调取数据时，违法犯罪的具体状态不同，大致可以分为可能发生的危险、正在发生的危险和已经发生的危险。面对不同的危险，行政司法机关调取数据的目的和采取的措施也就不同：对可能发生的危险，以监测预警和防范为主；对正在发生的危险，应及时采取措施制止；对已经发生的危险，以事后调查或侦查为主。以紧急程度为标准，在行政调查或刑事侦查中，违法犯罪的危险状态尚未解除，还有继续发生违法犯罪可能的情形下，其紧迫程度接近于紧急状态，如公安机关对命案进行立案侦查，但凶手在逃，仍有继续作案的可能，其紧急程度显然高于犯罪嫌疑人已经被抓获的刑事侦查工作。在滴滴顺风车案中，公安机关需要解决的就是正在发生的危险，制止危险就要求互联网企业尽快反馈信息以帮助公安机关锁定犯罪地点，为制止犯罪赢得最佳时机。

（2）重要程度。重要程度表现在两方面：一是违法犯罪的具体类型。不同的违法犯罪类型，法益的重要程度存在显著差别，在具体案件中，需要根据违法犯罪的主体、手段和侵害客体，实质地判断违法犯罪的危害程度，确定调取情形的重要等级。如滴滴顺风车案中个人生命健康遭受重大侵害的危险，属于最高等级程度；集体或个人财产面临遭受重大损失的危险，则属其次。二是影响范围。涉及的人员、区域范围越广，重要程度就越高。各个国家都把恐怖活动作为最高风险等级进行防范和处置，而针对特殊对象的一般性的违法犯罪活动，则重要程度相对较低。

参照紧急程度和重要程度两项指标可以将调取（提供）数据的情形分为以下四种类型，如图4-1所示。

（1）紧急重大事件。所谓紧急重大事件是指国家安全、公共安全或者公民的生命安全即将或者正在遭受严重侵害，以及国家和公民的财产即将或者正在遭受特别重大损失。这种情形下，互联网企业是否提供处置紧急事件的相关数据，直接关系到上述利益能否得到及时有效的保障。如滴滴顺风车案件中的情形，就属于公民的生命安全正在遭受严重侵害的紧急重大事件。在发生紧急重大事件时，基于利益衡量的紧急避险或者义务冲突的原理，因为在重要法益受到紧迫危险或者现实侵害的情况下，对这些重要法益的保护优于对隐私权的保护，互联网企业应当及时协助进行减损和救助，履行互联网信息数据的披露义务，不应当以隐私权为由拒绝。日本也曾经有这样的案例，1964 年某人在自杀前以告知亲属即将自杀为内容发电报。邮局职员知情后，立即与上司商谈，问是否要通知警察。但上司认为，根据《日本国宪法》和《公众电气通信法》应保守通信秘密，于是没有采取任何措施。约两小时后，发电报人跳下电车，自杀身亡。真相大白后，舆论哗然，邮局遭受社会普遍谴责。在此时存在义务冲突的情况下，应当首先保护生命法益。

（2）重要领域的监测和防控，涉及国家安全、公共安全、经济金融等重要领域。恐怖主义犯罪、有组织犯罪等严重犯罪在互联网的催化之下造成的后果往往是难以想象的，为了防范特殊领域的重大风险，应当要求企业针对这些领域负有更加严格的互联网信息数据的披露义务，如承担主动报送可疑信息的义务。例如，互联网金融从业机构根据反洗钱法的要求，需要执行大额交易和可疑交易报告制度，通过网络监测平台提交全公司的大额交易和可疑交易报告。

（3）侦查即将或者正在发生的行政违法或者轻微犯罪。查处行政违法和刑事案件的过程中，行政司法机关要求提供有关违法犯罪的数据，实际上源于行政司法机关收集、调取证据的一般性规定，不仅是互联网企业，任何单位和个人发现违法犯罪线索后都应当依法主动如实提供证据。例如，在电信诈骗领域，公安部刑侦局会同阿里巴巴等互联网企业推出"钱盾反诈机器人"，进而全面提升反诈劝阻效率。

（4）常规报送。常规报送一般是基于法律的明确规定或者行政司法机关与企业之间的约定等，即只要符合相应情形，企业就应及时主动报送相关数据，行政司法机关为日常监管需要对企业日常收集存储的基础性互联网数据信息进行收集。对于常规报送，应当从严制定规则，优先保护个人隐私。例如，浙江省高级人民法院与阿里巴巴数据平台合作，联手打造"智慧法院"，通过该项合作，浙江法院和蚂蚁金服平台的芝麻信用对接，利用在蚂蚁金服平台上沉淀大量用户的消费数据，逐步实现法院关于涉诉人员资产信息的在线查询、冻结等。[1]

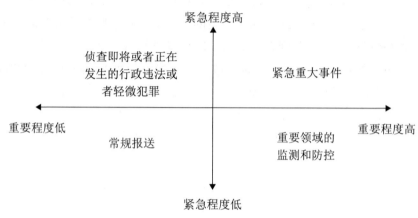

图 4-1　调取（提供）数据的四种类型

（二）调取对象的类型化

公民个人信息的类型十分丰富，包括姓名、身份证件号码、通信联系方式、住址、账号密码、财产状况、行踪轨迹等。这些公民个人信息均可以特定的数据形式存储于互联网企业的服务器，具有不同的表现形式。一些国家或地区在立法中对互联网信息作了分类处理。

《美国存储通信法案》将电子记录分为三类：（1）基本的用户和会话信息，具体包括：姓名；地址；本地和长途电话记录或会话次数和时长的记录；服务时长（包括起始日期）和使用的服务种类；电话或设备号码或者其他用户号码或身份，包括任何临时分配的网络地址；支付的方式和来源（包括任何信用卡或者银行账号）。[2]（2）记录或者其他关于用户或者订阅者的信息，即

---

[1]　参见余建华、孟焕良：《浙江高院联手阿里巴巴打造"智慧法院"》，载《人民法院报》2015年11月25日，第1版。

[2]　18 U.S.C. § 2703 (c) (2).

订阅者或者用户关于此类服务的记录或者其他信息（不包括通信的内容）。[1]（3）内容和"电子储存"，即有线、口头或者电子通信的内容包括任何该交流的实质、主旨大意或者含义的信息。[2]

　　欧盟电子证据调取规则将数据分为用户数据（subscriber data）、接入数据（access data）、交互数据（transactional data）和内容数据（content data），前三种通常被合并称为非内容数据。用户数据是指能够识别用户或顾客的数据，如姓名、生日、通讯地址、账单和支付数据、电话号码和邮件地址；接入数据是指用户接入某服务器的数据。虽然这些数据不能识别出用户，但对于识别用户至关重要，如登陆和登出服务器的时间、服务提供商分配的 IP 地址；交互数据是指关于提供的服务数据，如对话的来源和去向、设备位置、时间、时长、大小、路径、格式、数据传递协议和压缩方式。内容数据是指除非内容数据外，任何以电子形式保存的数据，如文字、语音、视频、图片、音乐。[3]

　　根据网络犯罪公约委员会（The Cybercrime Convention Committee）的调查报告，该委员会的云证据小组（The Cloud Evidence Group）通过对侦查涉及计算机犯罪所需数据类型的调查研究，指出刑事司法机关在调查中通常需要三种类型的数据：（1）用户信息（subscriber information），即除交互数据、内容数据外，服务商以计算机数据或其他形式掌握的关于用户的任何信息。具体包括：使用的交互服务类型、适用的对应技术条款和服务时段；根据服务协定或安排获取的用户身份、通信或居住地址、电话或其他联系号码、账单或支付信息；其他根据服务协定或安排获取的有关交互设备安装地址的信息。[4]如通过特定的 IP 地址来识别用户，或特定用户使用的 IP 地址信息。[5]（2）通信

---

　　〔1〕　18 U. S. C. §2703（c）（1）.

　　〔2〕　18 U. S. C. §2510（8）.

　　〔3〕　See European Commission, *Frequently Asked Questions*: *New EU rules to obtain electronic evidence*, European Commission（Apr 17, 2018）, https://ec. europa. eu/commission/presscorner/detail/en/MEMO_ 18_ 3345.

　　〔4〕　See The Cybercrime Convention Committee, *Convention on Cybercrime*, Council of Europe（Nov 23, 2001）, https://rm. coe. int/16800cce5b.

　　〔5〕　See The Cybercrime Convention Committee, *Criminal justice access to electronic evidence in the cloud*: *Recommendations for consideration by the T-CY（Final report of the T-CY Cloud Evidence Group）*, Council of Europe（Sept 16, 2016）, https://rm. coe. int/CoERMPublicCommonSearchServices/DisplayDCTMContent? documentId=09000016806a495e.

数据（traffic data），即计算机系统在交互过程中生成的计算机数据，包括通信的起止地、路径、时间、数据、大小、时长和类型。[1]如计算机操作系统、其他软件、计算机间通信的使用日志，尤其是消息的起止地。[2](3) 内容数据（content data），即交互过程中的交互内容，如交互的意思或要旨、交互过程中传递的除交互数据以外的消息或信息。[3]如邮件、图片、电影、音乐、文档等。以内容是否已存在作为区分，内容数据又可以分为两类，一是已储存的内容，即已储存在计算机系统中的数据；二是未发生的内容，即需要通过实时调取的还没有发生的数据。[4]

借鉴上述分类，可以对行政司法机关调取的数据分为五个类型：（1）公开数据；（2）用户信息数据；（3）通信数据（欧盟立法中的接入数据也可以归入此类）；（4）已经发生的内容数据；（5）实时监控的内容数据（见图4-2）。其中用户信息数据对公民个人权利的侵犯程度最低，通常信息数据的价值和有用程度也最低；而实时监控的内容数据对公民个人权利的侵犯程度最高，通常信息数据的价值和有用程度也最高。根据联合国毒品和犯罪问题办公室一项关于网络犯罪的问卷调查，多个国家或地区对实时调取通信数据和内容数据进行区别规定，作出区别的依据主要是对个人私人生活的影响程度。[5]在我国，对公民网络数据的实时监控，应当归入技术侦查的范畴，技术侦查措

---

〔1〕 See The Cybercrime Convention Committee, *Convention on Cybercrime*, Council of Europe（Nov 23, 2001），https://rm. coe. int/16800cce5b.

〔2〕 See The Cybercrime Convention Committee, *Criminal justice access to electronic evidence in the cloud*: *Recommendations for consideration by the T-CY（Final report of the T-CY Cloud Evidence Group）*, Council of Europe（Sept 16, 2016），https://rm. coe. int/CoERMPublicCommonSearchServices/DisplayDCTMContent? documentId=09000016806a495e.

〔3〕 布达佩斯网络犯罪公约没有对内容数据进行定义，但是在网络犯罪布达佩斯公约解释报告作了说明。See The Cybercrime Convention Committee, *Explanatory Report to the Convention on Cybercrime*, Council of Europe（Nov 23, 2001），https://rm. coe. int/16800cce5b.

〔4〕 See United Nations Office on Drugs and Crime, *Comprehensive Study on Cybercrime*, United Nations Office on Drugs and Crime（Feb, 2013），https://www. unodc. org/documents/organized-crime/cybercrime/CYBERCRIME_ STUDY_ 210213. pdf.

〔5〕 See United Nations Office on Drugs and Crime, *Comprehensive Study on Cybercrime*, United Nations Office on Drugs and Crime（Feb, 2013），https://www. unodc. org/documents/organized-crime/cybercrime/CYBERCRIME_ STUDY_ 210213. pdf.

施的实施，较一般侦查措施要求更为严格。[1]

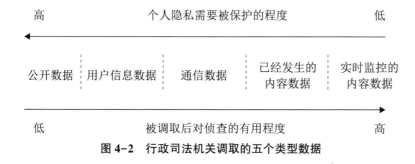

图 4-2　行政司法机关调取的五个类型数据

（三）调取行为的响应等级

由上述关于调取情形和调取对象的分析分类可以发现，通常情况下调取情形、调取对象和调取程序之间存在这样的关联：紧急程度和重要程度越高的调取情形，保护个人隐私的必要性越低，需要调取较高价值和有用程度的信息数据，因此能够调取的对象范围越广，而且越强调打击效率而非保障隐私，所以调取程序也越灵活。反之，紧急程度和重要程度越低的调取情形，保护个人隐私的必要性越高，需要调取较低价值和有用程度的信息数据，因此能够调取的对象范围越小，而且越强调保护隐私而非打击效率，所以越应当严格遵循正当的调取程序。

由此，可以确定调取行为的响应等级为：（1）调取行为的响应等级最高的是紧急重大事件，此时不需要过度保护个人隐私，调取对象范围无须严格限制，并且为了及时有效解决紧急重大事件，调取信息数据的程序也应简易灵活。当国家社会的公共安全以及公民的生命健康等重要法益正在面临紧迫危险或者现实侵害时，不言而喻应当属于最高等级，互联网企业对行政司法机关调取数据的需求必须给予最充分、最及时的保障。（2）调取行为的响应

---

　　〔1〕《刑事诉讼法》第 150 条规定："公安机关在立案后，对于危害国家安全犯罪、恐怖活动犯罪、黑社会性质的组织犯罪、重大毒品犯罪或者其他严重危害社会的犯罪案件，根据侦查犯罪的需要，经过严格的批准手续，可以采取技术侦查措施。人民检察院在立案后，对于利用职权实施的严重侵犯公民人身权利的重大犯罪案件，根据侦查犯罪的需要，经过严格的批准手续，可以采取技术侦查措施，按照规定交有关机关执行。追捕被通缉或者批准、决定逮捕的在逃的犯罪嫌疑人、被告人，经过批准，可以采取追捕所必需的技术侦查措施。"

等级次高的是重要领域的监测防控和侦查即将或者正在发生的行政违法或者轻微犯罪，此时可以考虑针对接入数据、用户数据以及交互数据等非内容数据采取普通程序，针对内容数据设置适当的审查程序。（3）调取行为的响应等级最低的是常规报送，此时调取对象应当原则上限定为公开数据、用户信息数据以及通信数据等非内容数据，并且司法行政机关需要严格遵循正当程序，以充分保护个人隐私权，针对内容数据设置更为严格的审查程序。

具体而言，可以将响应等级由高至低分为1级至5级，其中1级最强调打击效率，审查程序最灵活；5级最强调隐私保护，审查程序最严格。原则上，响应等级越高，程序越简化，调取数据范围的弹性越大，行政司法机关的自由裁量权越大。响应等级越低，则必须严格依照法律规定的程序和范围调取数据，行政司法机关的自由裁量权越小。根据各调取类型、调取对象对应的响应等级如下（见表4-2）。

表4-2　各调取类型、调取对象对应的响应等级

情形 对象	紧急重大事件	重要领域的监测和防控	侦查即将或者正在发生的行政违法或者轻微犯罪	常规报送
实时监控的内容数据	1	3	3	5
已经发生的内容数据	1	3	3	5
通信数据	1	2	2	4
用户信息数据	1	2	2	4
公开数据	1	2	2	4

四、互联网企业数据分类处理机制的建构

不同的响应等级下，调取数据行为对各方面利益的影响程度不同。作为

对各方利益作出安排的法律，应当根据响应等级，建立分类处理的规则，以实现最佳的利益平衡状态。原则上，行政司法机关和互联网企业应当遵循通用的基本的程序和调取数据行为的基本规则。大部分情形下，行政司法机关应当按照基本规则开展调取数据工作，互联网企业按照法律规定履行提供数据的责任。在此基础上，法律可以根据调取行为的响应等级，对调取程序进行更为细致的划分，在基本规则之上作弹性处理，适当简化或者严格调取程序。从立法的角度而言，《刑事诉讼法》等法律法规都应当进一步细化不同类型调取行为的调取程序。在法律规定不明确之时，行政司法机关和互联网企业可以根据上述原则作适当的自由裁量。

（一）调取数据的基本规则

1. 行政司法机关调取互联网企业数据程序的启动

调取互联网企业数据，本质上是一种行政执法权或者司法权的行使，应当获得法律的授权。只有法律规定的执法司法主体才有权调取互联网企业数据。

（1）法定主体。调取人员应当向互联网企业提供证明法定身份的证件和信息，调取人员的资格和数量应当符合相关法律的规定。互联网企业与司法行政机关应当通过技术手段建立快速核实身份信息的技术机制。在紧急状态下，调取人员可以通过提供来电号码、视频认证等方式初步证明身份，互联网企业应简化审核要求，并获得责任豁免。

（2）披露调取目的。行政司法机关向互联网企业调取数据时，应当申明调取数据的目的，确保互联网企业知道调取数据的用途，并确定相应的响应等级。

（3）调取数据的法律文书。向互联网企业调取数据，一般情况下应当根据法律规定出具相应的法律文书，这是通行的规则。在美国，根据《美国存储通信法案》，政府需要通过令状强制公司披露数据，包括传票、传票加事先通知订阅者或者用户、法庭命令、搜查令。只有在两种情况下，政府不需要传票就可以强制公司披露信息：第一，在调查电信营销诈骗（Telemarketing Fraud）时，执法机构可以提交一份书面请求要求服务提供商提供参与电信营销的人或者客户的姓名、地址和营业地址。[1]第二，政府在获得用户或者订阅者同意的情况下，可以强制网络服务提供商披露关于用户的非内容信息。[2]互联网企业也严格依照法律规定提供数据，如苹果公司对于政府和执法机构申请披露的信息，会根据法律的要求提供，对于调取内容数据的请求，除了法律规定的例外，苹果公司只会提供依据合理根据而签发的搜查令中要求的内容。谷歌规定，政府需要通过法律程序用传票、法庭命令或搜查令来要求谷歌披露用户信息。以谷歌邮箱为例，政府使用传票可以获取用户的注册信息；使用法庭命令可以调取非内容信息和其他可以通过传票调取的信息；使用搜查令可以调取邮件内容；可以通过传票和法庭命令调取的信息。新欧盟电子证据调取规则根据不同类型的数据信息设置了不同的调取规则。具体为：（1）法官能够直接调取用户数据、接入数据、交互数据、内容数据四类数据；（2）检察官能够直接调取用户数据、接入数据，调取交互数据、内容数据需要经法官批准；（3）警察调取四类数据均需要经过检察官或法官批准。[3]2016年，网络犯罪公约委员会云证据小组对 33 个国家或地区调查：大多数被调查的国家或地区，调取用户信息的条件与调取通信数据的条件相同或相似。其中，超过一半被调查的国家或地区，调取用户信息需要司法授权，剩下的国家或地区，需要由检察官或者高级别执法官员制发命令；剩下的被调查的国家或地区，调取用户信息的要求低于通信数据，只需要警察或者检察官制发命令。[4]虽然各个国家司法制度不同，但是在调取数据法律文书方面的要求具有相似性，就我国的刑事侦查而言，公安部制定的《公安机关办理刑事案件电子数据取证规则》第 41 条对调取电子数据也规定了较为严格的启动程序要求："公安机关向有关单位和个人调取电子数据，应当经办案部门负责人批

---

[1] 18 U. S. C. § 2703 （c）（1）（D）.

[2] 18 U. S. C. § 2703 （c）（1）（C）.

[3] See European Commission, *Frequently Asked Questions*: *New EU rules to obtain electronic evidence*, European Commission （Apr 17, 2018）, https://ec. europa. eu/commission/presscorner/detail/en/MEMO_ 18_ 3345.

[4] See The Cybercrime Convention Committee, *Criminal justice access to electronic evidence in the cloud*: *Recommendations for consideration by the T-CY （Final report of the T-CY Cloud Evidence Group）*, Council of Europe （Sept 16, 2016）, https://rm. coe. int/CoERMPublicCommonSearchServices/DisplayDCTMContent? documentId = 09000016806a495e.

准，开具《调取证据通知书》，注明需要调取电子数据的相关信息，通知电子数据持有人、网络服务提供者或者有关部门执行。"

总体上，调取数据程序的启动，应当符合法律、司法解释或规范性文件对公安机关搜查、查封、扣押、冻结等的有关规定，即采用内部行政审批程序，对调取目的、数据信息范围、去向进行审查，签发调取证据通知书等。尤其应当根据需要调取数据的类型进行区别，对调取内容信息设置更严苛的审批程序，包括但不限于对调取动机进行实体审查、提高审批层级等，实现对数据信息调取的程序分级。例如，美国亚马逊公司公布的规则中，明确区分内容信息和非内容信息。[1]亚马逊公司只在对方能够提供有效和有约束力的传票时才披露非内容信息。在提供搜查令的情况下，亚马逊公司可以提供内容信息和非内容信息。[2]我国在立法上对这方面的规定还需要进一步细化。

2. 互联网企业提供数据行为的程序

调取数据的过程也必须依法定程序进行，以确保调取数据的客观性、真实性和完整性，这是电子数据的特征。在刑事侦查中，《公安机关办理刑事案件电子数据取证规则》第41条对此已经作了非常细致的规定："被调取单位、个人应当在通知书回执上签名或者盖章，并附完整性校验值等保护电子数据完整性方法的说明，被调取单位、个人拒绝盖章、签名或者附说明的，公安机关应当注明。必要时，应当采用录音或者录像等方式固定证据内容及取证过程。"

为了确保调取目的和手段的正当性，一般情形下，应当赋予互联网企业适当的审查权，以防止行政司法机关在调取数据时的恣意。苹果公司公布的《法律程序指南——适用于美国境内的政府和执法机构》指出，对于政府和执法机构申请披露的信息，苹果公司会根据法律的要求提供。对于调取内容数据的请求，除了法律规定的例外，苹果公司只会提供依据合理根据而签发的搜查令中要求的内容。为了实现上述目标，苹果公司会对披露数据的申请进

---

〔1〕　内容信息是指储存在用户账户里的数据文件的内容，仅凭传票是不能够调取内容信息的。非内容信息是指订阅用户信息，例如姓名、地址、电子邮件地址、账单信息、账户创建日期、特定购买记录和服务使用信息。

〔2〕　See Amazon, *Amazon Law Enforcement Guidelines*, Awsstatic（May, 2015）, https://d0. awsstatic. com/certifications/Amazon_ LawEnforcement_ Guidelines. pdf.

行审查，如果公司认为某些请求没有合法的依据抑或不清楚、不适当或者过于宽泛，可能会提出质疑或者予以拒绝。[1]在一些情形下，我国的互联网企业也根据自身的情况拒绝行政司法机关调取。比如，2017 年 5 月腾讯公司回复某法院的《调查函回函》称，"由于微信聊天记录采用'点对点'和'加密'技术进行传输，我方未保存聊天记录，其仅保存在用户自己的手机或电脑等个人终端设备上，仅用户自己可查看，我方既无法也无权利查看，因此无法协助提供"。[2]

需要特别强调的是，对个人权益侵犯程度最高的实时监控措施，包括实时收集通信数据、实时监听内容数据。鉴于实时监听内容数据是对个人权利的严重侵犯，司法机关对内容数据采取实时监听措施应当受到更为严格的限制，适用关于技术侦查的规定，限定在重大犯罪中，并需经过严格的批准手续。

（二）紧急重大事件（一级响应）下的调取数据规则

在所有调取行为中，紧急状态是需要特别关注的特别情形。对紧急状态下的调取数据行为，应当给予行政司法机关更大的自由裁量权。（1）在启动程序方面，应当简化行政司法机关的内部审批程序，赋予办案人员更多的自主权。网络犯罪公约委员会云证据小组在对紧急情况下调取数据的情况调查中发现，在国内层面，13 个国家或地区（13%）在紧急情况下可以不经司法授权调取数据，其中，7 个可以调取包括内容数据在内的全部数据，5 个可以调取非内容数据，1 个只能调取用户信息。[3]可见，大多数国家或地区都简化了紧急状态下的启动程序并最大限度地保证调取数据的范围。因此，在合

---

〔1〕　See Apple, *Legal Process Guidelines Government & Law Enforcement within the United States*, Alpple, https：//www. apple. com/legal/privacy/law-enforcement-guidelines-us. pdf.

〔2〕　但是也有企业称无法对一些内容进行拦截窃听，如苹果称 iMessage、Facetime 等通信内容是在两端解密，苹果无法破译设备间传输的数据，无法拦截窃听 iMessage、Facetime 通信，没有通信日志记录等，参见 Apple, *Legal Process Guidelines Government & Law Enforcement within the United States*, Apple, https：//www. apple. com/legal/privacy/law-enforcement-guidelines-us. pdf。

〔3〕　See The Cybercrime Convention Committee, *Emergency requests for the immediate disclosure of data stored in another jurisdiction through mutual legal assistance channels or through direct requests to service providers* (*Compilation of replies to the questionnaire*), Council of Eurupe (May 20, 2016), https：//rm. coe. int/Co-ERMP ublicCommonSearchServices/DisplayDCTMContent? documentId = 0900001680651a6f.

理怀疑符合紧急状态的危险正在发生的情形下，执法司法人员只要向互联网企业提供证明身份信息和调取目的最基本的证据，如公安民警通过警用电话或者其他通信手段向互联网企业提出调取数据的请求，即符合启动调取程序的标准，不需要经过部门负责人的层层审批，以最大限度提高调取数据的效率。（2）在调取程序方面，互联网企业应当减少内部审核程序，将制止正在发生的危险放在首要位置，接线人员基于正当理由就可以做出决定，在必要情况下，互联网企业可以主动提供相应的数据信息。在这种情形下，为了保障生命财产安全，应毫无保留地提供一切与制止危险相关的数据。

值得探讨的是，在紧急状态下是否应当赋予企业自由裁量权？《美国电子通信隐私法》对紧急状态下的数据提供义务作出了特别规定，一些互联网企业也据此作了相应规定，但是最终是否披露的决定权仍然赋予了互联网企业自身。例如，苹果公司《法律程序指南——适用于美国境内的政府和执法机构》规定，如果苹果公司善意地相信即将发生危害他人生命或者可能对他人造成严重身体伤害的紧急情况，需要不加拖延地立即披露信息，那么公司可以根据法律自愿向联邦、州或地方政府披露包括通信内容和用户记录在内的信息。[1]亚马逊公司规定，如果涉及威胁公共安全或者伤害他人的紧急情况时，亚马逊有权立即回应警方紧急调取信息的请求。[2]谷歌公司认为，在涉及绑架或炸弹威胁等紧急事件的情况下，紧急要求必须包含对紧急事件的描述，并应详细说明所要求披露的信息可能对避免伤害起到什么作用。针对此类要求，谷歌公司仅提供认为有助于避免伤害的信息。[3]微软、推特、雅虎对确有必要用于防止对个人有死亡或严重身体伤害的风险的信息，是否披露由服务提供商自行决定。[4]美国公司的这些做法，倾向于保障个人信息相关

〔1〕 See Apple, *Legal Process Guidelines Government & Law Enforcement within the United States*, Alpple, https://www. apple. com/legal/privacy/law-enforcement-guidelines-us. pdf.

〔2〕 See Amazon, *Amazon Law Enforcement Guidelines*, Awsstatic（May, 2015）, https://d0. awsstatic. com/certifications/Amazon_ LawEnforcement_ Guidelines. pdf.

〔3〕 See Google, *Transparency Report*, Google, https://support. google. com/transparencyreport/answer/7381738.

〔4〕 See The Cybercrime Convention Committee, *Criminal justice access to data in the cloud: Cooperation with "foreign" service providers（Background paper）*, Council of Eurupe（May 3, 2016）, https://rm. coe. int/CoERMPublicCommonSearchServices/DisplayDCTMContent? documentId=090000168064b77d.

的权益，但在制止正在发生的重大危险方面存在不足，很有可能因互联网企业的错误判断或者决策迟疑赔误最佳处置时机。我们认为，在紧急状态下，只要执法司法人员表明合法身份并提出事件处于紧急状态的理由，互联网企业便负有迅速提供数据的强制义务，不应赋予企业自由裁量权。对于可能出现的差错，只要互联网企业依正当程序合理地相信执法司法人员提供的信息，就可以免除责任。为了防止执法司法人员的恣意和互联网企业接线人员的误判，可以通过技术手段来解决身份认证上的难题，并通过事后审查的方式，对故意提供虚假信息的执法司法人员以及报案人员依法追究相应的责任。

（三）其他响应等级的处理原则

紧急状态属于最高响应等级，应当以最简化的调取程序和审核机制确保公共利益得到最及时最有效的保障。对其他响应等级的调取行为，则应当在基本规则的基础上，对调取主体内部审批和互联网企业内部审核两个方面的程序作出弹性规定。在前述法律规定中，有的已经对调取、程序等作出规定，有的则仍需进一步明确具体操作规则。总体上，对常规报送，应当严格限定调取的法定范围，不得要求报送与调取行为目的无关的任何数据；对于行政调查和刑事侦查行为，重点应当放在调取程序的严格规范上，并适当限定调取范围，确保调取行为的合法性和调取结果的真实性。对于互联网企业在紧急状态之外的其他主动报送和信息合作行为，应当严格限制提供数据的范围，强化互联网企业的内部审核机制，并获得信息相关人员的知情同意，在必要时应当对信息作匿名或脱敏处理。

五、规范调取行为的配套机制

面对复杂多变的现实生活，法律规定总不可能面面俱到，对调取行为的分级在很大程度上仍然依赖相关人员的自由裁量，无论是行政司法机关还是互联网企业都可能存在恣意的情形。我们既不能因噎废食，过度强调某一方面利益的保护，而导致其他利益特别是公共利益受损；又要把"权力关进笼子里"，有针对性地制定配套机制，规范调取行为，特别是防止自由裁量中的恣意。

（一）健全并公开互联网企业内部程序

对互联网企业而言，依正当程序报送数据，既可以有效保护个人数据从而减少来自用户的指控，又可以有效阻挡政府不正当的数据报送请求从而保障自身权益；对政府而言，依正当程序请求报送数据并处理数据，既可以及时获取企业的数据从而有效促进公共利益，又可以最大程度地减少数据安全隐患。因而，数据报送义务履行程序应当规范化。企业应当不断制定数据报送实施细则，确立严格的数据报送程序，并完善数据对外披露规则。〔1〕这一点，美国互联网公司的做法值得借鉴。具体包括：建立统一的调取请求接收程序，明确调取人调取数据应具备的主体资质、请求文书、法律文书等。构建数据分级调取机制，对调取的目的及调取数据类别、范围、去向进行实质审查，并审查是否有对应审批级别的法律文书。根据企业实际情况，建立专门的数据协查部门或指派专人负责协助司法机关调取数据，并对协助成本计算方式作出规定。上述规则应当向社会公开，这既是对互联网企业自身利益的保护，同时也是对互联网企业客户知情权的保障。同时，除涉及保密之外，互联网企业向行政司法机关提供数据，应当在一定期限内告知互联网企业客户，保障客户的知情权和申请救济的权利。比如，谷歌、微软、推特、雅虎在紧急情况提供用户数据信息后，将立即或在90日内通知用户。〔2〕

（二）监督、追责和救济机制

为防止权力（利）滥用，应当建立相应的监督和追责机制，尤其是对紧急状态下的调取行为，由于在前段对调取程序和调取范围都给予最低审查标准，因此有必要加强该情形下调取行为事后审查和监督，防止因程序简化造成滥用，不当地侵害企业和个人的权益。对滥用数据信息的执法司法人员，无正当理由拒不配合协助调取的互联网企业，谎报警情恶意调取数据的利害关系人，应当建立严格的问责机制。在刑事侦查中，可以从规范调取数据的目的入手，完善电子证据非法证据排除规则，对于调取数据过程中存在严重

---

〔1〕　参见刘权：《论网络平台的数据报送义务》，载《当代法学》2019年第5期。

〔2〕　See The Cybercrime Convention Committee, *Criminal justice access to data in the cloud: Cooperation with "foreign" service providers (Background paper)*, Council of Eurupe (May 3, 2016), https://rm.coe.int/CoERMPublicCommonSearchServices/DisplayDCTMContent? documentId=090000168064b77d.

违法行为，作为非法证据予以排除，从而倒逼司法人员强化调取互联网企业数据的正当程序意识。监督和追责除了由行政司法机关自行启动外，还应当赋予利害关系人和互联网企业申请救济权，建立救济审查机制，纠正调取数据过程中的不当行为，修复不当行为造成的利益失衡。

（三）探索合理补偿机制

对于互联网企业而言，除可能受到泄露信息的指控和负面评价外，为提供数据所支出的人力物力成本也是影响企业利益的因素之一。以美国为例，一般情况下，个人和企业不能够因为遵守联邦法律程序而获得补偿，除非有特别的联邦法令授权。[1]但《美国存储通信法案》规定，"政府在依据该法案获取通信信息时，可以为披露信息的个人或者企业提供补偿"。但对费用的补偿也有严格的限制，首先这一费用必须是必要合理的，主要是指查找、组织、复制或者其他提供这些信息所直接产生的费用，其次只有政府在真正获得信息的情况下才需要支付补偿。[2]费用的多少由政府和个人或者企业协商确定，如果协商不成，则由法院决定。如果企业的要价显然过高，政府可以要求其出示花费记录。[3]但一些互联网公司也作出了免费提供服务的例外规定，如 Meta 规定，"如果相关信息请求是为了调查对儿童、Meta 及其用户可能造成伤害的情况，或者属于紧急请求，则可能会免除这些费用"。[4]根据我国《刑事诉讼法》的规定，任何单位和个人都有协助提供证据的义务，只有在证人出庭作证时才需要提供相应的补偿。因此，国家是否应当对协助提供证据的互联网企业给予补偿，仍然是一个理论上探讨的问题。数据权益已经成为互联网企业的重要利益来源，互联网企业应当根据其能力承担相应的社会责任，特别是在承担法定职责时，具有强制性。但在立法上，可以考虑对企业提供取证协助的物质成本支出，提供适当的补偿，以减轻企业的压力，提高配合的积极性。考虑在调取数据时给予互联网合理补偿，这样可以减轻

〔1〕 See Hurtado v. United States, 410 U. S. 578, 589（1973）.

〔2〕 See H. Marshall Jarrett & Michael W. Baili, *Searching and Seizing Computers and Obtaining Electronic Evidence in Criminal Investigations*, Office of Legal Education Executive Office for United States Attorneys, p. 142（2009）.

〔3〕 18 U. S. C. Chapter 121 § § 2701-2712.

〔4〕 Mate Safety Center, *Safety Resources and Tools*, Meta, https://about. meta. com/actions/safety.

企业负担，也可以促进司法机关调取数据的慎重性。在非法定义务的调取或提供信息领域，一些地方行政机关探索通过数据权益交换来实现对互联网企业补偿，如2016年河北省公安厅交通警察管理局与阿里巴巴集团签署了战略合作协议，在协议框架下，河北省高速交警总队与阿里巴巴控股子公司高德公司开展了具体合作，高速交警总队向高德公司实时报送河北省内高速公路维修、拥堵、封闭及通行信息，高德公司则向高速交警总队提供基于高德地图的河北省内高速道路数据信息更新服务。[1]

（四）完善调取互联网数据的技术措施

从公安机关调取证据的实践来看，虽然调取数据已经进入了互联网时代，但相关的数据仍然要转化成传统的书证形式作为证据使用。但我们也注意到，一些地方已经在进行网络数据电子化的尝试，通过刻录光盘等形式予以固定。实际上依托现代技术手段，无论是身份识别、请求传输、数据反馈完全通过网络技术来实现，特别是随着人工智能、区块链技术的发展，调取数据和反馈数据的自动化以及数据完整性、真实性都有可能得到进一步保障。在互联网金融风险专项整治中，有关部门要求所有互联网金融平台实时接入国家的监测平台，实现对互联网金融活动的实时监控。在电信诈骗专项整治中，对异常交易信息的监控和处置也都可以通过计算机自动完成。这都是调取互联网企业数据的现实应用场景。我们认为，行政司法机关应当加强与互联网企业的技术合作，通过技术手段实现身份的快速验证、数据的及时调取以及调取行为的全程留痕，甚至还可能通过人工智能实现自动分级分类处理，这将大大减少调取行为的恣意，降低调取证据的时间成本和人力物力成本。当然，需要注意的是，在调取程序和调取范围上，仍然应当坚持法定原则，不断完善分级分类处理的规则。

（五）数据信息安全保障

对行政司法机关调取的信息数据，如何进行保管和使用，确保用于正当目的，也是互联网企业在提供数据时担心的问题。一旦这些数据被认为泄露

---

〔1〕 参见刘全胜、王萌、马静：《破解公安机关获取企业数据难题的对策研究》，载《河北公安警察职业学院学报》2019年第1期。

或非法获取，用于非法目的，必将严重侵害信息相关人员的合法权益。实践中，一些互联网企业自身因技术等问题遭遇数据非法泄露事件，无一不引起社会恐慌。因此，必须健全调取数据的安全保障机制。刑事诉讼法对技术侦查所获取信息的管理作出了严格的保密规定：侦查人员对采取技术侦查措施过程中知悉的国家秘密、商业秘密和个人隐私，应当保密；对采取技术侦查措施获取的与案件无关的材料，必须及时销毁。通过采取技术侦查措施获取的材料，只能用于对犯罪的侦查、起诉和审判，不得用于其他用途。这对于建立互联网信息数据安全保障制度有借鉴意义。司法机关应承担数据安全保障责任，承担严格的保密义务，不得随意改变数据信息调取的初始目的。对于通过网络途径获取的电子数据的保管，应当建立标准化的安全保障措施，避免数据信息被窃取。在技术成熟时，可以探索建立电子数据的溯源跟踪机制，对电子数据的流转、使用过程全程留痕，以保证权责一致以及操作过程的可追溯性。对于因行政司法机关的过错造成数据信息泄露，给相关主体造成损失的，应当承担相应的补偿责任。

【延伸思考】

对重大、疑难、复杂的网络攻击类犯罪案件，互联网企业此时既是被害单位，又是司法机关所调取数据的提供者，在衡量企业利益与社会责任之间利弊的前提下，司法机关在提取相关证据时应当采取何种标准调取相关数据？

第五章
网络犯罪技术侦查的有限扩张及其程序控制

【研习要点】

1. 随着网络技术的飞速发展，众多传统犯罪呈现出网络化、信息化的特点，网络犯罪由于其高度专业化、团伙化、涉众化、跨国化等特征，技术侦查措施开始更多地适用于网络犯罪之中。

2. 我国相关立法和司法解释对技术侦查的种类及其案件适用范围进行了严格限制，致使技术侦查措施的适用出现了异化趋势。

3. 面对数量日益增加的网络犯罪，我们需要在甄别技术侦查与侦查技术的基础上，适当扩大技术侦查的种类和适用范围，并对其强化程序控制，完善救济制度。

【典型案例】

张某某损害商业信誉、商品声誉二审刑事裁定书[1]

被告人张某某指使其公司员工铁某某，雇佣专业水军，在网易、搜狐、凤凰、东方财富等互联网门户网站上，捏造并散布关于百丽国际公司、新百丽公司巨额逃税、巨额亏损、操纵证券交易价格、非法经营地下钱庄犯罪的虚伪事实，并进行大肆炒作。其作案手法为：通过QQ将事先准备好的微博链接发给水军，并根据工作量利用支付宝付款，水军层层转包在各大门户网站发帖，并通过大量转载、顶帖等方式进行炒作。经侦查人员对百丽国际控股有限公司部分客户调查取证，证实确有部分客户因看到上述不实网帖而取消

---

[1] 参见广东省深圳市中级人民法院刑事裁定书，（2019）粤03刑终378号。

或减少与百丽国际控股有限公司或其下属公司的商业订单。2018年3月9日，被告人张某某在沈阳被民警抓获归案。一审法院宣判后，原审被告人张某某提出上诉。

二审法院认为：对于原审被告人提出的违法监听证据不能作为定案依据。本案公安机关根据《公安机关办理刑事案件程序规定》第254条〔1〕规定，认定本案属于利用计算机网络实施的重大犯罪，并根据侦查犯罪的需要，经过严格的批准手续，对原审被告人张某某及铁某某采取了技术侦查措施，取得了二人的通话录音，程序合法，原判对此予以确认并无不当，上诉人张某某上诉称该监听证据违法理由不能成立，本院不予支持。

在本案中，是否可以采取技术侦查措施对犯罪嫌疑人进行监听直接影响了本案定罪证据是否合法。《公安机关办理刑事案件程序规定》第254条规定了几类可以采取技术侦查措施的类型，联合该条文其他款项进行解释，对于犯罪嫌疑人所实施的"利用计算机网络实施的重大犯罪"，其罪行严重程度应当与本条所规定的其他适用情形相匹配，即应与危害国家安全犯罪、恐怖活动犯罪、黑社会性质的组织犯罪、重大毒品犯罪案件；严重暴力犯罪案件；集团性、系列性、跨区域性重大犯罪案件；依法可能判处七年以上有期徒刑的严重危害社会的犯罪危害程度一致。但本案中犯罪嫌疑人所实施的犯罪行为，明显与上述犯罪的危害程度并不相当，因此，在本案中公安机关采取技术侦查措施的行为属于网络犯罪技术侦查的异化。

【理论解读】

随着互联网技术的蓬勃发展，人们在享受其便利的同时，网络犯罪数量也在日益增加。而信息技术的更新迭代，使得网络犯罪在新兴技术手段的"掩护"下表现得更为隐蔽。传统犯罪组织通常有着紧密的架构，但网络犯罪组织呈现虚拟化特征，尤其是在模块化的黑灰产业助推之下，模块之间的犯罪组织关系尤为"松散"：一方面，各模块均是可替代的，并且可能同时为多个犯罪组织提供服务，很难从中剥离出清晰的犯罪组织脉络，相反，模块与模块之间在表面上显得互不相关、各自为战，导致办案人员难以有效甄别；

---

〔1〕 注：本条已被修改。

另一方面，即使在模块内部，各成员之间也保持着"安全距离"，单线联系、空间阻隔等方式是促使成员关系松散化的基本要素，并且技术的介入使得犯罪人力投入减少，犯罪分子之间沟通、交易乃至相互信任的成本大大降低。[1] 因而，对于侦查机关而言，传统的侦查措施在网络犯罪侦查中很难获取并保全相关证据。更重要的是，与物证、书证等传统实物证据不同，有着网络犯罪"证据之王"之称的电子数据通常不具有显著性特征或标记，其易于被复制、修改和增减。[2] 因此，在网络犯罪侦查中需要更多的技术手段来发现和保存证据，其中就包括技术侦查措施。

21 世纪以来，计算机技术的快速发展使得网络犯罪的样态和数量呈现出井喷式发展，网络犯罪最初只是以对计算机系统的攻击为主，而今逐渐发展成以虚拟网络空间为犯罪实行空间的犯罪。早在 20 世纪，《国家安全法》和《人民警察法》中便开始出现有关技术侦查的规范，但 2012 年《刑事诉讼法》的修改，才真正开始将技术侦查措施纳入规范化进程。近年来，网络犯罪越发多样化、复杂化、专业化，使得我国针对网络犯罪的传统侦查措施显得捉襟见肘，《刑事诉讼法》中已有的侦查措施已远远不能满足侦查机关办案的需要，实践中甚至出现了先行违规运用技术侦查措施进行侦查，再将证据转化成合法证据的异化现象。有鉴于此，本章试图在网络犯罪技术侦查的实践样态及其异化趋势的基础上，结合网络犯罪的办案需求，厘清侦查技术与技术侦查的界限，进一步探索网络犯罪侦查中技术侦查措施运用的规范化进程。

一、网络犯罪技术侦查的实践样态及其异化趋势

技术侦查措施作为一种特殊的侦查措施，我国与之相关的法律规范和司法解释总体较为粗略，主要集中于《刑事诉讼法》第 150 条至第 154 条以及《公安机关办理刑事案件程序规定》（以下简称《程序规定》）第 263 条至第 273 条。上述规范，对于技术侦查措施的适用范围采用了较为笼统的条文设计，显然尚未达到完善的程度。由于技术侦查措施可能对被侦查对象的合法权利造成较为严重的侵害，我国对于技术侦查措施的立法都十分谨慎。为防

---

〔1〕 参见谢澍：《虚拟货币领域电信网络诈骗犯罪的立体化审查》，载《人民检察》2022 年第 14 期。

〔2〕 参见谢登科：《电子数据的鉴真问题》，载《国家检察官学院学报》2017 年第 5 期。

治技术侦查措施的滥用，我国对于技术侦查措施适用范围主要是以刑事实体法的罪与刑的类别与轻重为标准，即"重罪加重刑"的标准。〔1〕《刑事诉讼法》第150条规定技术侦查措施仅能在危害国家安全犯罪、恐怖活动犯罪、黑社会性质的组织犯罪、重大毒品犯罪或者其他严重危害社会的犯罪案件，以及需要追捕被通缉或者决定逮捕的在逃犯罪嫌疑人、被告人时可以采取，《程序规定》则是在《刑事诉讼法》的基础之上将严重暴力犯罪、计算机网络相关的重大犯罪以及依法可能被判七年以上有期徒刑的案件纳入适用范围，并对审批手续作出进一步的细化规定。由此可见，我国关于技术侦查措施的法律规范和司法解释，更多的是对其案件适用范围的限制，聚焦于"授权"和"限权"，尚未对被侦查对象的相关救济措施进行规范。

根据现有法律规定和司法解释，网络犯罪中可以适用技术侦查措施的仅包括以网络作为犯罪空间的传统严重犯罪和攻击计算机信息系统的计算机网络犯罪，而当前的网络犯罪中，所占比重最大的是将网络作为实施传统犯罪的工具，或将网络作为实施传统犯罪的平台，或二者皆有、不可区分的犯罪。〔2〕而对于《刑法》中可能会被判处七年以下有期徒刑的网络犯罪，从规则上考察是无法适用技术侦查措施的。然而，网络犯罪的涉案人员中不乏具有极高计算机相关知识的人员，为避免侦查机关发现其犯罪相关证据，通常会利用其所掌握的计算机技术隐匿罪证，大大增加了侦查机关的取证难度，倘若此类犯罪无法适用技术侦查措施，很可能导致案件侦破和打击犯罪的任务无法实现。

具体而言，我们可以通过真实案例考察网络犯罪技术侦查的实践样态。实际上，在网络犯罪侦查中，技术侦查措施无论是对于电子数据证据的取证，还是对于传统证据的提取都发挥了重要的作用，但显然针对电子数据的收集，是网络犯罪侦查中技术侦查措施运用的首要目的，如案例1、案例2所示。

【案例1】张某在多次因组织、领导传销活动罪被依法打击后仍以合法形式掩饰非法目的，将原有网络传销系统上传至通和商城引诱他人加入。刘某

---

〔1〕 参见储陈城、马世理：《网络犯罪技术侦查的全覆盖与程序制约》，载《山东警察学院学报》2018年第2期。

〔2〕 参见江溯主编：《中国网络犯罪综合报告》，北京大学出版社2021年版，第54页。

某明知为传销，仍在组织中任管理人员；廖某某、周某等人在全面了解之后，为牟取暴利发展下线会员。罗某某、叶某某在明知他人从事违法活动的情况下仍帮助转移资金。在该案中，犯罪公司的流通货币并非现金，而是用现金兑换的商城电子币。加盟规则及经营模式为在推荐人（上线）介绍下用电子币购买一定金额的产品来取得会员资格，会员返利也是以电子币的形式发放到会员账户，会员再在介绍发展下线时，以电子币兑换形式完成兑换，公安机关利用技术侦查措施获取通和传销网站的服务器数据并对商城后台数据进行鉴定，获取了商城犯罪期间所使用的账号、下级总数、网络层级数、会员费、返利金额以及犯罪嫌疑人所提取的现金数额用以证实商城加盟规则及经营模式、被告人在组织、领导传销活动中所起作用及获利情况。[1]

【案例2】陈某某与 G 省某科技有限公司从事网站设计开发的同案人黄某取得联系后，陈某某要求黄某设计与境外"SMI"网站功能类似的游戏积分理财平台。后陈某某注册公司，利用公司外衣非法经营该网络平台并重新命名该平台为"GP7"。该平台以虚拟数字产品"GP"为交易对象，通过虚拟货币"EB"模拟"股票"交易平台，利用注册会员不断发展下线获取利润的传销模式，发展成为一个大型网络传销犯罪组织，该组织内部计算报酬均通过虚拟货币"EB"进行，设计多种模式吸引新会员加入以牟取不法利益。C 市公安局某技侦支队利用技术侦查措施从"GP7"平台提取会员系谱图、会员总表、服务中心明细表、公司盈利表以及涉案人员直推会员统计情况说明等电子数据并出具分析报告证明"GP7"平台注册会员的账户总数、层级数、开户总金额、奖金总金额、会员、账户数、服务中心明细、公司"GP7"盈利情况以及涉案人员发展下线会员的账户个数、形成的账户层级数、账户级别、相关被告人的奖金等情况。[2]

其中，案例1的二审过程中，张某及其辩护人提出，网络远程勘验为技术侦查措施的一种，也应受到技术侦查措施的相关规制，所获取的电子数据应被排除。我国相关法律和司法解释，并未将网络远程勘验纳入技术侦查措施之中，最高人民法院、最高人民检察院、公安部联合发布的《关于办理刑

---

〔1〕 参见湖南省衡阳市中级人民法院刑事裁定书，（2020）湘04刑终15号。
〔2〕 参见湖南省常德市中级人民法院刑事裁定书，（2020）湘07刑终88号。

事案件收集提取和审查判断电子数据若干问题的规定》仅将网络远程勘验定性为一种侦查技术。二者并非同种侦查手段，侦查技术并不受到技术侦查相关规定的规制。可见，在案例 1 中，无论是技术侦查措施还是网络远程勘验所收集的电子数据，从规范上考察均是合法有效的。在案例 1 和案例 2 中，涉案人员所实行的犯罪行为危害面广、隐蔽性强，传统侦查措施在本案受到了较大的阻碍。尤其是在传销活动中，巨大且复杂的传销组织所形成的多层级组织关系以及钱款流通方向等难以通过传统侦查措施查清，因此公安机关通过采取技术侦查措施来提取相关电子数据，推进了案件的侦查工作。

正是因为电子数据的存储载体通常相对隐蔽，试图对原始载体进行搜查、扣押往往并不现实，因此通过技术侦查措施直接进入涉案网络系统提取数据，可操作性更强，也更利于保存相关数据。但在此过程中，也出现了明显的异化倾向，尤其是在技术侦查措施的适用范围之外的网络犯罪案件中，侦查机关也利用技术侦查措施推进案件侦查，并通过"证据转化"的方式将其"合法化"处理，如案例 3、案例 4 所示。

【案例 3】 被告人马某某与吴某利用兰考某合作社知名度，以帮助销售农产品为名，借用他人名义成立兰考某合作社郑州中原分社，并建立犯罪网站，以合作社为幌子，向参与人员许以高额回报，在全国范围内发展不同等级会员牟取巨额利益。公安机关通过技术侦查措施将被告人罗某某捉拿归案，并获取其口供以证明犯罪组织架构、相关的分红、奖励情况和投资获利情况。[1]

【案例 4】 娄某某涉嫌利用互联网非法经营未注册的进口医疗器械隐形眼镜，交易金额较大，构成非法经营罪。在本案中，公安部门接到案件线索后，通过技术侦查手段，成功抓获了犯罪嫌疑人娄某某，并获得其口供，供认交易金额达 28.3354 万元。[2]

除明确规定可以适用技术侦查措施的几类犯罪之外，《程序规定》对于"依法可能被判七年以上有期徒刑的案件"还作出了兜底规定。在案例 3 中对

---

〔1〕 参见重庆市第二中级人民法院刑事判决书，（2015）渝二中法刑终字第 00341 号。

〔2〕 参见江西省南昌市东湖区人民法院刑事判决书，（2018）赣 0102 刑初 378 号。

于罗某某所犯组织、领导传销活动罪在《刑法》中规定为"情节严重的，处五年以上有期徒刑"，罗某某作为传销组织头目，收取传销资金累计达 250 万元以上，已属于情节严重，根据《刑法》相关规定，罗某某可能被判处七年以上有期徒刑，在本案中公安机关采取技术侦查措施并无不妥。而在案例 4 中，娄某某所犯非法经营罪在《刑法》中规定为"扰乱市场秩序，情节严重的，处五年以下有期徒刑或者拘役，并处或者单处违法所得一倍以上五倍以下罚金"。在案件的初查阶段，J 省食品药品稽查局认定该案涉案金额高，且经核查交易金额为较大，根据《刑法》规定，娄某某涉案行为的法定刑应在五年以下，并不符合技术侦查措施适用的条件。但在侦查过程中，公安机关对娄某某采取技术侦查措施锁定相关线索，后将其抓捕进而收集其口供来认定最终的犯罪金额。这实际上是一种新的"证据转化"现象。

之所以称之为"新"，是因为过往的"证据转化"通常是为了达到形式上的"印证"，办案人员通过"先供后证""证据转化"等方式"制造"证据链条，即通过获取犯罪嫌疑人供述为切入点，进而填充有罪证据，形成以口供为中心的证据链条。传统"证据转化"的问题在于，一方面转化前的证据——被告人供述——本身可能是非法方法获取的；另一方面，这样的配合"印证"的"证据转化"使得刑事诉讼的侦查、控诉和审判阶段在某些案件中沦为证据链条的流水生产线，并且在"生产"过程中，片面强调相互印证，排斥证据链条之外的其他证据（特别是不具有同一性的证据），轻视证据矛盾分析。[1]而网络犯罪侦查中，所谓新的"证据转化"现象，是通过技术侦查措施获取可靠性较强的客观证据，但案件并不属于技术侦查措施适用的范围，因而需要将获取的客观证据通过犯罪嫌疑人供述等"合法形式"加以转化。与传统的"证据转化"相比，这是一种反向的异化，是从客观证据到主观证据的"合法化"处理。但显然，尽管这种"证据转化"因为其取证的客观性较强而出现错误的可能性也就相应降低，但仍然是一种"非法"的异化趋势。

二、技术侦查抑或侦查技术

网络时代，犯罪形式开始出现显著变化，从传统上单一、集中的犯罪样

---

〔1〕 参见谢澍：《反思印证："亚整体主义"证明模式之理论研判》，载《华东政法大学学报》2019 年第 3 期。

态转变为多元、分散的犯罪样态，在远程、非接触的状态下实施跨国别、跨省市犯罪行为，其作案手段具有较高的技术含量。正是依托网络平台，犯罪的地域界限逐渐淡化，涉案人员关系松散，受害群体规模不断扩大，给调查取证和案件办理带来诸多不便。[1]正是由于网络犯罪存在专业化、团伙化、涉众化、跨国化等这些普通传统犯罪所不具备的特征，导致网络犯罪相较于传统犯罪，更需要现代网络技术来对案件进行侦查，在实践过程中产生了以大数据侦查、网络远程勘验为代表的新兴侦查技术，而技术侦查由于其隐蔽性和高技术性的特点也普遍适用于现代网络犯罪的侦查过程中。但技术侦查与侦查技术并非同一概念，若要解决网络犯罪中技术侦查的扩张并对其进行限制，则必须厘清二者之间的关系，这也是讨论如何规制网络犯罪中的技术侦查措施的基本前提。案例 1 中，张某及其辩护人对于远程勘验是否属于技术侦查措施的质疑，即是实践中技术侦查与侦查技术界限模糊的例证。可见，为了避免并非技术侦查措施的新兴侦查技术受到与技术侦查同等严格的限制，进而阻碍侦查机关推进案件侦查工作，首先需要对技术侦查与侦查技术之异同加以剖析。

"侦查技术"是指，在侦查过程中提取保存案件相关证据可能用到的各种科学知识、科学方法和技术设备所涉及的各种专门技术的总称，不仅包括电子监听、电话监听等各种侦查通信技术手段，而且包括在一般性侦查行为中存在技术运用的侦查手段，如在传统侦查行为中使用的照相录像技术、痕迹检验技术等。由此可见，侦查技术既包括技术侦查中会应用到的技术或是其他侦查措施中的手段和技术，也包括一些新兴的技术方法，如大数据侦查技术、电子取证技术等。

其一，大数据侦查技术。在现代网络犯罪中，团伙化、涉众化已经是最为主要的特征，因此，网络犯罪往往伴随着巨量数据，如在案例 1 的犯罪团伙的数据库中，从 2010 年 1 月 1 日至 2013 年 7 月 9 日，共有 551 364 条会员记录，从 2011 年 6 月 30 日至 2013 年 7 月 9 日，共有 685 369 条会员记录，涉案人员所形成的树状网络层级结构可达 155 层，[2]相较于传统犯罪，数据的

---

〔1〕 参见谢澍、赵玮：《论网络犯罪案件的量刑证明——"整体主义"证明理论的实践探索》，载《云南社会科学》2022 年第 1 期。

〔2〕 参见湖南省衡阳市中级人民法院刑事裁定书，(2020) 湘 04 刑终 15 号。

混杂性大大增加，给侦查人员带来了极大的困难。大数据侦查技术则是指依靠大数据的海量信息，以及对信息的筛选和提取机制，[1]对海量数据进行筛选、汇总、提炼、形成意见作为证据在庭审中出示。通过大数据侦查所形成的证据，若是以大数据技术作为工具而形成符合《刑事诉讼法》有关证据种类规定的，在庭审中则作为该法定证据种类出示；若最终形成的证据以大数据载体本身、大数据的部分证据或大数据的分析意见作为证据的，在理论上称之为"大数据证据"，[2]由于我国《刑事诉讼法》中尚无该法定证据种类，因此该证据常常作为鉴定意见在庭审中出示。

其二，电子取证技术。网络远程勘验和网络在线提取电子数据均为电子取证技术。《关于办理刑事案件收集提取和审查判断电子数据若干问题的规定》对于二者的适用范围进行了区分，第9条第2款和第3款规定"对于原始存储介质位于境外或者远程计算机信息系统上的电子数据，可以通过网络在线提取""为进一步查明有关情况，必要时，可以对远程计算机信息系统进行网络远程勘验。进行网络远程勘验，需要采取技术侦查措施的，应当依法经过严格的批准手续"。由此可见，网络在线提取与网络远程勘验是根据对案件侦查的需要来划分适用范围的，网络远程勘验的适用条件要严于网络在线提取技术，但现有规范并未明确网络在线提取和网络远程勘验需要适用与技术侦查措施相当的严格批准手续。

相比之下，"技术侦查"在理论上有广义和狭义之分。广义的技术侦查是指利用现代科学知识、方法和技术的各种侦查手段的总称。[3]狭义的技术侦查是一种特殊的秘密侦查，以特定的侦查技术为支撑，强调不为行为对象所知，即秘密性，是借助特定技术所进行的侦查，不等于侦查技术。[4]《程序规定》第264条规定，"技术侦查措施是指公安机关负责技术侦查的部门实施的记录监控、行踪监控、通信监控、场所监控等措施"。无论监听还是监控，犯

---

〔1〕　参见江溯主编：《中国网络犯罪综合报告》，北京大学出版社 2021 年版，第 192 页。

〔2〕　郑飞、马国洋：《大数据证据适用的三重困境及出路》，载《重庆大学学报（社会科学版）》2022 年第 3 期。

〔3〕　参见宋英辉：《刑事程序中的技术侦查研究》，载《法学研究》2000 年第 3 期。

〔4〕　参见宋英辉主编：《刑事诉讼法学研究述评（1978-2008）》，北京师范大学出版社 2009 年版，第 281 页。

罪嫌疑人是并不知道自己正在被监听、监控的，因此，技术侦查最大的特征是其自身所使用的侦查技术的秘密性。广义上的技术侦查定义混淆了技术侦查与侦查技术的概念，忽略了技术侦查措施必备的秘密性特征，将所有利用科学技术知识、设备的侦查措施都定性为技术侦查措施，泛化了技术侦查措施的定义，降低了技术侦查措施的门槛。如此，将导致很多在普通案件中能适用的侦查措施被技术侦查措施的严格适用条件拒之门外，不利于侦查机关发现案件真相，违背了立法者设立技术侦查措施的本意。因此，狭义上技术侦查的定义更符合立法者之立法目的。

在网络犯罪中，技术侦查与新兴侦查技术的区别体现在诸多方面：首先，二者的性质不同。技术侦查是《刑事诉讼法》中规定的法定侦查措施，而侦查技术则是侦查过程中提取和保存证据时可能会使用到的某些专门技术，并非法律规定的侦查措施。其次，二者的案件适用范围不同。《刑事诉讼法》第150条将技术侦查的适用范围设定为危害国家安全犯罪、恐怖活动犯罪、黑社会性质的组织犯罪、重大毒品犯罪或者其他严重危害社会的犯罪案件以及追捕被通缉或被批准、决定逮捕的在逃人员。此外，《程序规定》将技术侦查范围作了进一步的扩充。但新兴侦查技术并不存在适用案件范围的限制，理论上可以适用于任何需要提取电子数据的案件中。更重要的是，二者适用的程序规定不同。

第一，技术侦查与侦查技术适用的阶段不同。《人民检察院刑事诉讼规则》（以下简称《高检规则》）第169条规定，"进行调查核实，可以采取询问、查询、勘验、检查、鉴定、调取证据材料等不限制被调查对象人身、财产权利的措施。不得对被调查对象采取强制措施，不得查封、扣押、冻结被调查对象的财产，不得采取技术侦查措施"。这一解释确定了在立案前的初查阶段仅可适用任意性措施，不得适用强制性侦查措施。技术侦查为典型的强制性侦查措施之一，因此其只能适用于立案之后的侦查活动中。大数据侦查主要是对存在于网络中的海量信息进行筛选，从而提取出其中有效数据形成证据，其并非涉及对人或对物的强制，为任意性侦查措施。而网络远程勘验是否为强制性侦查措施仍有争议。在司法解释中，《高检规则》将勘验认定为任意性侦查措施，而作为其下位概念的网络远程勘验也理应是一种任意性侦查措施。而《关于办理刑事案件收集提取和审查判断电子数据若干问题的规定》第 9 条第 3 款对远程勘验法律性质的认定，与《高检规则》并不一致：从适用条件来看，网络远程勘验只有在其他常规侦查措施无法达到电子数据收集目的时才能适用；从权利保障和比例原则来看，网络远程勘验在收集电子数据的适用顺序的后置性意味着司法解释制定者认为远程勘验的干涉权利高于常规侦查措施。[1] 而在《公安机关办理刑事案件电子数据取证规则》第 27 条中，需要进行网络远程勘验的六种情形中包含 "需要在远程计算机系统安装新的应用程序的" 和 "需要通过勘验行为让远程计算机信息系统生成新的除正常运行数据外电子数据的" 两种情形，从这两种适用情形来看，网络远程勘验活动实际上对被勘验的计算机信息系统影响程度较大，理应受到更为严格的规制；此外，网络在线提取作为网络远程勘验的前置性侦查技术，可对不需要采取强制性措施的电子数据进行采集，网络远程勘验本身适用之条件就严于网络在线提取，若网络远程勘验也与其一样均为任意性措施，则二者本质上无区分之必要。因此，将网络远程勘验认定为强制性侦查措施更为合适。但无论网络远程勘验性质如何，其与网络在线提取是电子取证技术的共同组成部分，说明电子取证技术既包含任意性侦查措施，也包含强制性侦查措施，因此既可以适用于立案前，也可以适用于立案后。

第二，技术侦查与侦查技术适用的条件不同。技术侦查措施是最为典型的强制性措施，因此对其适用规定了严格的审批程序。《程序规定》第 265 条明确，"需要采取技术侦查措施的，应当制作呈请采取技术侦查措施报告书，报设区的市一级以上公安机关负责人批准，制作采取技术侦查措施决定书"。并且 "采取技术侦查措施，必须严格按照批准的措施种类、适用对象和期限执行"。至于新兴侦查技术，在《公安机关办理刑事案件电子数据取证规则》第 6 条规定了 "收集、提取电子数据，应当由二名以上侦查人员进行。必要时，可以指派或者聘请专业技术人员在侦查人员主持下进行收集、提取电子数据"。《公安机关办理刑事案件电子数据取证规则》规定的取证方式中便包含了网络在线提取电子数据，而该规则第 27 条则是规定了六种需要进一步查明的情形可以对远程计算机信息系统进行网络远程勘验。从规范结构来看，

---

〔1〕　参见谢登科：《电子数据网络远程勘验规则反思与重构》，载《中国刑事法杂志》2020 年第 1 期。

网络远程勘验也属于收集、提取电子数据一般规定所规制的技术手段之一，因此，在刑事案件中适用网络在线提取和网络远程勘验时符合《公安机关办理刑事案件电子数据取证规则》第 6 条之规定即可。此外，前已述及，网络远程勘验系强制性措施，《关于办理刑事案件收集提取和审查判断电子数据若干问题的规定》第 9 条规定，"进行网络远程勘验，需要采取技术侦查措施的，应当依法经过严格的批准手续"。可见，网络远程勘验与技术侦查措施是两种不同的侦查手段，因而网络远程勘验对被侦查主体的影响应当与传统的强制性措施相当，其批准与适用仅需与传统强制性措施相当即可。而大数据侦查作为任意性措施，仅需满足任意性措施的条件即可。

三、网络犯罪技术侦查的程序控制进路

2012 年《刑事诉讼法》修改过程中，对于技术侦查"入法"，不少学者持反对意见，但有支持者提出，技术侦查措施在以往的刑事司法实践中长期被使用，与其作为潜规则运行，不如将其"入法"进行程序控制，反而能更好地保障被追诉人权益。事实上，对于当前网络犯罪侦查中技术侦查的扩张趋势，上述思考角度同样适用，与其放任技术侦查在法定适用范围以外被使用，并且通过"证据转化"将技术侦查获取的证据"合法化"，不如适当、有限地扩张技术侦查措施在网络犯罪中的适用范围，进而强化其程序控制，避免"非法"的"证据转化"行为成为又一潜规则。

（一）网络犯罪技术侦查的有限"扩张"

随着社会和技术的不断发展，犯罪手段和犯罪形式也日新月异。《刑事诉讼法》中规定的传统之检查、勘验等侦查手段面对专业化程度高、犯罪组织层级结构复杂的网络犯罪可能存在一定的适用障碍。因此，技术侦查措施被侦查机关广泛适用在网络犯罪的侦查过程中，弥补了传统侦查措施的局限性，并成为侦破网络犯罪的主要侦查手段。但前已述及，我国相关法律对于技术侦查的规定较为原则，对其种类也仅列举了记录监控、行踪监控、通信监控、场所监控等。对于何为技术侦查措施，并没有明确统一的标准，导致侦查机关在侦查过程中常常利用与技术侦查措施相类似的"法外措施"进行侦查，最后再将收集到的证据转化为具有合法性的证据形式。质言之，当传统侦查

措施无法完成在网络犯罪侦查中发现真实的任务时，侦查机关只能适用技术侦查措施突破侦查困境，但却面临着技术侦查措施的法定种类过少的问题，不得不选择通过"证据转化"来完成发现真实的任务，其后果是，违规适用技术侦查而又无法避免地对被侦查主体造成权利侵害。在这种矛盾冲突之下，适当扩张技术侦查措施的适用范围和法定种类并强化其程序规制，便成为化解网络犯罪案件侦查过程中程序正义与发现真实两种价值之间冲突的可能路径。

我国现有的刑事诉讼法规范体系中仅规定了部分严重犯罪和针对计算机进行攻击的犯罪适用技术侦查措施，但网络犯罪的诸多犯罪样态并不满足上述条件。例如，在网络犯罪中比较常见的利用互联网组织、领导传销活动罪、非法经营罪等，仅在情节严重时才能判处五年以上有期徒刑。但利用网络所进行的传销活动、非法经营活动通常都会利用某些"合法"外衣在网络上进行，并且会在网络上形成庞大且复杂的传销、销售组织，传统的侦查措施在面对这种复杂、隐蔽性极强的网络犯罪样态时通常会面临困境。加之网络本身所具有的虚拟性特征，网络犯罪脱离了传统犯罪侦查措施所依赖的物理场所，[1]而技术侦查措施则能利用技术手段破除数据网络与物理现实之间的障碍，完成对犯罪相关证据的提取和保存。

但并非所有的网络犯罪都应当适用技术侦查措施，由于技术侦查措施可能对公众的宪法性权利造成侵害，因此对于适用技术侦查措施的情形应当在立法中明确标准。在德国，根据联邦宪法法院判例，仅在满足三项条件时才能部分限缩宪法所保护的人权，即可以适用对人权可能产生侵害的侦查措施：其一，所采取的行动必须切合合法目的；其二，该行动必须是达此目的的侵犯性最小的途径；其三，侵犯强度须与该目的之重要程度成比例。[2]以此为鉴，我国也可以考虑采取这种利用比例原则加以判断，进而确定案件是否需要采用技术侦查措施的控制思路。就此而言，在法律和司法解释层面，可以减少对技术侦查措施适用范围的罗列式限制，将相关规定抽象化，进而使得

---

〔1〕　参见储陈城、马世理：《网络犯罪技术侦查的全覆盖与程序制约》，载《山东警察学院学报》2018年第2期。

〔2〕　参见［德］托马斯·魏根特：《德国刑事程序法原理》，江溯等译，中国法制出版社2021年版，第74页。

技术侦查措施的适用判断移交至批准机关手中。具体而言,在涉及网络犯罪的案件中,只要案件符合其他侦查手段难以发挥作用的条件时,批准机关便可授权执行机关使用技术侦查措施来对犯罪进行侦查,但这种授权必须符合比例原则,以确保技术侦查措施是在真正必要时得到适用。同时,在技术侦查的种类上,现有规范对于技术侦查措施已经明确的种类仅有记录监控、行踪监控、通信监控、场所监控等,由于网络犯罪的主要犯罪行为都发生在虚拟网络世界之中,技术侦查中诸多并非涉及网络的措施不能直接适用于网络犯罪,甚至可能存在实践中缺乏足够的"合法"种类进行技术侦查,进而影响侦查效果的情形。可见,有必要探索拓宽技术侦查种类,将部分新型计算机技术纳入技术侦查的法定种类之中。

(二)技术侦查程序控制的进阶"升级"

在互联网时代,个人信息暴露于各种社交平台之上,人们在使用网络的过程中,不经意间就会在网络上留下痕迹,侦查机关在利用技术侦查措施对犯罪进行侦查的过程中往往会涉及对涉案人员和非涉案人员信息的摸排。但需要注意的是,某些不具有隐私期待或隐私期待很低的碎片信息,可能在大数据分析之中具有隐私利益期待,导致电子数据中隐私权客体的扩张。[1]因此,在技术侦查过程中,法律所保护的个人隐私和通信被侵犯的可能性大大增加。加之技术侦查措施本身具有秘密性、技术性、特殊性,[2]导致技术侦查措施可能侵害被侦查主体权利且不为被侵害人所知。正如学者所指,我国技术侦查措施的主要问题在于:第一,法律对于技术侦查适用条件和适用程序的规定不够具体,缺乏对被适用对象的救济措施,因此在实践中有被滥用的危险;第二,在网络犯罪的技术侦查过程中,经常需要查找和筛选大量数据资料,这些数据资料可能包含与网络犯罪无关的公民个人信息。[3]就此而言,我们一方面需要避免技术侦查在网络犯罪案件中被滥用,但另一方面如前文提及,基于网络犯罪治理的现实需要,网络犯罪技术侦查有必要得到有

---

[1] 参见谢登科:《刑事电子数据取证的基本权利干预——基于六个典型案例的分析》,载《人权》2021年第1期。

[2] 参见喻海松:《网络犯罪二十讲》,法律出版社2018年版,第180页。

[3] 参见江溯主编:《中国网络犯罪综合报告》,北京大学出版社2021年版,第16页。

限"扩张"，进而将技术侦查措施的适用判断移交至批准机关手中。那么，为了避免或减少在技术侦查过程对被侦查主体权利的侵害，就应当加强对技术侦查措施的程序规制。

1. 加强技术侦查措施的审批与监督

我国《刑事诉讼法》及相关司法解释中，将技术侦查这种可能对权利造成严重侵害的强制性侦查措施的审批权交给公安机关自身，导致公安机关既是技术侦查措施的批准者，又是技术侦查措施的执行者。公安机关作为犯罪的主要侦查机关，其本身所承担的最为主要的规范义务即是查清犯罪事实，在追求实体正义的进程中往往会忽略实施技术侦查措施对他人权利所造成的侵害。而对于检察院决定采取的技术侦查措施，在交予公安机关执行后，公安机关仅需将执行情况通知检察院相关部门，限制了作为法律监督机关的检察院在技术侦查实施过程中的法律监督作用。此外，由于技术侦查措施在侦查阶段的秘密性，所以在规范上并未明确侦查阶段对于技术侦查措施应当如何监督，导致实践中出现无法对技术侦查的可能违规行为加以制止的现象，难以避免实施技术侦查过程中权利侵害所造成严重损害，而这种伴随着权利侵害的侦查结果往往作为一种认知偏差传递至后续的刑事诉讼程序。[1]

与我国不同的是，德国的刑事诉讼程序中法官会较早介入，并对刑事诉讼的侦查活动进行干预。例如，在我国属于技术侦查措施的电信通信监察在德国刑事诉讼法中明确为"监控须经法官命令方得进行。如若紧急可由检察官命令，效力三日，三日之后除非获得法官令状，否则必须停止"，对于住宅的监听规定"须经地区法院3名法官联席授权"，等等。[2]在日本，对于强制性措施则采取令状主义，《日本宪法》第33条和第35条规定，没有法官签发的令状，原则上任何人不受拘留，也不得侵入、搜查或者扣押任何人的住所、文件以及所有物品。[3]德、日两国在刑事诉讼侦查阶段实施强制性措施均采

---

〔1〕　参见谢澍：《"显性偏见"抑或"隐性偏差"——刑事审前程序中的认知偏差及其程序控制》，载《法学家》2022年第4期。

〔2〕　参见［德］托马斯·魏根特：《德国刑事程序法原理》，江溯等译，中国法制出版社2021年版，第76—78页。

〔3〕　参见［日］田口守一：《刑事诉讼法》，张凌、于秀峰译，法律出版社2019年版，第53页。

取了由法官签署令状进行批准的方式，与警察、检察官代表国家对犯罪行为进行追诉不同，法官在刑事诉讼中独立行使审判权，居中对案件进行裁判，处于中立地位。相比之下，我国则由技术侦查措施的执行机关同时进行审查和批准，可能影响其中立性，但在我国尚未确立令状主义且法官不介入审前阶段的前提下，由作为法律监督机关的检察机关进行审批和监督，可能是相对更加合理的路径。[1]

2. 完善被侵权人的知情权和救济制度

我国《刑事诉讼法》及其相关司法解释中，并未规定技术侦查措施实施过程中、结束后如何保障非案件相关人员的知情权与救济权，由于技术侦查措施本身的秘密性，即使与案件无关的信息被收集，被收集人也很难知晓，更遑论救济。《德国刑事诉讼法》中规定："当通讯监听措施终止时，被监听的对话参与人应当被告知监听的事实，除非它会危及侦查目的的实现或公民的生命、身体完整或人身自由，抑或可以假定这些人员因为只受到边缘性的影响而不存在告知的利益。"[2]而在《日本通讯监听法》中亦有类似规定："对监听中涉及的当事人发出通知；收听和阅览监听记录；当事人的不服请求等。"[3]在网络犯罪中，通常会收集到大量与案件无关的信息，涉及的相关人员数量较多，若是对于被收集信息的相关人员均要告知，对于侦查机关来说恐怕负担过大，可能导致侦查机关在决定是否适用技术侦查措施时有所顾虑，不利于案件侦查。为了在尊重和保障人权的基础上，降低办案机关在适用技术侦查措施过程中的程序保障难度，可以在规范上将技术侦查措施中所收集到的材料和信息根据其与信息主体的宪法性权利的相关性以及侵害程度划分成若干个等级，再由侦查机关根据信息所属等级来确定是否应将侦查行为告知当事人，在确保当事人知情权的同时方便当事人寻求救济。

---

〔1〕 参见谢澍：《检察机关侦查权的监督性及其体系化进路》，载《中国刑事法杂志》2022 年第 3 期。

〔2〕 ［德］托马斯·魏根特：《德国刑事程序法原理》，江溯等译，中国法制出版社 2021 年版，第 26-27 页。

〔3〕 ［日］田口守一：《刑事诉讼法》，张凌、于秀峰译，法律出版社 2019 年版，第 136 页。

【延伸思考】

《打击为犯罪目的使用信息和通信技术全面国际公约》[1]在第 19 条规定了技术侦查的措施，请结合本公约第 20 条、第 21 条、第 32 条及我国《刑事诉讼法》关于技术侦查措施的相关规定，讨论在网络犯罪的跨境协作中是否可能出现技术侦查措施的适用异化，及此种异化解决路径的可能。

---

〔1〕 该公约也称为《国际网络犯罪公约》（The Convention on Cybercrime），又称为布达佩斯公约。这是一项由欧洲委员会起草并由欧洲各国于 2001 年签署的国际公约，旨在打击网络犯罪并提供国际合作机制。

第六章
网络犯罪适用认罪认罚的难点及其实践应对

【研习要点】

1. 基于涉电信网络诈骗犯罪所呈现的犯罪组织形态复杂化、犯罪踞点跨域化及技术手段智能化等趋势特点，讨论在网络犯罪中适用认罪认罚制度的难点。

2. 对于网络犯罪，应以"分类"处理，还原拆解产业模块，准确定罪，以"分层"处理厘清犯罪组织、个人层级，以建立清晰的底层结构来回应和纾解认罪认罚从宽制度适用的难点。

3. 在对网络犯罪分类分层的基础上，实现对认罪要件的实质把握，设定量刑减让梯度，明晰认罪认罚因素介入下共同犯罪量刑平衡的具体原则。

【典型案例】

陈某等八人侵犯著作权案[1]

[基本案情]

被告人陈某，2014年11月10日因犯侵犯著作权罪被安徽省合肥市高新技术开发区人民法院判处有期徒刑七个月，罚金人民币十五万元，2014年12月25日刑满释放。2017年7月至2019年3月，被告人陈某受境外人员委托，先后招募被告人林某、赖某、严某、杨某某、黄某某、吴某某、伍某某，组建QQ聊天群，更新维护"www.131zy.net""www.zuikzy.com"等多个盗版影视资

---

[1] 陈等侵犯著作权罪案，最高人民法院发布互联网十大典型案例之一（2021年）。

源网站。其中，陈某负责发布任务并给群内其他成员发放报酬；林某负责招募部分人员、培训督促其他成员完成工作任务、统计工作量等；赖某、严某、杨某某等人通过从正版网站下载、云盘分享等方式获取片源，通过云转码服务器进行切片、转码、增加赌博网站广告及水印、生成链接，最后将该链接复制粘贴至上述盗版影视资源网站。其间，陈某收到境外人员汇入的盗版影视资源网站运营费用共计1250万余元，各被告人从中获利50万至1.8万余元不等。案发后，公安机关从上述盗版影视网站内固定、保全了被告人陈某等人复制、上传的大量侵权影视作品，包括《流浪地球》《廉政风云》《疯狂外星人》等2019年春节档电影。

[典型意义]

检察机关办理网络侵犯著作权犯罪案件，应围绕电子数据的客观性、合法性和关联性进行全面审查，依法适用认罪认罚从宽制度，提高办案质效。网络环境下侵犯著作权犯罪呈现出跨国境、跨区域以及智能化、产业化特征，证据多为电子数据且难以获取。在办理此类案件时，一方面要着重围绕电子数据的客观性、合法性和关联性进行全面审查，区分不同类别的电子数据，采取有针对性的审查方法，特别要注意审查电子数据与案件事实之间的多元关联，综合运用电子数据与其他证据，准确认定案件事实。另一方面，面对网络犯罪的复杂性，检察机关要注意结合不同被告人的地位与作用，充分运用认罪认罚从宽制度，推动查明犯罪手段、共犯分工、人员关系、违法所得分配等案件事实，提高办案效率。

【理论解读】

一、网络犯罪适用认罪认罚从宽制度的难点

网络犯罪适用认罪认罚从宽制度，不仅有利于节约司法资源、提升司法效率，同时还具有瓦解共同犯罪攻守同盟，破解共同犯罪惩治难题的"溢出"价值。以电信网络诈骗犯罪为例，当前，伴随打击治理电信网络诈骗犯罪行动的深入推进，电信网络诈骗案件数量快速增长的势头已得到有效遏制，但形势依然复杂严峻，且呈现犯罪组织发展形态复杂化、犯罪踞点跨域化、犯

罪技术手段智能化、远程化等新的趋势和特点，引发网络语境下共同犯罪意思联络及共同犯罪行为、地位作用认定等特有难题，并为认罪认罚从宽制度的适用带来诸多难点。

（一）共同犯罪意思联络认定难导致"认罪"要件界分难

随着网络黑灰产业不断成熟，完整犯罪过程被精细化拆分，形成大量专注特定领域的犯罪模块，主要包括资金业务、网络黑产、通信技术、网络服务这四大模块，各模块兼容性和复用性极强，模块之间可临时或长期组合成"一对一""一对多""多对多"的协作关系，但由于各模块相对松散、独立，可根据犯罪需求随意搭建，使得共同犯罪中各模块之间的意思联络与传统犯罪相比粘连度低。犯罪手段与信息技术的同步迭代更新，使犯罪手段得以裂变式传播，形成松散的犯罪网络，共同行为人达成意思联络的方式隐蔽，加之共同犯罪到案时间不同步，部分先行到案行为人的供述完整性、真实性较难印证，且可能被后到案行为人的供述推翻，行为人系事前帮助、相对独立或是事后协助行为的定性难度加大，直接影响到对共同犯罪"认罪"中"如实供述"的范围和内容的准确把握，如是否需供述上下游、平行或关联犯罪团伙的犯罪事实等。

（二）共同犯罪认罪认罚不同步导致"从宽"尺度把握难

其一，涉电信网络诈骗跨国式有组织犯罪与产业化特点叠加，在国内外分工协作上，往往犯罪团伙的组织领导者、骨干分子藏身境外，并在境内诱骗招募低学历群体、在校大学生等至境外实施诈骗行为，上游售卖提供信息、"两卡"以及网上引流推广等团伙以及下游转款取现等行为人在境内。"引流"、售卖"两卡"等前端团伙成员往往最先被司法机关抓获，且犯罪团伙的组织领导者、骨干分子常年不入境，抓获到案难度大，层级较低的骨干分子及其他一般参与人，在案发后先行到案，对首要分子、主犯、从犯、胁从犯的认定存在一定难度，在适用认罪认罚从宽时，可能致"从宽"尺度把握不准，如本应认定为主犯的未予认定而给予了较大幅度的"从宽"。其二，囿于共同犯罪行为人是否认罪认罚、认罪认罚诉讼阶段、程度以及层次不同步等，特别是在数人共同犯一罪的类型中，可能会出现共同犯罪行为人之间关于认罪认罚层次上的差异，如其中一人或数人仅"认事实"，或"认事实+认罪"，或"认事实+认罪+认罪名",以上三种情形都是不完整的认罪认罚形态,未构成"认事实+认罪+认罪名+认量刑"四层次完整形态。[1]在共同犯罪行为人没有完成认罪认罚的完整形态,但均在不同程度表明了其对行为的主观认识和悔罪态度的情况下,根据宽严相济刑事政策,对这些行为人的处理也应当体现从宽的精神。但是不同程度、层次的认罪认罚"从宽"梯度如何科学合理设定,判定标准系何,亦是实践中的难点。

（三）认罪认罚与其他共同犯罪量刑要素交织导致量刑平衡难

共同犯罪案件中适用认罪认罚从宽制度,还面临着仅部分共同犯罪行为人认罪认罚、认罪认罚与坦白、自首等量刑情节交织等复杂情形,一定程度上限制了认罪认罚从宽制度的适用空间。实践中,在涉电信网络诈骗犯罪案件中,仅有部分共同犯罪行为人愿意认罪认罚而其他共同犯罪行为人拒不认罪认罚的情形较为常见,也是量刑难点。一般来说,对于从犯认罪认罚,主犯不认罪认罚的,不存在量刑平衡难以把握的问题,主要是对主犯认罪认罚而从犯不认罪认罚的情形,可能与自首、立功等量刑要素杂糅,致使从宽尺度难以把握。如对主犯具有立功、自首等从宽情节,按照量刑方法,主犯的宣告刑确实低于从犯的情况,是否与主犯的刑罚不得低于从犯的一般规则相背离,偏离了社会公众朴素的公平正义观念,实践中仍争议较大。

二、网络犯罪分类分层处理的价值与方法

（一）分类分层处理的内涵与价值阐释

本章所称犯罪分类的旨趣在于解决罪质问题,而犯罪分层则聚焦量刑问题,即"分类"系根据犯罪性质界定不同环节犯罪行为的罪名;"分层"系在分类的基础上,根据犯罪严重程度等实质化标准,区分同一犯罪的不同层次,予以区别处理的一种手段方法。

从价值内涵看,分类分层处理不仅本身蕴含着提升司法效率、节约司法资源的独立价值,而且对准确厘清网络语境下共同犯罪的共同犯罪结构及个人责任认定具有重要的工具价值。具体体现在,分类分层可以作为网络语境

---

[1]　参见汪海燕:《共同犯罪案件认罪认罚从宽程序问题研究》,载《法学》2021年第8期。

下共同犯罪案件处理的方法策略，去厘清共同犯罪产业模块、组织关系架构和犯罪个体层级，还原犯罪组织结构体系，对犯罪团伙、犯罪个体的地位作用进行精准定点、画像，为共同犯罪行为认定、罪责相当、量刑均衡绘制清晰、客观的底层图，为进一步推动认罪认罚从宽制度的科学、合理、规范适用奠定基础，从而实现司法办案政治效果、社会效果和法律效果的统一。

(二) 涉电信网络诈骗犯罪分类分层处理的具体应用

1. 分类：还原拆解犯罪产业模块

涉电信网络诈骗案件除去核心"诈骗"实施环节，"上游"链条多形成"信息""技术""引流"等服务模块，"下游"多为通过地下钱庄、非法第四方支付平台等"洗钱"服务模块，由于犯罪产业链各犯罪模块参与人的主观明知状态和具体参与时间节点不同，根据实践经验难以一并认定诈骗犯罪，还可能涉及非法获取公民个人信息罪、非法获取计算机信息系统数据罪、帮助信息网络犯罪活动罪、非法利用信息网络罪、掩饰隐瞒犯罪所得罪等。因此，需根据不同犯罪环节，判断犯罪模块的犯罪性质，准确认定罪名。如根据主观状态和客观行为的不同，将各个犯罪环节分为共同犯罪型、相对独立型和事后协助型，如认定技术开发环节与主导诈骗环节构成诈骗罪共同犯罪；认定账号养护环节、推广引流环节为电信网络诈骗提供支持，构成帮助信息网络犯罪活动罪、非法利用信息网络罪。

2. 分层：全景式扫描犯罪组织及个人

基于涉电信网络诈骗犯罪组织结构、人员关系的特殊性，可从犯罪组织架构、共同犯罪参与人两个层面进行分层。

一是厘清组织结构关系。根据共同犯罪内部组织关系、故意的联系紧密程度、共同行为的联系方式和社会危害程度等共同犯罪者组织结合程度的区别，[1]对涉电信网络诈骗犯罪组织架构形式予以区分，认定系一般共同犯罪、犯罪团伙还是犯罪集团。实践中，电信网络诈骗犯罪多数系以团伙或犯罪集团形式作案。在认定共同犯罪组织形式后，再从纵向、横向等不同的维度，进一步梳理组织内部结构关系，如系单一纵向型，还是"一对多"复杂结构

---

〔1〕 参见林文肯、茅彭年：《共同犯罪理论与司法实践》，中国政法大学出版社1987年版，第58页。

型，对各犯罪团伙系平行独立还是交织的关系等作出判定，从而准确界定团伙责任范围。特别是在集团作案案件中，对集团内部又分立若干时空上独立的犯罪小组，考虑到互为独立的犯罪小组在诈骗场地、成员及管理上均相互独立，客观上相互之间并未产生协作和促进等客观事实，对"犯罪集团—犯罪小组"进行分层分组后，将诈骗成功金额区别计算，而不是简单笼统处之，更加符合罪责刑相适应原则。

二是准确定位犯罪个体层级。在划定团伙框架结构的基础上，根据各个团伙内部成员的地位、作用、参与程度等进行分级，区分不同对象，区分从严打击重点和从宽处理范围，落实宽严相济刑事政策。其一，以地位作用区分主从犯。根据各个体的地位和作用区分主从犯，对起组织、指挥和管理作用的认定为主犯，对被指示参与到某个具体诈骗环节等起次要作用的认定为从犯。再如认定资金结算团伙中指示他人转移资金的认定为主犯，对受指示提供本人银行卡并实施转账的认定为从犯。其二，对地位作用区别确实不明显的，可以不区分主从犯，但应当充分考虑反映其可谴责性、人身危险性等量刑要素，如参与时间长短、非法获利大小、初犯偶犯、是否为在校学生等，准确界定其个人责任。

由此，"分类"通过准确认定犯意联络、犯罪行为等确定罪质，服务于认罪认罚从宽的"认罪"要件判断，而"分层"的技术构造本质是为了解决量刑均衡问题，与认罪认罚从宽制度的核心问题"量刑优惠"目标上是一致的。通过对犯罪模块的准确分类以及犯罪组织结构和犯罪人员的分层分级，可有效破解网络语境下共同犯罪行为人犯意认定难、从宽尺度把握难、量刑要素平衡难等难点，从而推动认罪认罚从宽制度在该类犯罪案件中的适用。

三、分类分层处理对认罪认罚从宽制度适用难点的回应与纾解

共同犯罪行为人准确的刑罚裁量是认罪认罚从宽制度价值实现的核心所在，其主要涉及解决两个问题，一是哪些行为成立共同犯罪，二是共同犯罪行为人身份及责任认定。以分类分层处理为中心，厘清涉电信网络诈骗犯罪产业模块、组织结构、共同犯罪行为人层级，寻找该类案件适用认罪认罚从宽制度的连接点与契合点，本质还是要落脚到认罪认罚从宽制度适用难点问题的回应解决。具体到涉电信网络诈骗犯罪案件，需要将目光聚焦到"认罪"

要件的实质把握、"从宽"幅度的合理设置和量刑均衡的路径设计上。

（一）在分类分层基础上建立对"认罪"要件的实质把握

在办理网络犯罪认罪认罚案件时，应在分类分层的基础上建立对"认罪"要件的实质把握。比如，在涉电信网络诈骗犯罪案件中，关于共同犯罪行为人"认罪"的实质把握，关键在于对共同犯罪行为人犯意联络的合理区分与界定。通过还原拆解犯罪产业模块、厘清犯罪组织结构关系后，可以有效界定上下游犯罪关联交织程度，准确定性定责。如对于事前共谋、事中联络，上下游产业交织的，以及可以证明行为人应当认识到与他人共同实施犯罪行为且后者有同样参与认识，或行为人应当概括认识到共同行为的性质和结果，即便该种认识并不十分具体，或是行为人应当概括地预见到共同犯罪行为与共同结果的因果关系，[1]对行为人"认罪"要件的把握应当包含其所知的同案犯及其犯罪事实。但对在案证据确因电信网络诈骗犯罪趋势特点，无法确认犯意联络又或是犯意联络粘连度低的，则其仅供述本人犯罪行为的即可认定符合认罪认罚从宽制度的"认罪"要件。

（二）探索设置分类分层处理后认罪认罚"从宽"量刑减让梯度

"从宽"幅度既是检察机关适用认罪认罚从宽制度的外在表征，也是对制度功能的深层次把握和运用。检察机关在具体考量时，要区分各行为人地位作用，综合考虑从宽因素，确保罪责刑相适应。其一，准确区分层级对象。在涉电信网络诈骗犯罪中，此类犯罪多呈现组织构架庞杂、参与者众多、分工配合细化等趋势特点，在对"从宽"幅度考量时，应根据共同犯罪组织层级结构，界定各行为人责任边界及地位作用，从而正确区分主从犯，划定刑罚档次。如按照"组织领导者—积极参加者——般参与者—特殊参与群体"的标准区分各自的地位作用，对组织领导者，依法从严惩处；对积极参加者，严格限制从宽幅度；对一般参加者，综合考虑从宽因素；对未成年人、在校学生等特殊群体，犯罪层级较低，参与时间不长，非法获利较少的，给予更大幅度的量刑优惠，乃至作出无罪处理。其二，在遵循认罪认罚所处诉讼阶

---

〔1〕 参见刘守芬、丁鹏：《网络共同犯罪之我见》，载《法律科学（西北政法学院学报）》2005年第5期。

段越早、越稳定、越彻底则从宽幅度越大这一梯度性从宽政策下，充分考量认罪认罚层次的完整程度，设置差异化量刑优惠幅度，如对"认事实+认罪+认罪名+认量刑建议"四层次完整的认罪认罚设定减让幅度上限，其余每缺少一个层次扣减相应从宽幅度。其三，结合全案事实，综合考虑各种量刑要素，可以"是否具有起诉必要""是否可能适用缓刑"为标准，在诉前分流及刑罚执行方式上予以分层处理，如对符合不起诉条件的作不起诉处理，对符合缓刑适用条件的依法提出适用缓刑的量刑建议。

（三）明晰认罪认罚因素介入下共同犯罪量刑平衡的实践规则

根据我国现行相关法律、司法解释及指导意见，对于认罪认罚从宽制度的运用，主要遵守以下一般原则：如果没有特殊理由或例外情况，认罪认罚的犯罪嫌疑人均应得到从宽处理，对符合适用非监禁刑条件的，应当依法适用非监禁刑；具有法定减轻处罚情节的，可以减轻处罚。而"特殊理由"的内涵，主要是指"犯罪性质和危害后果特别严重""犯罪手段特别残忍""社会影响特别恶劣"等情况。[1]因此，在涉电信网络诈骗犯罪案件中，只要共同行为人满足认罪认罚的条件，且不存在上述特殊理由时，就应对其作从宽处理。但应注意对认罪认罚相关情节总体从宽幅度予以限制，避免为提高认罪认罚从宽制度适用率，而对同意认罪认罚的共同犯罪人片面强调从宽，使打击犯罪的价值无法真正体现，以及造成全案量刑的失衡，偏离社会公众一般公平正义的朴素观念。

其一，要把握好部分共同犯罪行为人认罪认罚情形下全案的量刑平衡。司法实践中，特别要注意对网络犯罪案件主犯认罪认罚，从犯不认罪认罚的量刑平衡。但是，考虑到立功、自首情节并不被认罪认罚从宽情节所涵盖，在主犯存在上述情节情况下，根据其立功情节作用大小或自首情节，作出较从犯轻的量刑并不违背量刑平衡原则。若主从犯在共同犯罪中的地位作用差距悬殊，除非有重大立功且立功情形与其主犯地位无关系，否则对其量刑仍然不宜轻于从犯。其二，认罪认罚与其他量刑要素的综合考量。对于不宜区分主从犯的，仍应当查明直接参与犯罪的犯罪数额、非法获利等要素，确认

---

〔1〕　刘为军：《依法治理电信网络诈骗犯罪》，载《中国社会科学报》2021年11月24日，第A04版。

其承担责任大小，并充分考量其他量刑情节，作出罪责刑相当的结论。

【延伸思考】

本章着重讨论了网络犯罪在认罪认罚从宽制度下的量刑问题，在中国刑事诉讼法律体系中，对于涉及复杂犯罪结构和犯罪分子多层级参与的案件，在犯罪嫌疑人认罪认罚的前提下，如何在保证量刑公正的同时，又不失效率和严惩犯罪的原则？是否可以根据现有法律规定保证上述结果？

第三编

网络犯罪治理：规制与审查

第七章
网络犯罪的刑事规制困境及纾解

【研习要点】

1. 在了解新型网络犯罪规制障碍之前，首先需要把握新型网络犯罪成因及其特点，因为这是其与现有制度契合不通畅的重要原因。因此，要正确区分两种不同的产生原因，并且准确把握新型网络犯罪的五种主要特征。

2. 在实践中，新型网络犯罪规制遇到诸多障碍，对此可以从实体法和程序法两个层面进行理解和把握。只有了解了实践中遇到的问题，坚持以问题为导向，才可以做到有针对性地改革和制度完善。

3. 在准确把握新型网络犯罪成因、特点以及实践困境后，就可以有针对性地提出制度完善建议，对此应当从这三个方面分别进行把握，要做到全面健全相关制度，避免遗漏问题。

【典型案例】

罗某等人跨境电信网络诈骗案[1]

[基本案情]

2018年以来，黄某某组织数百人在柬埔寨、蒙古国等地实施跨国电信网络诈骗犯罪，并形成犯罪集团。该诈骗集团根据职能设立业务、技术、后勤、后台服务等多个部门。其中，业务部门负责寻找有意向炒股的股民（潜在被害人）并拉进微信聊天群，按照预设的诈骗话术发送信息，开设直播平台，

---

[1] 罗某等人电信网络诈骗案，江苏省高级人民法院2021年度十大典型案例之三（2021年）。

由诈骗集团成员在微信群内扮演"老师"讲授股票知识、扮演"股民"虚构投资获利情况,骗取被害人信任,进而诱骗被害人在诈骗集团控制的虚假平台进行投资。后台服务部门将审查被害人转账截图等信息,核查钱款到账情况,并通过地下钱庄将钱款非法占有。为隐瞒真相,后台服务部门将被害人汇款情况对应数据录入虚假平台,使被害人误以为钱款已注入自己在投资平台上的账户;根据被害人的提款申请,后台服务部门还会视情况返还少量款项。待被害人大量投进钱款后,由技术部门调整虚假投资平台的参数,制造行情下跌、被害人在平台的钱款全部亏损的假象,让被害人误以为系投资失败造成亏损。该犯罪集团使用上述手段共诈骗被害人6亿余元。

2019年3月至10月,被告人罗某、王某、施某等19人先后加入该犯罪集团下设的后台服务部门。被告人罗某系后台服务部门的负责人,负责全面工作,被告人王某系后台服务部门的骨干成员,负责安排代理和接单人员对接等工作,被告人施某等17人根据安排分别负责钱款统计、客服、接单等工作。另有两名被告人系地下钱庄人员,明知罗某等人实施诈骗,仍将银行卡提供给罗某等人使用,并将诈骗所得钱款进行转移。

2019年5月至9月,被告人罗某、王某在柬埔寨接受诈骗集团相关上级人员安排实施网络诈骗活动;同年10月16日至10月29日,被告人罗某、王某等人同样接受安排在蒙古国继续实施网络诈骗活动,后被蒙古国警方查获。被告人罗某、王某共参与诈骗174 196 830.48元,其他被告人参与诈骗数额几十万元至九千多万元不等。

[典型意义]

(1) 本案中犯罪分子已经形成完整产业链,人员众多且复杂。在本案中,犯罪组织成员高达数百人,并且成员之间具有明确的分工和职责,从诈骗到洗钱一应俱全,已经形成了秩序井然的组织。其犯罪性质恶劣,给人民群众财产安全造成了极大的损害。同时,本案只是"10·30"跨境电信网络诈骗系列案中的一起案件,2019年10月29日,蒙古国警方在蒙古首都乌兰巴托抓获了790余名中国籍电信诈骗犯罪嫌疑人,并将其中759人移交我国。如此恐怖的犯罪态势,表现出了社会各界对网络犯罪规制的迫切需要。

(2) 本案侦破过程中反映出了实践中新型网络犯罪规制面临着诸多障碍。

举例而言，本案中犯罪分子同大部分网络犯罪分子一样，将组织窝点设置在周边国家，导致案件侦破工作困难重重，管辖、跨境取证等问题都亟待解决。再如本案不同于一般的网络诈骗或赌博，本案中犯罪分子以投资为幌子，通过虚构行情下跌来大肆敛财，这一行为使得被害人难以分辨究竟是诈骗还是正常商业风险，不仅难以防范，同时也容易被骗而不自知，极其不易发案，这也给案件侦破带来了极大的困难。

【理论解读】

随着大数据时代的来临，互联网已经深入日常生活的方方面面，人民生活也发生了巨大的变化。随之而来的是，犯罪形式和犯罪手段也在逐步更新换代，形成了一系列的新型网络犯罪。全新的网络犯罪对传统的犯罪规制与审查模式提出了巨大挑战。在本章中，我们将会针对新型网络犯罪规制过程中出现的困难和疑问进行梳理，探讨现有制度下网络犯罪规制不通畅的地方，并提出完善建议。

本章所指称的新型网络犯罪，并非仅仅局限于《刑法修正案（九）》中增设的三个信息网络类犯罪，而是指所有新出现的、新类型的涉网络犯罪。从其形成方式来讲，可以将其区分为两种主要的产生模式：一是伴随信息技术发展和普及而产生的全新犯罪类型；二是传统犯罪与新兴技术结合所诞生的全新表现形式。

一、新型网络犯罪的成因与特点

新型网络犯罪目前已呈高发态势，以电信诈骗为例，21 世纪初，电信网络诈骗开始逐渐蔓延至全国，[1]电信诈骗案件每年以 20%～30% 的速度快速增长，2015 年全国公安机关共立电信诈骗案件 59 万起。[2]此后，随着国内打击整治行动的持续开展，电信网络诈骗及其相关犯罪产业链条逐渐向境外转移，一时间，跨境电信网络诈骗犯罪活动不断出现，并持续高发。近年来，

---

〔1〕　参见刘为军：《依法治理电信网络诈骗犯罪》，载《中国社会科学报》2021 年 11 月 14 日，第 4 版。

〔2〕　参见《打击电信诈骗须"群防共治"》，载 https://www.gov.cn/xinwen/2016-10/12/content_5117729.htm，最后访问日期：2023 年 11 月 23 日。

跨境电信网络诈骗呈持续高发态势，成为继跨境走私、人口贩卖、毒品交易之后，又一严重危害我国人民群众财产安全的有组织跨境犯罪。据央视新闻报道，2021 年 1 月至 4 月期间，全国日均发生 2700 起电信网络诈骗案，日均损失达 1.4 亿元。[1]

（一）新型网络犯罪的成因

1. 信息时代下应运而生的犯罪行为

信息时代中新产生的新型网络犯罪行为，是指在信息时代下，随着新环境、新需求的出现，而产生的全新犯罪行为。其中，网络"黑公关"就是典型行为。网络"黑公关"又被称为网络公关异化。有学者认为，网络"黑公关"是指以借助于数字技术和通信技术的互联网为传播媒介，通过虚假宣传、恶意炒作、夸大、捏造、散布虚拟事实等方式来控制网络舆论、挟持民意、抢占流量，从而达到不正当目的的一系列非法网络公关行为。[2]究其本质，网络"黑公关"是借助网络媒介为客户（个人或企业组织）有偿提供不正当网络公关服务的行为。

网络媒体的兴起，使得互联网成为群众了解新闻八卦和社会热点问题的重要途径和场域，因而网络公关成为企业市场竞争的重要手段和媒介。但遗憾的是，由于网络公关行业尚处于新兴发展阶段，在面临行业人员职业道德参差不齐、法律法规尚不健全、行政执法力度不够等困境的同时，行业中还出现了一批为谋求不正当利益发布虚假信息、诋毁竞争对手、充当网络"打手"的网络"黑公关"团队。这些不法分子迅速形成产业链条，严重损害消费者合法权益，扰乱网络舆论环境，破坏公平竞争的市场秩序。我们认为，网络"黑公关"出现的原因，可以总结为以下四点：

第一，利益驱动是网络"黑公关"行为形成的最直接原因。据了解，网络公关公司做一次大规模网络攻击，价格通常在 30 万元至 50 万元，利润可

---

[1] 参见丁新伟：《打击电信网络诈骗是场攻坚战》，载《河南日报》2021 年 4 月 23 日，第 9 版。

[2] 参见苏忠林、李志刚、王亚文：《网络公关异化治理研究：一个多元协同的视角》，载《中南财经政法大学学报》2015 年第 6 期。

达 40%～50%。[1]同时，调研发现，以流量运营所涉及的流量自媒体和网络"水军"为例，其运营价格通常与粉丝数量或阅读量正相关，不同平台、不同任务价格会有稍许差异。一是流量自媒体的价格态势。经调研发现，自媒体在微博平台发起普通话题的价格约为 5000 元，商业话题的价格约为 1 万元至 2 万元。大粉丝量账号一般不主动发稿，只进行转发、点赞、评论。公众自媒体平台通常以发布稿件的阅读量计费，10 万以上的阅读量，价格可达 15 000 元以上。二是网络"水军"的价格态势。网络"水军"主要对指定账号或帖子进行关注、浏览、转发、评论、分享、举报等操作，通常分为真人"水军"和机器"水军"。真人"水军"和机器"水军"在价格上并无太大差异，转发每条为 0.5 元至 1 元不等，评论每条为 1 元至 1.5 元不等，举报每条通常为 1 元，留言每条为 1 元至 1.5 元不等，"水军"的利润主要来源于量的积累。

第二，市场需求是网络"黑公关"行为形成的前提条件。现如今，个人、企业、组织之间的竞争日趋激烈，同业竞争更是如此。在趋利避害的经济观念驱使下，网络"黑公关"行为应运而生。市场主体一方面具有及时消除对己不利的消息，以避免造成不良影响的需求，另一方面又希望通过制造一些负面消息打压竞争对手，甚至让其出局。上述需求在舆论纵深的网络时代下，具有巨大的市场空间。

第三，网络言论的开放性和可匿名性是网络"黑公关"行为形成的便利条件。网络空间自由开放，人人都可以发表言论，同时网络的可匿名性进一步扩大了网络言论的自由度，这为网络"黑公关"行为创造了便利条件。一是通过网络散布虚假信息、炒作舆情的帖子、视频等可以瞬间获取巨大流量，造成严重负面影响，从而达到非法公关的目的；二是由于网络的开放性和可匿名性，民众很难分辨信息的真伪，往往盲目转发、跟帖，无形中做了"帮凶"；三是由于言论自由和信息真实在一定程度上难以两全，也使得监管容易缺位，规制有困难。

第四，传播媒体泛众化是网络"黑公关"行为形成的成熟条件。在全媒体时代，人人皆可成为"喉舌"，发表言论、观点已不再是传统大型媒体的专

---

〔1〕　参见孙红云、张晓莉：《"网络黑公关"的危害及对策研究》，载《西藏大学学报（自然科学版）》2013 年第 2 期。

属。一些自媒体、公众号坐拥巨大粉丝量，其所发布信息的影响力甚至在时间和空间上超过传统媒介。因此，网络"黑公关"团队可以通过流量运营培植一些自媒体充当工具，或通过流量自媒体帮助转发、点赞甚至发布稿件，在最短时间内创造最大公关效果。

事实上，这也是这一类新型网络犯罪出现的原因和过程，即在利益的驱动下，在犯罪市场的需求下，产生了犯罪的意图。再加上相关行业、社会规制较为宽松，具有犯罪条件，自然就会滋生犯罪。

2. 现有罪名与全新技术结合的产物

在这一类型的新型网络犯罪中，电信网络诈骗是最典型的例证。电信网络诈骗由早年的电信诈骗演变而来，而后随着互联网技术的发展和普及，电信诈骗又与互联网技术深度融合，行为人利用互联网空间的广阔性和虚拟性，通过网络及通信技术实施一系列欺诈行为，最终达到诈骗他人钱财的目的。易言之，这一犯罪行为属于传统犯罪与网络技术结合的产物，是传统犯罪行为的全新表现形式而并非新罪名。总结而言，这一成因下的犯罪行为，并不属于严格意义上的全新的网络犯罪，而是现有罪名的全新表现形式。

（二）新型网络犯罪的特点

1. 产业链条化、产业化成熟度高

随着犯罪手段和流程的逐渐发展和成熟，新型网络犯罪已经逐渐形成了较为成熟的犯罪产业链。举例而言，在电信网络诈骗中，产业链上游可以提供个人信息、账号密码等犯罪资源；产业链中游则会负责利用上游提供的犯罪资源实行具体的诈骗行为；而产业链下游则往往负责将犯罪所得变现、洗白。[1]从总体来看，新型网络犯罪链条呈现出职业化、规范化的趋势，形成了一套人员众多、分工明确的犯罪生态系统。

具言之，在跨境电信网络诈骗犯罪中，犯罪组织呈现出明显的公司化的特征，即跨境电信网络犯罪组织呈公司化管理，层级分明，分工明确，并逐步形成了集个人信息获取、犯罪工具供给、互联网技术支持、引流推广、诈骗实施、钱款结算、资金跨境转移等"一条龙"的完整产业链条。此外，在

---

[1] 参见陈龙鑫、沙莎:《新型网络犯罪治理体系化研究》，载《上海公安学院学报》2023 年第 4 期。

"诈骗"主干产业链的基础上，各中间环节犯罪也呈现犯罪链式发展，如在犯罪工具供给环节，有专门的卡农、卡头和卡商，卡农以自己的身份办理银行卡出售，卡头向卡农收卡，而后卡头将大量银行卡成批转卖给卡商，卡商再将银行卡一并提供给境外电信网络诈骗犯罪团伙。由此可见，在主干产业链外，还存在子产业链以及与子产业链相关的各种犯罪微生态圈，进而形成了"黑灰产业链—子产业链—犯罪微生态圈"。[1]

再如当前网络"黑公关"产业链参与人员众多，分工明确。出资人向网络"黑公关"团队提出需求并提供资金支持，团队根据出资人的需求，组织策划系列网络公关活动，或是雇用写手、流量自媒体、网络"水军"等迅速发布负面或误导性信息，或是通过雇用人员物理沉降、职业投诉等进行删帖服务，以实现不法目的。

2. 单次犯罪数额较少，但犯罪总额极大

新型网络犯罪与传统犯罪不同，其利用网络的广阔性和快速性，并不要求一次犯罪可以取得巨额收益，而是通过积少成多的方式来获取巨额利益。犯罪分子往往会通过多次实施操作简便、侵害较小的程序化犯罪行为，将海量小额犯罪收益积累成巨额犯罪所得。这一特点可以被称为"积量构罪"。这一特点在上述两个例证中得到了明显的反映：在网络"黑公关"犯罪中，犯罪分子单次评论、转发或举报往往只有几元钱的收益，但是通过多次实施犯罪行为就可以获得巨额收益；再如，在网络电信诈骗中，单次诈骗行为收益往往仅有几十元或上百元，但是通过对海量用户推送诈骗信息，实施诈骗行为，其最终犯罪所得往往是一个天文数字。

3. 犯罪形式多样

在互联网时代，"网络空间"逐渐升级为一种相对独立的犯罪场域。[2]网络空间的虚拟性和无界性给犯罪分子提供了广阔的行为空间。新型电信网络犯罪也具有多种形式，诸如冒充司法人员诈骗、刷单诈骗、金融理财诈骗等，手段不一而足。而且，随着信息技术发展革新，犯罪手段也同样"与时

〔1〕 参见毛飞飞：《跨境电信网络诈骗犯罪运作流程及治理路径研究》，载《网络安全技术与应用》2023 年第 7 期。

〔2〕 参见崔仕绣、崔文广：《智慧社会语境下的网络犯罪情势及治理对策》，载《辽宁大学学报（哲学社会科学版）》2019 年第 5 期。

俱进"，高度智能化，如新近出现的 AI 换脸技术即被跨境电信网络诈骗犯罪分子所利用，使被害人更易产生误信，掉进其精心设计的圈套。

举例而言，早期网络"黑公关"团队主要通过勾结网站平台及其相关工作人员为企业或个人提供非法删帖等"防御"服务。但随着产业链条逐渐成熟，技术逐渐发展，网络"黑公关"团队与稿件写手、流量营销、网络"水军"等相互勾连、互为策应，形成了完整的网络"黑公关"产业链条，并可以提供不同的公关服务，也对应不同的犯罪流程。具体而言，若出资人向网络"黑公关"团队购买发帖服务，网络"黑公关"团队通常会采取如下流程：首先，团队会雇用稿件写手撰写"种子稿件"。稿件一般用标题博人眼球、借助热点话题进行引流。写手收费通常为每千字 100 元至 200 元不等。同时为规避定位溯源，"种子稿件"往往会选择在境外平台首发，转载到境内网站平台上后再删除境外平台上的"种子稿件"。其次，网络"黑公关"团队会通过自身运营的流量资源或其他流量自媒体账号等进行流量营销，在各网络平台持续曝光稿件和引发讨论，实现"带节奏"的目的。而流量营销最为主要的方法有两种，一是流量自媒体，目前主要聚集在大型微博客、问答社区、公众平台等，其巨大的粉丝流量是公关公司的首选平台。二是网络水军，现已逐渐形成"水军"组织。"水军"组织者在各大社交平台发放任务。为规避风险，组织者会根据任务类型进行不同方式的联络，如负面评论、投诉举报等任务，通常采取"一对一"方式联络，而对于刷分控评、刷榜拉票等则直接在社交群等公开发布。又如出资人向网络"黑公关"团队购买删帖服务，团队通常会采取以下公关手段：一是物理沉降。其本质上并未删除指定信息，而是撰写新稿件并发布，以点赞、评论等流量营销方式提升新稿件排名，使相关平台上的原始稿件排序靠后，起到和删帖同质的效果。二是职业投诉。以客户名义向发布或转载指定信息的平台制发函件要求删除帖子或者组织网络"水军"对指定信息进行多次投诉或举报，迫使平台删除相关信息。三是"内鬼"删帖。通过采取向平台内部人员行贿或其他手段，使其自行删除相关帖子。

4. 过程非接触性，隐秘性强

电信网络犯罪是典型的非接触性犯罪，行为过程具有极强的隐秘性。一方面，犯罪行为本身隐蔽。以电信诈骗为例，普通诈骗中，被害人至少可以通过"察言观色"探知对方的异常，而跨境电信网络诈骗行为人不仅远在境外，还隐藏在互联网的另一端，在互联网科技的加持下，声音可以改变，相貌可以替换，欺骗性极强。另一方面，钱款转移隐蔽。随着虚拟货币及其交易平台的出现和流行，电信网络犯罪除借助"卡农"银行账户转移资金外，"虚拟币"也已成为资金跨境转移的重要媒介。依托区块链技术的虚拟货币具有不记名性。这使得资金链追索十分困难。钱款进入交易平台后往往就难以查证后续去向。此外，犯罪分子之间线上沟通也具有非接触性。上下游犯罪分子之间沟通交易均可以通过线上，尤其是可以通过匿名交流软件，这都导致犯罪痕迹极其难以收集。

5. 跨域化明显

当前新型网络犯罪还存在着跨域化的特点。所谓跨域化即跨地域、跨领域和跨平台。首先，新型网络犯罪，例如电信诈骗犯罪，往往在境外藏有据点，借助网络实现跨境操纵犯罪组织运作，即可突破时间和地域的限制，呈现出境内外相互配合的复杂局面。其次，犯罪分子利用金融、电信、电商、社交等不同领域、平台间信息不互通的特点，在不同领域、平台间流窜作案，单一监管部门或平台利用自有数据难以识别犯罪。尤其是涉虚拟货币领域的电信网络诈骗及关联犯罪，仅依靠相关平台的自有数据难以进行有效监管，不同领域、平台间的信息壁垒，使得交易中事前沟通、法定货币支付、虚拟货币转移等各个环节行为的关联性极其微弱。[1]

二、新型网络犯罪的规制困境

新型网络犯罪规制过程中存在着诸多障碍，根据我们的总结和分析，发现可以从两个维度对其进行分类和汇总。

（一）实体法规制存在缺陷和争议

新型网络犯罪具有独特的复杂性和特殊性，刑事实体法对其规制稍显不足。在将新型网络犯罪归入现有罪名的过程中，产生了较多的争议和困境。举例而言，在对网络"黑公关"行为进行入罪时，实践中产生了诸多争议和

---

〔1〕　参见汪恭政、刘仁文：《以全链条思维治理虚拟币洗钱》，载《检察日报》2021 年 8 月 19 日，第 3 版。

疑问。一是关于网络有偿删帖行为的性质认定。实践中，对于有偿删帖服务多以非法经营罪定罪处罚，其主要依据即最高人民法院、最高人民检察院《关于办理利用信息网络实施诽谤等刑事案件适用法律若干问题的解释》第7条。但不少学者对该条规定提出异议：首先，《关于办理利用信息网络实施诽谤等刑事案件适用法律若干问题的解释》的这一规定缺乏非法经营罪"违反国家规定"这一前提要件，其所依据的国家规定，均未提及删帖行为应当经过行政许可或备案、登记，其不在非法经营罪规制的范围内；其次，有偿删帖行为并未侵犯非法经营罪扰乱市场秩序这一核心法益，将有偿删帖行为认定为非法经营罪不具有合理性。二是关于网络诽谤行为的认定。《刑法》第246条第1款规定诽谤罪的构成要件为"捏造事实诽谤他人"，其核心包括"捏造"和"散布"两个行为。而《关于办理利用信息网络实施诽谤等刑事案件适用法律若干问题的解释》将"在信息网络上散布明知是捏造的损害他人名誉的事实"以"捏造事实诽谤他人"论，将刑法规定的复数行为变为单一行为，有类推解释之嫌。三是关于网络造谣型寻衅滋事罪的认定。《关于办理利用信息网络实施诽谤等刑事案件适用法律若干问题的解释》第5条第2款将编造、散布网络虚假信息以及组织、指使人员在信息网络上散布虚假信息，起哄闹事，造成公共秩序严重混乱的行为纳入寻衅滋事罪的打击范围。但实务中，对于网络空间是否属于公共场所以及网络空间中"造成公共场所秩序严重混乱"的界定标准，均存在一定争议。四是在实践中网络"黑公关"行为复杂多样，对其具体认定需综合考虑。一方面，网络"黑公关"产业链条长，行为人在提供技术服务、有偿删帖、发布信息等不同环节实施的行为可能分别触犯不同的罪名，涉及数罪问题。如被起诉的拥有400多万粉丝的金融大V徐某某，[1]其不仅与他人共谋非法期货交易并帮助推广，还帮助他人发布涉嫌电信网络诈骗的信息及虚假广告内容，其行为涉嫌虚假广告罪、帮助信息网络犯罪活动罪、非法经营罪等多个罪名。另一方面，网络"黑公关"行为还可能涉及罪数认定问题。如在发布广告中，既有夸大企业商品或服务的描述，又带有对竞争对手产品或服务的诋毁，一个发布广告行为可能

---

〔1〕 参见余东明、张海燕：《上海浦东新区：揭开其光鲜背后的生意经》，载 https://www.spp.gov. cn/zdgz/202205/t20220511_556546.shtml，最后访问日期：2023 年 10 月 25 日。

涉嫌虚假广告罪和损害商业信誉、商品声誉罪。对该行为是数罪并罚还是认定为想象竞合从一重罪处理需谨慎判断，避免对同一行为进行重复评价。[1]

其次，由于新型网络犯罪的特殊性，现有刑事实体法难以对其进行准确评价。由于立法的滞后性和犯罪的发展性，新型网络犯罪又是全新产物，现有法律并不能准确评价所有的新情况、新问题，实践中仍然存在一定的新案件难以定性。举例而言，通说认为诈骗罪等侵财类犯罪系典型的数额犯，即"以法定的犯罪数额的发生作为犯罪成立或犯罪既遂标准的一种犯罪类型"。[2]但是在实践中由于电信网络诈骗犯罪存在侦查困难，数额难以确定的问题，因而在相关文件中将"发送诈骗信息五千条以上""拨打诈骗电话五千次以上"等非数额要素引入构罪要件。但是非数额构罪要件的加入在便于跨境电信网络诈骗刑事打击的同时，无疑也对诈骗罪传统构罪要件造成了一定冲击，进而引发了一定的争议。首先，非数额构罪要素的引入意味着财产侵害高度危险成了入罪条件，入罪门槛前置，原本"数额较大"的标准构罪要件出现了"例外"情形。其次，如果数额能够查证，但查证数额未达到3000元的入罪标准，应如何处理？按照文理解释，上述非数额标准适用的前提条件是"诈骗数额难以查证"，故该情形不能适用非数额标准，不构成诈骗犯罪（未遂），但这样一来，同一行为罪与非罪完全取决于后续侦查行为或其他偶然性因素，显然有违公平正义。最后，"诈骗数额难以查证"语焉不详。"诈骗数额难以查证"包含"全部诈骗数额难以查证""部分诈骗数额难以查证""全部诈骗数额难以查证或部分诈骗数额难以查证"三种解读。如果根据第一种解读方式，只有在"全部诈骗数额难以查证"的情况下才能适用非数额定罪标准，那么这一标准的适用条件将过于严苛，适用空间也将十分有限。如果解读为"部分数额难以查证"，则表明能够查证部分诈骗事实及数额，而对于这部分已经查证的事实又分为两种情况，一是查证的数额未达到"数额较大"标准；二是查证的数额达到了"数额较大"标准。对于第一种情况，接下来的问题是查证的数额如何处理？而对于第二种情形争论的焦点则是，两种入

〔1〕 我们倾向于认为应评价为想象竞合，鉴于两罪刑期相同，根据主客观一致原则，以其主要意图来定罪。

〔2〕 参见童伟华：《数额犯若干问题研究》，载《华侨大学学报（人文社会科学版）》2001年第4期。

罪标准如何取舍？对于这些问题的回答看似简单容易，但均关涉体系的协调。

最后，现有制度中还存在处罚结果不均衡，处罚力度不足的问题。举例而言，网络"黑公关"团队不断发展壮大，已形成成熟的产业链，且交易链路长，参与人数庞大，有时难以对所有涉罪人员处以刑罚。同时，网络空间言论自由度高、匿名性强，各平台之间存在信息壁垒，加之行政法规对网络"黑公关"团队的规制尚未健全，监管部门职责存在交叉，使得对网络"黑公关"产业链中的技术提供者、网络"水军"、流量自媒体等进行相关行政处罚的力度较弱。由此，实践中出现对上游出资人及网络"黑公关"团队组织者难以予以刑事处罚，对下游技术提供者、网络"水军"、流量自媒体等行政处罚又较弱的现状。

（二）程序法对犯罪规制供给不足

除了实体法中对新型网络犯罪规制存在缺陷，程序法层面对新型网络犯罪的规制供给也存在缺陷和困境。

首先是管辖权的争议，刑事案件的处理前提就是拥有合法管辖权。尊重和保护国家主权是国际法的古老原则，也是当前处理国际争端和冲突遵循的普遍准则。在国家主权原则之下，刑事管辖的传统理论认为，刑事管辖权以属地管辖为基础，以其他管辖为补充，[1]然而互联网的虚拟性模糊了传统地域和国界概念。在互联网世界中，网络空间是一个整体，那么在互联网世界中发生的犯罪，如境外网络黑客窃取他国公民个人信息及数据的案件，就无法轻易依据国家主权原则或刑事属地原则确定管辖国和准据法。另外，犯罪手段的复杂性也给刑事属地管辖原则带来了诸多挑战。在跨境电信网络诈骗中，犯罪的行为地和结果地分属不同国家。在某些情形下，诈骗信息在位于不同国家的服务器中传输，而且有时行为人会针对位于不同国家的被害人分别发送诈骗信息。那么如何确定行为地和犯罪结果地，根据传统理论，上述案件多个国家均有管辖权，由此管辖权争议便产生了。

其次是取证难的问题，实务中对新型网络信息犯罪的调查取证活动存在着较大的困难：一是信息网络犯罪的技术性导致的取证难，犯罪分子往往具

---

[1]　参见裴兆斌、何逸宁：《打击跨境网络犯罪的国际刑事司法协助》，载《政法学刊》2023年第2期。

有较强的反侦察意识，通常会采取诸如隐藏 IP 地址、利用多层"跳板"、修改 MAC 地址、使用代理技术等措施，[1]导致侦查人员难以找到有效的证据；二是取证成本高，信息网络犯罪通常具有广泛性，被害人和犯罪地往往遍布全国，甚至是其他国家，这就导致侦查人员需要奔赴各地对海量证据进行调取和整理，取证成本极其高昂。

此外，在跨境电信网络犯罪的侦破过程中，跨境取证难也是一个重要问题。这一问题的原因是多方面的，除管辖权争议以及个别国家对电信网络诈骗等犯罪态度暧昧外，不同国家侦查人员证据意识、证据规范的差异也不可忽略。以电子数据证据为例，我国《刑事诉讼法》及司法解释对电子数据的提取、封存、固定有严格的规定，以防止证据污染。但因为不同国家数据保护理念不同，电子数据立法进度不同，导致部分境外侦查人员协助收集的电子数据难以符合我国相关取证规定，这就不可避免地导致"瑕疵证据"的出现。更为复杂的是，这些"瑕疵证据"出自千里之外的他国侦查人员之手，证据原貌很难还原，亦难以作出补充说明。是故，证据的"三性"如何保障就成为跨境电信网络诈骗犯罪取证工作需要直面的首要问题。另外，对于委托取得的境外证据，还存在移转手续是否完备，程序是否合法、证据移转是否完整等问题，这些问题都将影响证据的运用和采信。

再次是司法证明困难，尤其是主观故意认定难。举例而言，证明用户发布虚假信息的主观故意是打击网络"黑公关"团队的一大难点。例如，一些流量自媒体通常不直接发布信息，而是通过点赞或转发间接增加流量；又如，网络"水军"通常通过"众包"类网站招募大量负责实际操作的"下线"，主观故意认定较难；再如，一些"黑稿"以疑问、求证等形式发布，对于该类信息是否属于虚假信息或造成竞争对手商业信誉、商品声誉损失，亦很难判断。此外，相关从业人员隐匿证据的意识较强，且多为单向联系，意思联络认定难。

同时，由于网络"黑公关"已形成产业链，各环节跨地区、跨平台、跨行业作案，不同地区、平台和行业之间存在信息壁垒，难以发现犯罪。比如，

---

〔1〕 参见栾润生：《面向云计算的计算机网络犯罪侦查取证的思考》，载《网络安全技术与应用》2011 年第 12 期。

写手通常匿名写作,"种子稿件"通常使用非本人账号发表,且多为境外首发,极难溯源定位;出资人隐藏极深,交易链路长且部分交易在线上不留痕迹,追溯难度大,甚至部分传媒公司通过境外匿名社交软件开展业务,进一步增加了追溯出资人的难度。

还有被害人投诉无门,案发难的问题。在传统媒体时代,信息刊登载体主要为报纸、杂志,刊发主体大多为企事业单位,报道一经刊发都在纸质版面上,无法进行删除等操作,被害人有明确的投诉对象并能留存证据。但在全媒体时代,信息遍布在各网站平台,收集汇总信息需要花费很大精力,且发布者大多匿名、源头难溯,有些还存在发布后删除原帖等情况,虽然有被害人报案,但很可能因为无明确对象,事实难以查清等,使公安机关难以立案。

最后是追赃挽损工作不顺畅。跨境电信网络诈骗案件追赃挽损的阻力至少来自两个方面:一是涉案金额类证据不易获取。在司法实践中,资金链难以追索时,电信网络诈骗平台后台电子数据也是证实诈骗金额的有力证据,但这些关键数据和信息往往在网络云盘中储存,如果行为人拒绝提供云盘地址及账户密码,侦查人员对这些关键信息根本无从获知,而且,如果行为人稍感"风吹草动"即可迅速删除或转移网络云盘内的数据信息,以逃避打击,这种"操作"不仅简便易行,而且犯罪成本极低。二是部分协作国有损害本国经济利益的担忧。跨境电信网络诈骗收益巨大,而这些收益有一部分会被犯罪分子投入所在国的经济实体中,在消费和投资中产生了一定的经济效益,对推动所在地区的经济增长起到一定作用,这样一来,对该类犯罪的查处,尤其是涉案资金的追索,可能对当地经济造成一定影响。[1]这种担心和顾虑无疑增加了资金追索的难度。

三、新型网络犯罪规制困局之纾解

新型网络犯罪的高发态势与规制过程中所面临的困境都是对我国司法制度提出的巨大挑战。我们基于对新型网络犯罪成因及其特点的分析,以实践

---

〔1〕 参见裴兆斌、何逸宁:《打击跨境网络犯罪的国际刑事司法协助》,载《政法学刊》2023 年第 2 期。

中的问题为导向，总结并提出了以下纾解路径。

（一）建立健全法律制度建设，加强法律供给

与新型网络犯罪发展之迅速相比，我国立法目前仍处于一个较为落后的处境。因此，进一步完善相关立法是有意义的。

1. 完善刑事实体法，平衡法益保护和犯罪治理

我们认为刑事实体法的完善应当从三个要点进行展开。这三个要点分别是对现有罪名的解释、对立法空白的及时弥补以及完善时需要注意法益平衡。这三个要点从对现有罪名的解释出发，层层递进，为实体法的完善指出了可行方向。

要点之一是对现有罪名进行解释和完善。面对随着信息技术发展而来的新型网络犯罪，刑法作为社会规则的底线当然要对相关问题进行回应和处理。遗憾的是，考虑到立法的滞后性与社会的发展性，要求法律将全部社会事件都纳入规定显然是不现实的。但是对于上文提到的处于灰色地带的行为却不能不加以规制，那么此时将目光转移到对现有罪名进行解释和厘清，赋予其新的内涵就是有意义的。尽管现有《刑法》已能囊括部分网络犯罪行为，但在罪名适用上却仍然存在一定的争议和困惑，但很多争议实质上并非一个需要解决的问题或者法律漏洞，其完全可以通过对现有罪名进行解释和厘清而得到解决的。

举例而言，关于诽谤罪的构成要件是单一行为还是复数行为就存在着一定的争议。对此我们要认识到诽谤罪保护的法益是他人的名誉权。《刑法》第246条第1款"捏造事实诽谤他人"的表述，并不当然意味着必须要求有"捏造"和"散布"两种行为，而应当将其解释为"利用捏造的事实诽谤他人"或者"以捏造的事实诽谤他人"。[1]因此，最高人民法院、最高人民检察院《关于办理利用信息网络实施诽谤等刑事案件适用法律若干问题的解释》将"在信息网络上散布明知是捏造的损害他人名誉的事实"以"捏造事实诽谤他人"论，并无不当。

再如关于前文提到的网络造谣型寻衅滋事罪的争议。针对其中关于公共

---

〔1〕 参见张明楷：《网络诽谤的争议问题探究》，载《中国法学》2015 年第 3 期。

场所是否包含网络空间的问题，我们认为，首先，我们已进入信息网络社会，并且随着网络技术的发展，在线教育、在线医疗、在线购物等逐渐普及，已然成为民众现实生活的延伸，将网络空间纳入公共场所范围，符合大众心理预期，亦符合客观事实。其次，《刑法》第293条所列举的寻衅滋事罪的四种情形中，有些行为如追逐、拦截、随意殴打等针对人身的侵害，只能在现实公共场所中实现，但对于辱骂、恐吓、起哄闹事等行为则既可以在现实公共场所也可以在网络空间中实现。最后，网络空间具有无地域界限、网民众多、流量巨大等特点，更易引起网民的广泛关注，在网络空间中发生的相关寻衅滋事行为可能造成更为严重的后果。因此，公共场所理应包含网络空间。

同时我们认为，关于造成网络空间"公共场所秩序严重混乱"的认定标准，具体可从以下三个方面综合考量：一是信息内容。所编造散布虚假信息的内容涉及政府机关、金融、国防、公共服务等关系国家安全、国计民生、政府机关公信力、公共利益等重要行业和领域。二是传播面。所编造散布的虚假信息实际被点击、浏览、评论或转发次数巨大，传播面广。三是造成后果。所编造散布的虚假信息引起网络舆情广泛关注，并引起网民恐慌的，或造成有关监管部门为维护网络公共秩序启动应急预案，或要求信息涉及单位采取重大举措来平息社会恐慌的。网络造谣行为符合上述三方面要求的可以认定为造成网络空间"公共场所秩序严重混乱"。

再如在帮信罪的认定中，应当明确帮信罪的主观明知仅是对"他人实施信息网络犯罪"行为性质的明知，是程度较弱的明知，其仅表示行为人明知被帮助对象实施的行为性质是信息网络犯罪。至于主体身份、行为方式及案件细节等都不是其明知的内容，更不要求行为人与上游犯罪人形成共同犯罪的意思联络及犯罪故意，甚至当行为人对被帮助对象行为类型存在认识错误时，同样可以成立该罪。

在跨境电信网络诈骗中，"片面的帮助"能够成立跨境电信网络诈骗共犯。根据片面共犯的理论，仅一方存在共犯的合意也可能成立共犯。如在前文的GOIP网络电话案例中，行为人明知上游电信网络诈骗的具体行为方式仍然提供技术帮助，其主观明知的内容已经超出对上游犯罪行为性质概括明知的范畴，而转化为帮助他人实施电信网络诈骗的故意，同时其客观上也实施了帮助行为，双方虽没有明确的共同诈骗意思联络，但这不影响诈骗共犯的成立，而且唯有以诈骗罪对其定罪处罚才能做到罪责刑相适应。

　　当然，实践中对现有罪名的解释并非全部都是正确和恰当的，如司法实践中，对有偿删帖行为多依据最高人民法院、最高人民检察院《关于办理利用信息网络实施诽谤等刑事案件适用法律若干问题的解释》第 7 条的规定认定为非法经营罪。这样虽然可以更好地治理网络乱象，但不断扩大非法经营罪的兜底条款，仍有不利之处。我们认为，对于有偿删帖行为，应根据具体行为方式和行为主体予以判断。实践中，有偿删帖的行为方式主要包括：一是利用黑客技术对计算机信息系统进行攻击；二是发布正面文案，并通过点赞、评论等方式提升正面文案的展示排名，以"物理沉降"负面信息；三是通过在相关平台上达到特定等级（即拥有问答修改权限）的用户修改负面信息，或通过增加正面关联词汇的访问热度，替换下拉框、联想词中的负面关联词汇；四是通过公关公司的内部员工等"渠道"，以内部权限处置负面信息。我们认为，第一种方式是对计算机信息系统的非法侵入和控制，以提供侵入、非法控制计算机信息系统程序、工具罪追究行为人的刑事责任更为适宜；第四种方式则需要对所删帖子的真实性、利益正当与否、被公关主体身份等进行综合考量，如符合对非国家工作人员行贿罪、非国家工作人员受贿罪或行贿罪、受贿罪等相关罪名构成要件的，则应首选该类罪名；对于第二种方式、第三种方式以及不满足其他罪名构成要件的行为方式，则可以考虑以非法经营罪的兜底条款予以评价。

　　要点之二是对确实存在的立法空白要及时弥补。实践中，确实存在部分根据现有法律难以认定为犯罪的不法行为，此时就要及时通过立法或者修改相关规范性文件的方式，完善现有刑法体系，对其加以规制。举例而言，针对前文中提到的非数额构罪要素问题，由于境外电信网络诈骗犯罪存在"犯罪数额难以查实"，但其又具有危害严重的特点，具有定罪处罚的客观情况，所以在对跨境电信网络诈骗进行认定时，通过出台相关文件，引入非数额构罪要素就是必要之举。这既不是对数额犯理论的颠覆，也不必有入罪门槛前置与打击过于提前的担忧，因为仅从行为本身考量，"发送诈骗信息五千条以上""拨打诈骗电话五千次以上"等非数额情节即具有严重的社会危害性，具有打击的必要。此外，应当明确"诈骗数额难以查证"是指部分诈骗数额难以查证或全部数额难以查证，对于能够查证的数额，如果查证部分未达到数额追诉标准，但行为符合非数额构罪要件的，可以适用非数额构罪要件定罪处罚；如果查证部分已经达到数额追诉标准，可依据"择一重"原则定罪处罚。

要点之三便是在完善立法的同时要注重刑法的谦抑性。由于刑法的滞后性，部分全新的"网络犯罪"确实难以被现有的罪名所评价，因而及时填补立法空白确有必要。但刑法是社会治理的最终手段，应当保持谦抑性，因此，在考虑将某一行为纳入刑法规制范围内时，必须要经过审慎的思考，基于比例原则等基本原则，对增添罪名的正当性和必要性进行充分的论证。这不仅是因为刑事处罚直接针对被告人的基本权利，还因为我国社会背景下刑事处罚的附随后果是巨大的。[1]因此，过度放宽入罪标准，反而不利于社会的和谐。举例而言，检察机关公布数据显示，2022 年上半年检察机关以帮信罪起诉的人员低龄化现象突出，其中 30 岁以下的占 64.8%，18 岁至 22 岁的占 23.7%；犯罪嫌疑人中，低学历和低收入群体占多数，初中以下学历占 66.3%，无固定职业的占 52.4%；且起诉人员中，近 90%没有犯罪前科，系初犯。[2]虽然帮信罪处罚并不严重，但对于这些低学历、低收入群体来说，刑事处罚的附随后果会对其复归社会造成重大影响，反而不利于其改过自新，进而对社会稳定产生不良影响。因此，在完善立法空白的时候，一定要对其必要性进行仔细考察，避免为打击不法行为而将其"升格"处理。

2. 健全刑事程序法，增强程序保障供给

首先是进一步加强跨境联动下的管辖权协商。正如前文提到的，网络犯罪往往并不局限在某一国家，因此这就涉及管辖权究竟如何分配。可喜的是，2024 年 1 月，特设委员会对公约草案进行最终修订并将草案提交给联合国大会进行表决。我们还可探索在局部国家或地区率先进行打击跨境电信网络诈骗犯罪合作，并不断总结经验，形成合作协议，助力解决跨境电信网络诈骗管辖冲突等问题。合作协议应当建立在双边或多边协商，平等自愿的基础上，应当以最有利于打击犯罪为出发点和落脚点来确定跨境电信网络诈骗犯罪的管辖国。

---

〔1〕 刑事处罚所带来的附随后果不仅包括诸如禁止从事某些职业、子女升学存在一定限制等相关制度中存在明确规定的，还包括日常生活、就业等环境中普通群众对犯罪分子及其亲属所产生的歧视和厌恶等。

〔2〕 参见程琴：《2022 年上半年检察机关起诉帮助信息网络犯罪活动罪 6.4 万人》，载 https://www.spp.gov.cn/xwfbh/wsfbt/202207/t20220722_566409.shtml#1，最后访问日期：2023 年 11 月 12 日。

在合作协议中，应约定管辖权冲突发生后磋商启动、推进及成效落地的具体路径和机制，以高效解决管辖权冲突问题。

其次是健全调查取证制度建设。一是进一步明确初查阶段的证据效力，有学者认为可以通过取证行为来对证据效力进行区分，对于任意性侦查措施取得的证据赋予其证据效力，而对于通过强制性侦查措施取得的证据则要依法予以排除。[1]二是建立健全电子证据审查机制，进一步加强电子证据合法性审查和非法证据排除制度。

再次是顺畅境外取证通道，全面规范收集证据。对于打击跨境电信网络犯罪，如何顺畅高效地以法律规定的方式获取证据显得尤为重要。对此可以从两个角度进行完善。一方面，建立起预案机制，在打击跨境电信网络诈骗犯罪联合行动中，行动前各国侦查人员有必要充分沟通，制定周密的行动计划和取证指引，尤其对于电子证据，侦查人员应互通取证规范和要求，全面客观收集证据。另一方面，规范证据移转、交接程序，强化瑕疵证据补强协作。境外证据的移转过程应当尽量完整连续，手续齐备规范，在条件允许的情况下，应对证据获取、移转过程同步录音录像，做到取证工作可回溯、可复核。而且，各国在联合行动结束后应继续保持联系沟通，对因证据收集、移转过程不规范导致的证据瑕疵，应提供进一步补充解释说明的途径和渠道，提升证据质量和证明力。

最后是以互利共赢推动追赃挽损取得实效。在新型网络犯罪规制过程中，在追求对犯罪分子进行处罚的同时，还要注意到追赃挽损工作的进行。追赃挽损的阻力与各国的经济利益不无关系。在强化沟通协作，深挖资金线索的同时，我们也应当建立一种"互利共赢"的追赃模式，即明确财产分享制度，以激发协作国的积极性，推进追赃工作取得实效。《国际刑事司法协助法》第49条第2款规定，对于请求外国协助没收、返还违法所得及其他涉案财物，外国提出分享请求的，分享的数额或者比例，由对外联系机关会同主管机关与外国协商确定。此外，财产分享制度也并不违背追赃挽损的初衷和目的。追赃的目的在于"挽损"，财产分享制度有利于激发协助国追赃热情，协助我

---

〔1〕　参见谢登科：《论初查中收集电子数据的证据能力》，载《大连理工大学学报（社会科学版）》2021年第4期。

国完成追缴赃款、赃物的任务，实现"双赢"。

3. 建立系统性治理政策

"数据信息技术的发展引起犯罪形态的变化，并推动犯罪治理策略的调整。"[1]面对不断"生态化"的犯罪产业链条，我们应以生态治理的视角重新审视我们的对应策略。

首先，关口前移，强化源头监管。新型网络犯罪呈现出链条化、生态化的趋势，犯罪链上游往往是中下游犯罪的基础和前提，举例而言，在跨境电信网络诈骗犯罪的上游，就存在着贩卖"两卡"犯罪为起源地提供"新鲜血液"现象。治理跨境电信网络诈骗，首先应当斩断这条"输血"通道。为此，以下三方面工作需要进一步加强：一是电话卡、银行卡严格落实实名登记，明确告知禁止出售、出租及相关法律后果；二是在通信系统、银行交易系统中建立异常业务模型预警机制，短时间内频繁呼叫，或频繁交易，将触发预警，由电信公司或银行主动核实交易真实性和合法性；三是各业务单位强化衔接配合。如对于一人短时间办理多张电话卡或银行卡的，不同业务单位之间应共享信息，及时向有关部门反馈异常业务客户信息，在"开卡"这一源头阻止犯罪恶行的发生。

其次，境内境外，线下线上双向联动。与一般犯罪不同，新型网络犯罪行为横跨境内、境外，联通线上、线下，所以想要惩治新型网络诈骗犯罪，一方面应当加强境内、境外协作。这里的协作不仅指司法协作，同时也包括出入境管理、通信业务、跨境资金流通等多维度、多部门之间的协作；另一方面线上线下应当同时发力。在线下强化打击，阻塞工具、技术、资金传递通道的同时，互联网端也同样应当开展非法交易平台、加密通信技术、非法代币交易等治理，防止犯罪分子线下线上交替作案，相互伪装掩护。

最后，统筹兼顾，完整铲除犯罪产业链。举例而言，纵观整个犯罪产业链，我们不难发现跨境电信网络诈骗与黑灰产实际上是相互依存、互利共生的关系，后者为前者提供信息、技术、人力等支持，而前者为后者输送资金，以实现"反哺"。因此，治理跨境电信网络诈骗犯罪其实是治理整个产业链

---

[1] 秦帅、诸葛福源：《数据时代跨境犯罪治理：警务执法合作面临的挑战及路径选择》，载《浙江警察学院学报》2022年第5期。

条，仅盯住诈骗环节进行打击看似成果显著，但如果孕育和滋养犯罪的土壤和催化剂还在，显然会出现"春风吹又生"的状况。唯有统筹兼顾，完整铲除整个犯罪产业链条，才能实现生态治理的效果，从而根本上破解惩治跨境电信网络诈骗犯罪的困局。

（二）加强队伍建设，提高综合治理能力

在新型网络犯罪的侦查和审理过程中，电子数据占据着极其重要的地位，但是由于电子数据所具有的技术性，电子数据的调查取证对司法工作人员提出了巨大的挑战。因此，针对实践中存在的电子数据取证难的问题，提高侦查队伍技术水平就成为必要需求。针对这一问题，应当从两方面入手。一方面，要加强对现有队伍的技术培训，提高现有队伍技术储备，增强其应对新案件、新形势的能力；另一方面，在未来的队伍建设中，要加强对技术型人才的培养和储备，通过招录技术型人才、构建专业人才培养基地等方式强化队伍建设。

但是，提高执法队伍的技术水平终究不是一蹴而就的事，其必然需要一个较为漫长的过程，而在此期间，允许电子技术专家提供技术支持就成了一个有益的选择。事实上，电信运营商以及其他专业人员对调查取证的协助在域外已经得到了认可。[1]例如，《俄罗斯刑事诉讼法典》第 86-1 条第 5 款规定，侦查官在获取用户与（或者）用户设备间连接信息时，必要时专家应当参与。2012 年《新西兰搜查与监控法》第 130 条规定，侦查人员对存储在电脑系统或其他数据存储装置中的数据进行搜查时，需要指定一名人员协助其搜查登录信息和其他信息，指定的人员不需要提供任何可能使被搜查人自我归罪的信息。《比利时重罪审理法典》第 46 条第 2 款规定，国王检察官在调查重罪和轻罪时，可要求电讯网络操作人员及电讯服务部门或国王指定的警察机构提供协助。[2]

（三）强调犯罪预防，构建多元治理体系

1. 沟通互联网企业，形成治理合力

新型网络犯罪的规制不能仅局限在对已有犯罪的侦破和惩处，还要关注

---

〔1〕 参见谭秀云：《刑事电子数据取证的法律困境及其程序控制》，载《时代法学》2023 年第 5 期。
〔2〕 参见谭秀云：《刑事电子数据取证的法律困境及其程序控制》，载《时代法学》2023 年第 5 期。

到对潜在犯罪行为的预防和避免。而实现这一目标仅依靠司法机关是不够的，其关键还在于和互联网企业形成合力，共同治理网络犯罪。互联网企业的优势在于，网络信息类犯罪必须依赖于互联网平台，不管是直接通过网络平台在网上进行犯罪，还是借助网络平台在线下进行犯罪，都无疑会在网络上留下痕迹，此时互联网平台就具有巨大的优势地位对此进行审查和识别。以跨境电信网络诈骗为例，在行骗过程中难免会涉及转账、链接等标志性关键词，而互联网平台可以对此进行识别和关注，至少可以对相关用户进行提示，来降低电信诈骗的风险。因此，加强与互联网企业的合作，树立协作共治的理念，充分发挥互联网企业的优势地位，形成治理合力，将有助于弥补司法机关的治理能力不足，提高网络犯罪预防性治理的实效。

为了达到这一目标，首先，互联网企业应针对新型网络犯罪的特点，建立起专门的风险防控机制，对可疑的行为进行甄别并及时向潜在受害者发出提醒。正如前文所述，互联网企业对网络信息类犯罪的侦测和预防具有天然优势地位，因此建立网络犯罪预防机制将有利于降低网络犯罪发生的可能性，提升网络犯罪预防的实际效能。

其次，应当明确互联网平台的协助义务内容，明确其具有的数据留存义务、数据提供义务、协助数据解密义务和主动审查义务。前三个义务均是要求互联网企业对司法机关提供必要协助，而对不法行为履行主动审查义务，则是要求网络运营者要严格管理和监督其用户所发布的各种信息。正如习近平主席所说的"网络空间是虚拟的，但运用网络空间的主体是现实的"，[1]网络运营商作为责任主体有义务保护其用户免受违法犯罪的迫害，也有义务维护其所拥有的网络平台的安全。

最后，构建互联网企业与司法机关之间的紧密联动。目前，我国已经有部分地区的司法机关尝试与互联网企业形成良性互动，携手构建起多元化的网络犯罪治理体系。举例而言，浙江省绍兴市越城区人民检察院、浙江省绍兴市公安局越城区分局和阿里巴巴集团安全部三方于 2018 年共同签署了战略合作框架协议，成立了越城区网络生态治理中心，形成了由检警企三方携手

---

〔1〕 参见习近平：《在第二届世界互联网大会开幕式上的讲话》，载《中国青年报》2015 年 12 月 17 日，第 2 版。

合作，共同打击网络犯罪的打击模式。[1]

2. 构建犯罪预防机制，实现多元治理

新型网络犯罪预防和治理工作，仅依靠公检法和互联网企业仍明显不足，要真正形成治理合力，还应当联合其他部门，形成多元治理的良好生态。首先，要明确不同部门的职责划分，通过确定不同部门之间的职责，明确网络犯罪治理并非司法机关一家的责任，而是包括金融监管部门、网络安全部门在内的多个部门之间的共同责任，需要多方协作，合力共治。要落实各部门之间的监管职责，建立常态化的监管体系。例如，司法机关要加强对网络秩序的维护，加强对不良内容的监管，构建清朗网络环境；金融监管部门应加强对网络交易的监管，增强对风险交易的识别和管控，及时发现潜在的犯罪行为。此外，还要构建起对相关部门履责情况的监管机制，严格处理怠于履行职责的部门和相关责任人，确保各部门的职责得到落实。

以互联网金融犯罪预防为例，互联网金融协会、互联网金融专业委员会等组织的建立，即充分发挥行业自律之作用，与行政监管、法律监管相互补充的积极尝试。[2]总体而言，从相关金融案件的违法到犯罪发展过程看，各类金融犯罪的形态和规模普遍存在由小到大、由个别到普遍的演变过程，金融市场监管效能还有进一步强化的空间。需要注意的是，在金融犯罪治理过程中，"行业自律""行政监管"和"法律监管"并非相互分离，而是紧密联系的。金融风险乃至金融违法犯罪线索往往发现于"行业自律""行政监管"过程中，而"法律监管"所需的证据很大一部分也形成于上述两个环节中。虽然行政执法过程中形成的相关证据在刑事司法领域的适用范围逐渐拓宽，但司法实践中此类证据往往存在一定问题，要么证据本身具有瑕疵，要么证据链条不完整，对于待证事实缺乏足够证明力。

最后，通畅各部门之间的衔接沟通。仍是以互联网金融犯罪为例，建立行政执法与刑事司法之间规范化、常态化、制度化的金融活动数据共享交换和集中分析研判机制，及时发现金融违法犯罪线索，实现抓小抓早，并由检

---

〔1〕　参见江溯：《论网络犯罪治理的公私合作模式》，载《政治与法律》2020 年第 8 期。

〔2〕　参见刘宪权、金华捷：《论互联网金融的行政监管与刑法规制》，载《法学》2014 年第 6 期。

察机关指导收集、固定证据，十分必要。作为检察机关防范化解金融风险"全流程机制"的开端，应当设置两方面具体目标，进而对金融活动数据共享交换和集中分析研判机制进行规范设计：首先，探索打通信息壁垒，及时分析研判金融违法犯罪。分业监管、分段处置的监管模式及监管中存在的信息壁垒等问题导致单一监管部门对资金流向、实际控制人等关键信息难以"穿透"监测，影响金融违法犯罪线索及时发现，造成监管迟滞、空白。建议探索打通各部门信息壁垒，共享数据，把抓小抓早作为研判重点，对金融违法犯罪活动性质和整体风险进行研判，及时处置发现的可疑线索，其中，关键是探索如何分析、运用采集相关数据。其次，深挖互联网黑灰产业链，及时全面惩处关联违法犯罪。建议金融监管、市场监管、网络信息监管等相关部门建立联动执法机制，惩治各领域黑灰产业，侦查机关、检察机关在办理相关案件时，要深挖黑灰产业链条线索，并加强与相关行政监管部门、企业在收集固定证据等方面的协作，及时打击相关犯罪。

具体而言，相关机制的建设方向包括但不限于：其一，金融风险点、金融违法犯罪线索发现机制。各单位可以相互明确对数据的需求和类型，并通报相关职能单位。根据数据分析研判的需求，各单位可以对移送的数据信息结合工作情况进行深度挖掘，相关结果应当及时通报。各单位应当对挖掘、收集的原始数据进行初步的整理和分析，对疑似的金融违法犯罪线索进行提示。其二，数据信息共享机制。充分利用行政执法和刑事司法衔接机制，定期更新共享信息，完善案件传输工作。建立数据共享协作机制，各单位根据工作需要，可以按需求向其他单位请求共享数据，相关单位应当予以协助配合。探索建立数据查询平台，整合各单位分散的数据，以便于随时查询。其三，数据分析工作机制。定期召开信息通报和联席会议，加强金融违法犯罪线索常态性分析研判。建立专业人员支持联动机制，各单位依职能为数据分析研判提供专业人员支持，协助邀请涉案行业领域相关的专家学者参与讨论，提高作出决策的质量和水平。探索数据集中研判机制。建立联合研判部门，集中进行数据研判工作，打通各单位数据壁垒，开展实时的综合分析研判，及时发现金融违法犯罪线索。其四，线索移送机制。经联席会议分析研判发现的金融违法犯罪线索，各单位依职能开展监管处置，或及时移送其他职能单位，相关处理结果应当及时反馈线索移送单位，建立信息共享工作联络人制度，加强各单位之间的交流与协作。其五，重大案件研讨机制。检察机关可以主动或受邀介入公安机关、行政执法机关办理的重大、有影响的金融案件，对案件办理提出意见建议，履行法律监督职能。其六，线索反馈机制。各单位对于工作中发现的金融违法犯罪线索，应当及时移送相关职能单位，接收线索的单位应当对线索处置情况予以反馈。

3. 由点到面，建立立体化审查机制

新型网络犯罪由于呈现出上游、中游、下游相互配合、相互关联的样态。面对紧密链条和松散架构所带来的惩治难度，仅仅依靠一般性的全链条惩治是远远不够的，需要在其基础上探索"立体化审查"。所谓"立体"，体现在纵向审查与横向审查之结合，以及由"点"到"面"和"惩""治"结合。以上、中、下游为区分，横向层面的审查不仅是纵向审查的基础，也是由"点"到"面"和"惩""治"结合的起点。举例而言，电信网络诈骗犯罪在纵向上被精细切割为准备犯罪工具、搭建网络平台、应用软件开发、拨打电话诈骗、资金变现转移等若干环节，使得传统犯罪构成中预备行为、实行行为、事后行为的界限变得模糊；而在横向上，也逐渐告别"单兵作战"模式，表现为"协同作案"，共同犯罪样态凸显，且共犯人数众多。[1]

横向审查之所以是纵向审查的前提，原因在于：一方面，横向层面的审查作为"突破口"，可以牵扯出上下游犯罪、决定上下游犯罪的定性，进而在纵向上形成全链条惩治。例如，罗某杰诈骗案中，罗某杰在境外与诈骗分子事前通谋，搭建非法跨境转移通道。检察机关通过全面收集行为人与境外犯罪分子联络、帮助转移资金数额、次数、频率等方面的证据，认定行为人长期为诈骗团伙提供专门资金转移通道，形成较为稳定的协作关系，因此以诈骗罪共犯认定。[2] 另一方面，基于横向层面的审查，可能在上下游犯罪处理不同步的情形下，先行对横向层面的犯罪作出认定。例如，本书在陈某枝洗钱案的"典型意义"部分阐释道，上游犯罪查证属实，尚未依法裁判，或者依法不追究刑事责任的，不影响洗钱罪的认定和起诉。在追诉犯罪过程中，可能存在上游犯罪与洗钱犯罪的侦查、起诉以及审判活动不同步的情形，或

---

〔1〕 参见喻海松：《网络犯罪形态的碎片化与刑事治理的体系化》，载《法律科学（西北政法大学学报）》2022 年第 3 期。

〔2〕 罗某杰诈骗案，最高人民检察院发布 10 件打击治理电信网络诈骗及关联犯罪典型案例之六。

者因上游犯罪嫌疑人潜逃、死亡、未达到刑事责任年龄等原因出现暂时无法追究刑事责任或者依法不追究刑事责任等情形。洗钱罪虽是下游犯罪，但仍然是独立的犯罪，从惩治犯罪的必要性和及时性考虑，上游犯罪未经刑事判决确认不影响对洗钱罪的认定。可见，横向层面的审查是前提和基础，根据案件具体需要，既可以在横向审查的基础上进行纵向审查以达到全链条惩治之目的，也可以基于横向审查对该横向层面的犯罪直接作出认定。

与此同时，倘若以横向层面的审查作为"突破口"，仅仅牵扯出个案的上下游犯罪也是远远不够的，还需要由"点"到"面"，顺藤摸瓜式地关联这一技术模块正提供服务的多个犯罪链条，毕竟，"一对多"的技术模块供应是当前电信网络诈骗犯罪的常见样态。尤其是犯罪链条中模块技术化和组织虚拟化的趋势本就增加了案件的侦办难度，当前又出现了法律技术模块帮助黑灰产业规划布局形式合规、规避调查，如果仍旧遵循由"点"到"点"、止步于个案的审查方式，既浪费司法资源，又难以实现全网范围的有效惩治。中共中央办公厅、国务院办公厅印发的《关于加强打击治理电信网络诈骗违法犯罪工作的意见》突出强调，强化源头治理，做到"惩""治"结合，以"惩"促"治"。这就需要办案机关实现由个案办理式监督向类案治理式监督转变，由"点"到"面"，及时发现网络治理的"死角""盲点"。[1]

【延伸思考】

针对上文中提到的网络犯罪治理中管辖确定的诸多争议，为了解决管辖权的困境，以及随之而来的判决执行问题，有观点认为应当将网络空间理解为一种全新的，类似于公海、南极洲的管辖区域，因此应当针对这一新的领域制定全新的管辖原则。还有的观点受到卫星通信领域中的来源国规则的启发，提出对某个网站的犯罪行为的管辖应当适用该站点的主要域名服务器所在国的法律。此外，针对这一问题学界还存在很多观点，但尚未出现主流观点。那么，基于对众多学说的评析，怎样才是解决管辖问题的最佳原则呢？

---

[1] 参见《全链条打击一体化治理 营造清朗网络空间——最高人民检察院第四检察厅负责人就发布检察机关打击治理电信网络诈骗及关联犯罪典型案例答记者问》，载 https://www.spp.gov.cn/spp/xwfbh/wsfbt/202204/t20220421_554307.shtml#3，最后访问日期：2022 年 6 月 27 日。

第八章
网络犯罪的"整体主义"证明思路

【研习要点】

1. 实践中，对新型网络犯罪的司法证明存在着诸多难点，这些难点分别有不同的成因和表现。下文中所列的四种问题只是其中的典型问题，通过对典型问题的分析和把握，可以概括性地了解实践中的证明难题。

2. "整体主义"证明模式强调"证明过程中的整体性"，包括证据"原子"与证据组合、正向信息与反向信息、证据能力与证明力、直接证据与间接证据、结果证据与过程证据、证据规则与经验法则所形成的认知体系，对于网络犯罪而言，还需要强调线下证据与线上证据的整体配合。

3. 对于新型网络犯罪链条中的各个组成部分，除了"整体主义"之思路还原全链条，仍然需要具体行为的个别判断，进而做到与具体罪名相吻合。

【典型案例】

王某等人利用未公开信息交易案[1]

[基本案情]

2015年12月18日，重庆市人民检察院第一分院以利用未公开信息交易罪对王某、王某某、宋某某提起公诉。重庆市第一中级人民法院公开开庭审理本案。法庭调查阶段，公诉人指控三名被告人构成利用未公开信息交易罪，并对三名被告人进行了讯问。三个被告人均不供认犯罪事实。公诉人全面出

---

[1] 最高人民检察院指导性案例65号（2020年）。

示证据，并针对被告人不供认犯罪事实的情况进行重点举证。

法庭辩论阶段，公诉人发表公诉意见指出，虽然三名被告人均拒不供认犯罪事实，但在案其他证据能够相互印证，形成完整的证据链条，足以证明：王某具有获取某基金公司未公开信息的条件，王某某、宋某某操作的证券账户在王某具有获取未公开信息条件期间的交易行为与某基金公司的股票交易指令高度趋同，且二人的交易行为与其在其他时间段的交易习惯存在重大差异，明显异常。对上述异常交易行为，二人均不能作出合理解释。

王某辩称，没有利用职务便利获取未公开信息，亦未提供信息让王某某、宋某某交易股票，对王某某、宋某某交易股票的事情并不知情；其辩护人认为，现有证据只能证明王某有条件获取未公开信息，而不能证明王某实际获取了该信息，同时也不能证明王某本人利用未公开信息从事交易活动，或王某让王某某、宋某某从事相关交易活动。王某某、宋某某及其辩护人均认为，本案指控证据不足。

针对被告人及其辩护人辩护意见，公诉人结合在案证据进行答辩，进一步论证本案证据确实、充分，足以排除其他可能。最终法庭经审理认为，本案现有证据已形成完整锁链，能够排除合理怀疑，足以认定王某、王某某、宋某某构成利用未公开信息交易罪。

[典型意义]

在利用未公开信息交易、内幕交易等交易型证券犯罪案件中，相关金融机构从业人员熟悉法律规定和交易规则，犯罪手段隐蔽，反侦察能力强，一些案件由于立案时间与实施犯罪时间间隔较远，相关证据更容易毁损、灭失，侦查取证和指控证明犯罪难度变大。在犯罪嫌疑人、被告人拒不供述犯罪事实的情况下，应当针对其辩解重点收集、运用其他证据，对辩解的合理性进行综合判断，如果除被告人供述和辩解外，其他证据之间、证据与案件事实之间的矛盾能够得到合理排除，对案件事实的证明结论排除了其他可能性，证据达到刑事诉讼法规定的证明标准，可以依法认定犯罪事实。对于综合全案证据仍不能排除合理怀疑的，不能认定犯罪嫌疑人、被告人构成犯罪。

【理论解读】

互联网的迅速普及不仅为我们的生活提供了便利，也改变了人们对于事物的认知，以及社会、政治、经济、法律的传统结构。[1]网络时代，犯罪形式开始出现显著变化，从传统上单一、集中的犯罪样态转变为多元、分散的犯罪样态，在远程、非接触的状态下实施跨国别、跨省市犯罪行为，其作案手段具有较高的技术含量。正是依托网络平台，犯罪的地域界限逐渐淡化，涉案人员关系松散，受害群体规模不断扩大，给调查取证和案件办理带来诸多不便。这就需要公安、司法机关直面挑战，适应网络犯罪的新样态、新形势。2021年的最高人民法院和最高人民检察院工作报告均重点聚焦了网络犯罪。2020年，全国法院审结电信网络诈骗、网络传销、网络赌博、网络黑客、网络谣言等犯罪案件3.3万件，对侵犯公民财产和公民个人信息的、拒不履行网络安全管理义务、为信息网络犯罪提供帮助的以及网络黑灰产业链犯罪，一律依法惩治。[2]2020年，全国检察机关起诉涉嫌网络犯罪14.2万人，在刑事案件总量下降的背景下，同比仍上升47.9%。并且，传统犯罪加速向网络空间蔓延，利用网络实施的诈骗和赌博犯罪持续高发，2020年已占网络犯罪总数的64.4%。规模庞大的地下黑灰产业密切配合，为网络犯罪持续"输血供粮"，已形成较为固定的犯罪利益链条。[3]

此外，如前所述，新型网络犯罪与传统犯罪不同，其所具有的跨域化、技术性、产业化等特点导致传统刑事诉讼程序相关规定与司法经验存在很多不适应的地方，给新型网络犯罪案件的侦查、起诉和审判带来了不少挑战，而在此之间，司法证明问题已经成为新型网络犯罪规制过程中面临的典型难题。

---

〔1〕 参见［日］松井茂记：《互联网法治》，马燕菁、周英译，法律出版社2019年版，第15页。

〔2〕 参见周强：《最高人民法院工作报告——2021年3月8日在第十三届全国人民代表大会第四次会议上》，载 http://gongbao. court. gov. cn/Details/342529c11d2af722964a6b1c961105. html，最后访问日期：2023年11月12日。

〔3〕 参见《2020年检察机关起诉涉嫌网络犯罪人数上升近五成》，载 https://www.spp.gov.cn/spp/xwfbh/wsfbt/202104/t20210407_ 514984. shtml#2，最后访问日期：2023年11月13日。

一、新型网络犯罪司法证明面临的困境

公诉方对其指控的犯罪进行证明是刑事庭审中的主要内容，只有公诉方成功进行了证明，才可以宣告被告人有罪。由于新型网络犯罪自身所具有的突出特点，其与现有司法证明制度耦合并不融洽，在实践中，新型网络犯罪的司法证明面临着诸多障碍。

（一）"紧密"链条中犯罪关联之认定

新型网络犯罪通常具有链条化、产业化的特点，而这就导致对各环节之间的犯罪关联认定极其困难。举例而言，罗某杰诈骗案中，下游犯罪借助虚拟货币搭建"犯罪资金通道"的行为之所以能认定为上游诈骗罪之共犯，关键在于充分审查其与上游犯罪的关联后，发现存在通谋。[1]但电信网络诈骗犯罪以及虚拟货币黑灰产犯罪中特殊的链条化趋势，却让上下游犯罪关联性的审查具有相当的难度。申言之，当前的电信网络诈骗犯罪具有一条分工明确、人员专业的链条化产业体系，上游形成信息层、引流层、场所层和技术层，为中游的不同种类的电信网络诈骗犯罪提供"资源"，下游的资金层则为电信网络诈骗提供"犯罪资金通道"。但这样的犯罪链条并不容易被发现其中的"关联"，原因就在于犯罪链条中模块技术化和组织虚拟化的趋势。

以电信网络诈骗犯罪为例，其犯罪产业链条中的每一环节都可以成为相对独立的模块，以"中立"的姿态为犯罪提供帮助，[2]模块之间临时或长期组合成多元化协作关系，虽然有规模较大的犯罪集团会自建技术支持团队，但更多的仍是依赖模块化的技术外包公司，犯罪分子按需购买模块化服务，即可组建自己的犯罪平台。这即是为何在电信网络诈骗犯罪中，诈骗的预备和帮助行为与正犯之间的关系疏离化，甚至演变为一种交易关系。[3]更重要的是，上述犯罪组织模块是虚拟化的，正好对应了虚拟货币去中心化、匿名化等特点，使得二者的虚拟性质产生叠加效应。用户可以生成及持有不限量的虚拟货币交易钱包地址，但钱包地址却并不记录实名，且不受权威机构监

---

〔1〕 罗某杰诈骗案，最高人民检察院发布 10 件打击治理电信网络诈骗及关联犯罪典型案例之六。
〔2〕 参见刘艳红：《网络犯罪的法教义学研究》，中国人民大学出版社 2021 年版，第 194 页。
〔3〕 参见陈兴良：《网络犯罪的刑法应对》，载《中国法律评论》2020 年第 1 期。

管。即便公开虚拟货币的交易记录，也仅仅是各个钱包地址之间的交易记录，很难溯源到实际操作人。因为，任何掌握钱包地址私钥的人，都可以控制该钱包地址进行虚拟货币交易，"名实不符"是交易过程中的常态。就此而言，电信网络诈骗犯罪的上、中、下游链条看似紧密，但要在各模块之间证实其关联性绝非易事，而虚拟货币交易甚至难以确认账户背后的实际操作者，使得涉虚拟货币领域电信网络诈骗犯罪惩治难度极大。

（二）"松散"架构中主观故意之认定

传统犯罪组织通常有着紧密的架构，但新型网络犯罪组织呈现出非接触性、隐秘性和跨域化的特征，尤其是在模块化的黑灰产业助推之下，模块之间的犯罪组织关系显得尤为"松散"：一方面，各模块均是可替代的，并且可能同时为多个犯罪组织提供服务，很难从中剥离出清晰的犯罪组织脉络，相反，模块与模块之间表面上显得互不相关、各自为战，导致办案人员难以有效甄别；另一方面，即使在模块内部，各成员之间也保持着"安全距离"，单线联系、空间阻隔等方式是促使成员关系松散化的基本要素，并且技术的介入使得犯罪人力投入减少，犯罪分子之间沟通、交易乃至相互信任的成本大大降低。然而，无论是电信网络犯罪，还是与之关联的黑灰产犯罪，在惩治过程中均强调对于主观故意的认定，但由于虚拟货币的介入，确认账户背后的实际操作者本就并非易事，还试图在松散的犯罪组织架构中认定主观故意更是难上加难。例如，罗某杰诈骗案中，犯罪分子运用了"个别兑换""地下钱庄"等方式进行虚拟货币交易，而当前还存在更为隐蔽的交易模式——"虚拟货币跑分平台"，招募的"跑分人员"利用泰达币等虚拟货币转移资金，"跑分人员"之间架构更加松散，但却又紧密地为上游之电信网络诈骗等犯罪提供着收款洗钱服务。

（三）证明对象海量化

在我国刑事法定罪与量刑标准的框架下，罪量是重要的证明对象，在部分犯罪中甚至充当着构成要件的角色。我国新型网络犯罪也是以罪量为中心标准的，其司法评价体系中往往将数额和数量作为评价刑事责任的要素和定罪量刑的依据，如"浏览量""信息数""拨打量""侵害人数（次）""注册会员数"等。而新型网络犯罪具有积量构罪的特点，其证明对象呈现出海量化的特征，这就导致罪量的认定出现困难。具体而言，得益于网络空间的跨域性，新型网络犯罪的被害人和犯罪嫌疑人分散在全国各地，对于以被害人数、被侵害的计算机信息系统数量、涉案资金数额等作为定罪量刑标准的犯罪案件，通常难以逐一对被害人、犯罪嫌疑人或是计算机信息系统进行取证。例如，在电信网络诈骗案件中，被害人动辄成千上万，司法工作人员不具备向所有被害人取证认定犯罪嫌疑人违法所得的可能性。[1]有的办案人员坦言："如果要一一核实，全市民警一辈子也查不完，真是'一生办一案'。"[2]对此，有论者指出："海量化对象使得传统刑事印证证明模式面临挑战。"[3]详言之，"按照传统司法的精准计量模式对网络犯罪的数额进行计量、核实和认定存在着客观不能，包括犯罪数额难以认定、犯罪数额的认定难以精确、犯罪数额的真实性难以核实、犯罪数额的认定具有或然性等多种情形"。[4]

（四）传统印证模式支持力不足

在新型网络犯罪的证明过程中，证据与犯罪行为的证明关系发生了巨大变化。在传统犯罪中，哪怕没有足够的直接证据，对犯罪行为的司法证明往往也可以通过运用证据印证规则来完成。详言之，通过对直接证据的印证，其他证据足以与直接证据一起发挥直接证明包括罪量在内的案件主要犯罪事实的作用；而在只有间接证据的案件中，通过各项间接证据之间的相互印证与佐证，使得各项证据信息链条之间发生相互验证的关系，从而最终形成较为完整的证据链条，使包括罪量在内的案件事实得以证明。[5]其中，所谓"印证"，是指两个以上的证据所包含的事实信息发生重合或交叉。[6]而在新型网络犯罪中，其证明对象的海量化使得犯罪事实的证明和认定不再如传统犯罪那样简单直接，在有些案件中，新型网络犯罪罪量的司法证明正在由相

---

〔1〕 参见喻海松：《网络犯罪二十讲》，法律出版社 2018 年版，第 186 页。

〔2〕 参见高艳东：《网络犯罪定量证明标准的优化路径：从印证论到综合认定》，载《中国刑事法杂志》2019 年第 1 期。

〔3〕 参见张平寿：《网络犯罪计量对象海量化的刑事规制》，载《政治与法律》2020 年第 1 期。

〔4〕 参见罗猛、邓超：《从精确计量到等约计量：犯罪对象海量化下数额认定的困境及因应》，载《预防青少年犯罪研究》2016 年第 2 期。

〔5〕 参见陈瑞华：《刑事证据法的理论问题》，法律出版社 2018 年版，第 228 页。

〔6〕 参见陈瑞华：《刑事证据法》，北京大学出版社 2018 年版，第 156 页。

对不能走向绝对不能，甚至超出了司法证明的极限。[1]换言之，在对新型网络犯罪的司法证明中，往往存在依靠传统的印证证明模式不能证明的案件事实，需要根据多个证据共同拼凑、整合才有可能综合认定的情况。（见图 8-1）

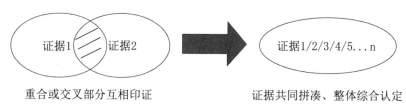

图 8-1　证据与网络黑灰产犯罪罪量的证明关系

二、迈向"整体主义"证明思路

破解当前理论与实务之困局，需要探索新型网络犯罪证明之规范化进路，不能教条地套用某种证明模式，也不能机械地规定某种证明方法、证明责任和证明标准，而应当着重找寻一种更具有包容性的证明模式。2021 年，最高人民检察院印发的《人民检察院办理网络犯罪案件规定》中强调，人民检察院办理网络犯罪案件应当重点围绕主体身份同一性、技术手段违法性、上下游行为关联性等方面全面审查案件事实和证据，注重电子数据与其他证据之间的相互印证，构建完整的证据体系。同时，《人民检察院办理网络犯罪规定》多次提及"综合认定""综合分析""综合判断"，而在此之前，相关规范性文件中就曾出现"综合认定"，司法实践中也开始将其作为破解网络犯罪量刑证明的具体方法探索运用。借助"整体主义"与"原子主义"的证明模式分类，"综合认定"更接近于"整体主义"的思维进路，这也意味着，新型网络犯罪案件证明过程是一个立足整体主义证明思维，采用综合认定的方法，从犯罪行为"原子"过渡到网络黑灰产"整体"、从"黑灰产链条模块"组建起"网络犯罪链条"的过程。

---

〔1〕　参见张平寿：《网络犯罪计量对象海量化的刑事规制》，载《政治与法律》2020 年第 1 期。

（一）网络犯罪证明发展趋势："整体主义"的探索与实践

实际上，司法实践中对网络犯罪的证明已呈现出向"整体主义"证明思路发展的趋势。例如，在认定诸如非法经营数额、违法所得数额等罪量时，用来综合认定的证据往往包括被告人供述、证人证言、被害人陈述、网络销售电子数据、被告人银行账户往来记录、送货单、快递公司电脑系统记录、被告人等所作记账等；在认定诸如被害人数量时，用来综合认定的证据往往包括犯罪嫌疑人使用网络电话与被害人通话的记录、被害人向犯罪嫌疑人指定银行账户转账汇款的记录、犯罪嫌疑人的收款账户交易明细等。例如，关于被害单位因被告人犯行遭受损失的司法证明，可以综合案发时行业发展趋势、被害单位日常收入情况、案发时收入情况，予以综合认定和评估。又如关于遭受破坏的计算机信息系统服务用户数的认定，可以根据计算机信息系统的功能和使用特点，结合网站注册用户、浏览用户等具体情况，包括日均电脑客户端访问量，作出客观判断。再如关于网络域名的价值评估的认定，可以综合考虑网络域名的购入价、销赃价、域名升值潜力、市场热度等综合认定。

举例而言，在"杀鱼盘"案中，[1]由于被告人使用的各种社交软件账号和购物平台账号均为购买的"小号"，并非实名，所以大量被害人信息无法准确核实。在被害人"缺失"的情况下，案件的争点是被告人之间的转账记录能否被认定为犯罪金额。对此，公诉方指出：被告人的账户确为诈骗所得、电商平台的账户订单确为他人付款购买，且通过全案证据排除了上下线其他经济往来；再综合已查明的被害人供述、交易记录、电子数据等，足以证实"违法来源"的排他性。因此，公诉方最终将上下线转账记录认定为犯罪金额。[2]再如，南京市雨花台区人民检察院以被告人董某某、谢某某犯破坏

---

〔1〕 区别于普通电信网络诈骗通常是点对点的打款方式，"杀鱼盘"被害人的钱款并非直接打入被告人的账户中，而是购买了电商平台的电子购物卡。在这类案件中，被告人提供的钓鱼网站链接打开后，与真实的二手购物平台网站极其相似，被害人难以分辨。但点击付款后，钓鱼网站则会通过事先抓取的接口链接到某购物平台，被害人的付款会被用于购买该购物平台的购物卡。通过核查被告人与被害人的聊天记录、诈骗团伙上下线之间的聊天记录、被拉黑的被害人账号以及被告人的购物平台账号的订单等信息，承办检察官核实到 400 余名被害人。

〔2〕 参见王伟：《不要落入二手交易平台"杀鱼盘"陷阱》，载 https://www.chinacourt.org/article/detail/2020/07/id/5376222. shtml，最后访问日期：2023 年 11 月 24 日。

生产经营罪，向雨花台区人民法院提起公诉。[1]本案系"反向刷单"，案件的争点在于反向刷单造成的损失如何计算。对此，最高人民法院指出："被害单位因被告人犯罪行为遭受的损失，可以综合案发时行业发展趋势、被害单位日常收入情况、案发时收入情况，依照有利于被告人的原则，综合予以认定和评估。"[2]详言之，在案证据可以证实，2014年4月至5月，淘宝网论文相似度检测行业被搜索的网络浏览量和用户个数基本处于上升态势，被害单位商品搜索降权期间的日确认收货搜索引导成交金额仅为4019元、419元、70元、19元、23元、4932元，平均额为1578.8元，远低于其扣除搜索降权期间当年4月份、5月份或4月至5月的平均额18 547元、23 352元、21 216元，损失客观存在，依照有利于被告人的原则，就低认定损失为人民币10万余元。

在最高人民检察院第33号指导性案例中，[3]被告人劫持域名，造成计算机信息系统不能正常运行，案件的争点为如何认定遭受破坏的计算机信息系统服务用户数。该案中，对于域名劫持用户数的认定，检察院起诉及法院判决时，是根据独立IP用户来计算用户数量的，但在论证过程中，有专家提出，根据独立IP用户来计算用户数量，不太符合现实，也不太符合技术实际。经综合考虑，对独立用户数的认定，指导性案例采取了较为概括谨慎的表述。[4]即最高人民检察院指出："认定遭受破坏的计算机信息系统服务用户

---

[1] 起诉书指控：2014年4月，被告人董某某为谋取市场竞争优势，雇用被告人谢某某，多次以同一账号大量购买北京智齿数汇科技有限公司南京分公司（以下简称智齿科技南京公司）淘宝网店铺的商品，致使该公司店铺被淘宝公司认定为虚假交易刷销量，并对其搜索降权。因消费者在数日内无法通过淘宝网搜索栏搜索到智齿科技南京公司淘宝网店铺的商品，严重影响该公司正常经营。经审计，智齿科技南京公司因被搜索降权，影响经营而产生的经济损失为人民币159 844.29元。

[2] 江苏省南京市雨花台区人民检察院诉董某某、谢某某破坏生产经营案，载《最高人民法院公报》2018年第8期。

[3] 2014年10月20日，被告人李某某冒充某知名网站工作人员，采取伪造该网站公司营业执照等方式，骗取该网站注册服务提供商信任，获取网站域名解析服务管理权限。10月21日，李某某通过其在域名解析服务网站平台注册的账号，利用该平台相关功能自动生成了该知名网站二级子域名部分DNS解析列表，修改该网站子域名的IP指向，使其连接至自己租用境外虚拟服务器建立的赌博网站广告发布页面。当日19时许，李某某对该网站域名解析服务器指向的修改生效，致使该网站不能正常运行。23时许，该知名网站经技术排查恢复了网站的正常运行。

[4] 参见最高人民检察院法律政策研究室编：《网络犯罪指导性案例实务指引》，中国检察出版社2018年版，第24页。

数，可以根据计算机信息系统的功能和使用特点，结合网站注册用户、浏览用户等具体情况，做出客观判断。"[1]本案中，经司法鉴定，该知名网站共有559万有效用户，其中邮箱系统有36万有效用户。按日均电脑客户端访问量计算，10月7日至10月20日邮箱系统日均访问量达12.3万。李某某的行为造成该知名网站10月21日19时至23时长达4小时左右无法正常发挥其服务功能，案发当日仅邮件系统电脑客户端访问量就从12.3万减少至4.43万。进而认定李某某的行为符合"造成为5万以上用户提供服务的计算机信息系统不能正常运行累计1小时以上""后果特别严重"的情形。在最高人民检察院第37号指导性案例中，[2]案件的争点在于非法获取网络域名的价值评估。对此，最高人民检察院指出："可综合考虑网络域名的购入价、销赃价、域名升值潜力、市场热度等综合认定。"[3]此外，在《刑事审判参考》第723号案例中，最高人民法院指出：本案中网站淫秽电子信息实际被点击数和注册会员数不能笼统认定，应结合案件情况综合评估其对案件定罪量刑的作用。[4]

（二）网络犯罪证明"宏观视野"：整体主义证明思路建构

"整体主义"强调证据之证明力源于所有已输入信息之间的相互作用，任何特定的证据"原子"之意义与价值在于和其他所有证据关联，并为解释者所用时扮演的角色，易言之，一个特定证据作为分析对象的证明价值，从根本上取决于其他所有证据。[5]在网络犯罪的证明过程中，作为规范化方向的

---

〔1〕 李丙龙破坏计算机信息系统案，最高人民检察院指导性案例33号（2017年）。

〔2〕 被害人陈某于2009年5月在大连市西岗区登录网络域名注册网站，以人民币11.85万元竞拍取得"www.8.cc"域名，并交由域名维护公司维护。被告人张某某预谋窃取陈某拥有的域名"www.8.cc"，其先利用技术手段破解该域名所绑定的邮箱密码，后将该网络域名转移绑定到自己的邮箱上。2010年8月6日，张某某将该域名从原有的维护公司转移到自己在另一网络公司申请的ID上，又于2011年3月16日将该网络域名再次转移到张某某冒用"龙嫦"身份申请的ID上，并更换绑定邮箱。2011年6月，张某某在网上域名交易平台将网络域名"www.8.cc"以人民币12.5万元出售给李某。

〔3〕 张四毛盗窃案，最高人民检察院指导性案例37号（2014年）。

〔4〕 参见刘静坤：《杨勇传播淫秽物品牟利案［第723号］——淫秽电子信息实际被点击数和注册会员数如何认定》，载中华人民共和国最高人民法院刑事审判第一、二、三、四、五庭主办：《刑事审判参考（总第81集）》，法律出版社2011年版，第57-63页。

〔5〕 See Michael S. Pardo, *Juridical Proof, Evidence, and Pragmatic Meaning: Toward Evidentiary Holism*, 95 Northwestern University Law Review 399 (2000).

"整体性"至少应当体现两方面含义：其一，是证明过程中的整体性；其二，是证明模式之作用维度的整体性。证明过程中的整体性包括证据"原子"与证据组合、正向信息与反向信息、证据能力与证明力所形成的认知体系，呈现从原子分析到整体认知的证明逻辑。而作用维度决定刑事司法证明模式界定之评价要素，模式归于"整体主义""原子主义"抑或其他，均需要从评价要素入手加以界定。刑事司法证明模式处于"经验—规范""实体—程序""知识—权力""认知—行为"四重作用维度之中，而其中的作用效果之差异即界定刑事司法证明模式的评价要素。由此可以对多样化的刑事司法证明之实践进行反思和理论提炼，并且最终形成融贯的理论体系。理想的刑事司法证明模式，应当在"经验—规范"维度接纳经验法则与证据规则的并存，保障裁判者在遵守证据规则的基础上，运用经验法则对证据证明力进行自由评价；在"实体—程序"维度将犯罪论体系的优势最大化并弥补犯罪论体系之劣势，进而为实体要件提供在诉讼程序中能够经受打磨的制度空间；在"知识—权力"维度弱化各类知识间的微观权力支配作用，并在他想证明的理性互动中保障知识之平等交锋；在"认知—行为"维度降低认知流畅度和正面愉悦感的同时，尽可能地避免和修正错误的认知行为。[1]以电信网络诈骗犯罪为例，2019 年至 2021 年，检察机关分别起诉电信网络诈骗犯罪 3.9 万人、5 万人、4 万人。同时，与之关联的网络黑灰产犯罪增长较快，主要涉及帮助信息网络犯罪活动罪，掩饰隐瞒犯罪所得、犯罪所得收益罪，侵犯公民个人信息罪，妨害信用卡管理罪，买卖国家机关公文、证件、印章罪，偷越国（边）境罪，非法利用信息网络罪等。[2]在此类案件中，如果仍然以传统的印证模式加以证明，往往只能搭建起帮助信息网络犯罪活动罪、侵犯公民个人信息罪以及掩饰隐瞒犯罪所得、犯罪所得收益罪等罪名的证明体系，然而在完整的网络黑灰产犯罪链条中只是局部，因此陷入"只见树木、不见森林"的迷局之中。特别是由于对诈骗犯罪缺乏考察认定，现有证据难以有效关联最终犯罪行为，往往存在证据证明力不足等问题，直接影响到对行为犯罪性

---

〔1〕 参见谢澍：《迈向"整体主义"——我国刑事司法证明模式之转型逻辑》，载《法制与社会发展》2018 年第 3 期。

〔2〕 参见《检察机关全链条惩治电信网络诈骗犯罪 2021 年起诉 4 万人》，载 https://www.spp. gov.cn/xwfbh/wsfbh/202203/t20220302_ 546333.shtml，最后访问日期：2023 年 11 月 25 日。

质的认定。相反,整体主义之证明则要求证明对象从过往有限的犯罪活动扩展至全链条犯罪产业,在个别犯罪行为的证明上不强求印证,但是通过上中下游相互配合关联考察,最大程度地还原网络黑灰产活动的全貌,从而准确认定其在整个链条中的地位和作用。

当然,还原"整体",需要首先有作为"原子"的切入点,即作为全链条之关键模块的"人"或"事"。同样以电信网络诈骗犯罪为例,首先,犯罪的侦查取证,通常遵循从"案"到"机"到"人"的逻辑进路,即从案件事实到作案工具再到犯罪嫌疑人的侦查方向,这在最高人民检察院第十八批指导性案例之"张某某等52人电信网络诈骗案"(检例第67号)中有着较为清晰的刻画。相较于案件事实和作案工具,犯罪人更加机动灵活,利用网络的虚拟环境也更加容易隐蔽。因此,需要综合运用诸如"出入境记录""订票记录单""账户登录信息"等对犯罪嫌疑人、被告人的口供进行补强,确保虚拟世界与现实生活中"人"的同一性,进而由"人"为"原子"还原全链条之整体。其次,虽然新型网络犯罪通常是以案件事实为起点展开侦查的,但链条型犯罪中涉案人员的所处环节和所起作用不同,需要以查明"行为轨迹"为主线,综合运用通话记录、聊天记录等电子数据,进而证明犯罪嫌疑人的地位和作用,还原全链条中的各个环节。[1]

(三)网络犯罪证明"微观视角":具体行为的审查与判断

在新型网络犯罪的证明过程中不难发现,部分犯罪嫌疑人虽然是整体链条的关键一环,但因为犯罪模块技术化和组织虚拟化的特点,却又让这部分犯罪嫌疑人"游离于"犯罪链条之外,甚至并不知道其为上下游犯罪提供了具体服务。是故,对于新型网络犯罪链条中的各个组成部分,除了"整体主义"之思路还原全链条,仍然需要具体行为的个别判断,进而做到与具体罪名相吻合。例如,在电信网络黑灰产之上游信息层中,"黑爬虫""批量注册"和"撞库"等行为可能涉及非法获取计算机信息系统数据罪,制作"钓鱼网站"可能涉及侵犯公民个人信息罪,组装、利用"嗅探工具"以及植入木马病毒可能涉及非法控制计算机信息系统罪,"深度伪造""养号"等行为

---

[1] 参见王志刚:《围绕"合法性"和"客观性"确立审查重点》,载《检察日报》2022年1月29日,第3版。

可能涉及破坏计算机信息系统罪，提供"解封账号"服务可能涉及帮助信息网络犯罪活动罪，均需要个别判断、具体甄别、细致证明。

当然，在具体行为的个别判断中，综合认定乃至"整体主义"证明的思维进路依旧是具有启发性的。"整体主义"证明模式强调"证明过程中的整体性"，包括证据"原子"与证据组合、正向信息与反向信息、证据能力与证明力、直接证据与间接证据、结果证据与过程证据、证据规则与经验法则所形成的认知体系，对于网络犯罪而言，还需要强调线下证据与线上证据的整体配合。与"印证证明"不同，"证明过程中的整体性"并不强求证据的类别与数量：一方面，即便是孤证也可能呈现出"整体性"，例如，单个电子数据即可能包含海量信息，足以完整记录犯罪过程、证明犯罪事实，但从证据种类和数量上看，单个电子数据并不符合"印证"对于"孤证不得定案"的基本要求；另一方面，"印证"往往是运用于案件结果意义上的证明，所强调的也是两个或两个以上的"结果证据"包含相同信息，与之相对的"过程证据"却一般不强求印证。但"证明过程中的整体性"却要求"结果证据"与"过程证据"形成证明之整体。例如，在电子数据的收集和运用中，不仅要把握对案件结果直接产生证明作用的电子数据本身，还要把握电子数据收集、提取、保管的方法和过程以及"来源笔录"等过程证据，使之形成整体。[1]《人民检察院办理网络犯罪案件规定》中，有关电子数据的规定不仅强调"注重电子数据与其他证据之间的相互印证"，还在电子数据合法性审查环节着重明确了"过程证据"的重要性，即彰显出"结果证据"与"过程证据"所形成之"证明过程中的整体性"。[2]

三、"整体主义"证明思路下网络犯罪量刑证明规范化进路

在当前网络犯罪证明存在的诸多问题中，较为典型的还包括"重定罪、轻量刑"的趋势，使得当前的量刑证明理论无法有效指导实践，亟须更具包容性的证明模式破解理论和实务困局。是故，本章试图在梳理网络犯罪量刑

---

〔1〕 参见谢澍、赵玮：《论网络犯罪案件的量刑证明——"整体主义"证明理论的实践探索》，载《云南社会科学》2022 年第 1 期。

〔2〕 参见谢澍：《刑事司法证明模式之"作用维度"——反思"印证证明模式"的另一种理论框架》，载《东方法学》2021 年第 5 期。

证明相关问题的基础上，遵循"整体主义"证明思路，探索网络犯罪量刑证明之规范化进路。

（一）"重定罪、轻量刑"的网络犯罪治理

"重实体、轻程序""重定罪、轻量刑"被视作针对我国刑事司法过往之弊病的精练总结。但随着程序正义理念的传播、程序公正价值的提倡，实体与程序并重开始得到广泛认同，近年来持续推进的刑事诉讼制度改革取得了前所未有的成绩，《刑事诉讼法》的多次修改更是将改革成果上升为法律规范。然而，遗憾的是，"重定罪、轻量刑"的问题并没有得到根本解决，尤其是在网络犯罪治理这样的前沿领域，无论是制度设计抑或实践操作，面对网络犯罪的新问题、新形态、新方式，均显得顾此失彼，无法有效兼顾定罪与量刑的规范化，"重定罪、轻量刑"的趋势较为明显。

2021 年最高人民检察院印发《人民检察院办理网络犯罪案件规定》，以期达到"充分发挥检察职能、推进网络空间治理"之目的。《人民检察院办理网络犯罪案件规定》根据网络犯罪案件的特点，依次从行为主体、客观行为、主观方面、情节和后果等方面规定了案件审查的要点。相较于行为主体、客观行为、主观方面较为细致的规定，在与量刑密切相关的情节和后果层面，主要罗列了四种常见的审查情形，[1]这也是考虑到关于情节与后果的证据来源更为多元，很难穷尽审查的具体情形，因此只能作出原则性、指导性的规定，而具体的实践操作仍然需要办案人员根据案件情况加以斟酌。实际上，即便是专门针对量刑的规范，大多也只是针对实体意义上的量刑，而量刑的程序以及证明并没有得到足够的重视。例如，最高人民法院、最高人民检察院联合印发的《关于常见犯罪的量刑指导意见（试行）》虽然规定了量刑的指导原则、基本方法、常见量刑情节的适用和 23 种常见犯罪的量刑，但仍然是从实体上统一标准尺度，并没有明确程序和证明上的标准。从某种意义上说，这也是量刑层面"重实体、轻程序"的一个注脚。然而，对于网络犯罪案件，倘若"轻量刑"，其实也很难实现"重定罪"，现有两大方面的现实背景，决定了量刑证明的规范化势必提上日程。

---

〔1〕 参见郑新俭、赵玮、纪敬玲：《〈人民检察院办理网络犯罪案件规定〉的理解与适用》，载《人民检察》2021 年第 5 期。

首先，量刑事实可以区分为纯正的量刑事实和不纯正的量刑事实。前者是犯罪构成要件以外的事实，主要反映犯罪人的认罪态度、年龄、教育背景、社会背景、过往犯罪经历等；而后者是规范犯罪构成要件之内的事实，《刑法》中存在大量关于升格或降格法定刑的规定，即如果具备一定的"情节"，不仅关乎是否入罪，还决定着适用加重的法定刑或者减轻的法定刑。[1]我国网络犯罪治理采用了独特的违法/犯罪二元区分模式，网络违法与网络犯罪的界限即是反映网络犯罪特有属性的数额标准，如何有效证明行为达到了"量化"之标准，是影响定罪量刑的重点、难点。[2]当前网络犯罪中较为常见的，诸如诈骗罪、洗钱罪、侵犯公民个人信息罪、非法侵入计算机信息系统罪、帮助信息网络犯罪活动罪以及掩饰、隐瞒犯罪所得、犯罪所得收益罪等，其犯罪构成要件中均存在不纯正的量刑事实。上述犯罪倘若无法对相关量刑事实进行有效的证明，不仅量刑可能出现偏差，更会直接导致定罪上的困难。为了明确定罪和量刑标准，最高人民法院、最高人民检察院联合发布的《关于办理非法利用信息网络、帮助信息网络犯罪活动等刑事案件适用法律若干问题的解释》《关于办理侵犯公民个人信息刑事案件适用法律若干问题的解释》《关于办理危害计算机信息系统安全刑事案件应用法律若干问题的解释》等规范性文件，均对相关犯罪构成要件中的"致使违法信息大量传播""造成严重后果""情节严重""有其他严重情节"等制定了定性或定量标准，但试图达到解释中规定的标准，仍然需要有效的量刑证明。

其次，在推进认罪认罚从宽制度的进程中，量刑建议精准化是检察机关承担主导责任的具体表现。2017年年底，时任最高人民法院院长周强在认罪认罚从宽制度试点情况的中期报告中说明，试点中检察机关对认罪认罚从宽案件提出的量刑建议中幅度量刑建议占70.6%，精准量刑建议占29.4%，[3]可谓"幅度量刑建议为主、精准量刑建议为辅"。但时至今日，精准量刑建议

〔1〕 参见康怀宇：《比较法视野中的定罪事实与量刑事实之证明——严格证明与自由证明的具体运用》，载《四川大学学报（哲学社会科学版）》2009年第2期。

〔2〕 参见刘品新：《网络犯罪证明简化论》，载《中国刑事法杂志》2017年第6期。

〔3〕 2017年12月23日，时任最高人民法院院长周强在第十二届全国人民代表大会常务委员会第三十一次会议上作《最高人民法院、最高人民检察院关于在部分地区开展刑事案件认罪认罚从宽制度试点工作情况的中期报告》。

已经转变为检察机关的主流做法甚至考核指标，这也是我国认罪认罚从宽制度区别于域外认罪协商制度的一大特色。[1]2021 年，北京市检察机关在超过 85% 的案件中适用了认罪认罚从宽制度，其中精准量刑建议提出率达到 90%，采纳率更是高达 96.59%。[2]Z 省检察机关将省内 11 个市的认罪认罚从宽制度实践效果进行量化排名，2020 年全省认罪认罚从宽制度适用率最高的市达到 90.85%，最低的也有 81.48%；其中精准量刑建议提出率最高的达到 95.65%，最低的也有 69.53%；而法院采纳精准量刑建议比例最高的达到 99.23%，最低的也有 93.24%。[3]可见，当前绝大多数案件都适用了认罪认罚从宽制度，而其中绝大多数案件检察机关又提出了精准量刑建议并得到法院采纳。须知，认罪认罚从宽制度可能适用于所有刑事案件，自然也包括网络犯罪案件，这也意味着绝大多数网络犯罪案件可能存在检察机关的精准量刑建议，那么量刑证明自然更应得到重视。

（二）当前量刑证明理论的局限性

数字或信息革命创造了一个传统犯罪可以适应并且新型犯罪不断涌现的虚拟环境，[4]随之而来的追问是，传统法律理论是否足以应对这一全新的形势，对于量刑证明理论同样如此。2009 年，由最高人民法院主导的量刑程序改革曾在全国 100 多家法院展开试点探索，量刑程序改革也在一时间成为学术热点，受到理论界的广泛关注。在此期间，除了官方试点中相对独立的量刑程序改革模式，还有部分学者主张以被告人是否认罪为区分标准，分别适用相对独立的量刑程序与隔离式的量刑程序。亦即，对于被告人不认罪的案件，定罪程序与量刑程序实现一分为二，以先后顺序依次进行。[5]由此展开，理论界与实务界就量刑证明程序中的证据规则、证明方法、证明责任、证明标准进行了研讨，并在有限的范围内形成了一定共识。但遗憾的是，学术上

---

〔1〕 参见卞建林、谢澍：《职权主义诉讼模式中的认罪认罚从宽——以中德刑事司法理论与实践为线索》，载《比较法研究》2018 年第 3 期。

〔2〕 参见田野等：《北京：由更多数量到更高质效》，载《检察日报》2021 年 8 月 15 日，第 3 版。

〔3〕 数据来源于我们 2020 年 12 月在 Z 省的调研。

〔4〕 参见［美］Marjie T. Britz：《计算机取证与网络犯罪导论》，戴鹏、周雯、邓勇进译，电子工业出版社 2016 年版，第 4 页。

〔5〕 参见陈卫东：《论隔离式量刑程序改革——基于芜湖模式的分析》，载《法学家》2010 年第 2 期。

的热潮在不久后消退，相关争议也被逐渐搁置，而当时已经达成有限共识的理论成果在面对网络犯罪、认罪认罚从宽等新问题时，似乎也缺乏足够的解释力，并不足以成为网络犯罪量刑证明规范化的理论出路。

1. 量刑证明程序是否可能独立

在上一轮量刑程序改革的进程中，关键词即"独立"，无论是官方试点的"相对独立"还是学者主张的"隔离式"抑或"绝对独立"。但在网络犯罪案件中，量刑程序本质上是很难实现独立的。首先，倘若被追诉人认罪认罚，则庭审的重点在于认罪认罚自愿性审查。[1]一旦被追诉人明确表示自愿认罪认罚，则定罪量刑的证明均可简化，尤其是量刑问题主要焦点在于法院是否采纳检察机关的量刑建议，对于相关量刑事实的证明并非庭审关注的重点。其次，倘若被追诉人不认罪，庭审当然需要聚焦于定罪与量刑的证明。但前已述及，在诸多常见的网络犯罪中，犯罪构成要件中存在不纯正的量刑事实需要证明，亦即意味着在定罪的同时必须完成部分量刑事实的证明。如果遵循独立量刑程序的思路，则无异于将全案的量刑事实进行区分，不纯正的量刑事实适用定罪证明程序，纯正的量刑事实适用独立的量刑证明程序。结果可能导致量刑事实被一分为二，适用于不同的证明程序、证明责任、证明标准，在影响效率的同时，恐怕并不必然有利于提升公正性。

2. 量刑证明方法是否达成共识

过往之量刑证明研究倾向于套用严格证明与自由证明的证明方法，进而论证定罪事实适用严格证明、量刑事实适用自由证明之区分。例如，有学者指出，以存在相对独立的量刑程序为前提，所需得到证明的量刑情节，可以适用自由证明，而不再适用严格证明；[2]还有观点认为，借助日本学者平野龙一提出的介于严格证明与自由证明之间的"适当的证明"，可以对自由证明进行修正，在证明之根据、程序或标准上部分采纳严格证明的要求，并将其适用于量刑证明，"适当的证明"本质上仍属于自由证明之范畴。[3]但实际

---

〔1〕　参见谢澍：《直面认罪协商制度的"复杂性——〈庭审之外的辩诉交易〉之方法论启示》，载《政法论坛》2019 年第 6 期。

〔2〕　参见陈瑞华：《量刑程序中的证据规则》，载《吉林大学社会科学学报》2011 年第 1 期。

〔3〕　参见闵春雷：《论量刑证明》，载《吉林大学社会科学学报》2011 年第 1 期。

上，严格证明与自由证明并非完全以定罪和量刑来区分适用对象。严格证明强调证据必须经过严格证明之调查程序，才能取得证据能力，犯罪事实的证明与调查，必须使用法定证据（明）方法，并且遵守法定调查程序；自由证明，则不受法定证据（明）方法与法定调查程序的约束。[1]以德国为例，对于关乎认定犯罪行为之经过、行为人之责任及刑罚等问题的事项，法律规定均需要进行严格证明。[2]易言之，对于与定罪量刑相关的实体法事实，一般要求严格证明；而对于程序法事实，包括某些辅助证明的事项，可采用自由证明的方法。[3]更何况，前已述及，针对网络犯罪适用相对或绝对独立的量刑程序并现实，加之不纯正的量刑事实与定罪相关，倘若以严格证明和自由证明进行区分，则不纯正的量刑事实同样需要适用严格证明，量刑事实一分为二适用两种证明方法是否妥当，有待商榷。

3. 量刑证明标准是否需要降低

基于过往量刑证明理论中区分量刑程序、证明方法的主张，不少学者提出量刑证明标准应有别于定罪证明标准。例如，有论者认为，证明可能导致罪重的量刑事实应达到排除合理怀疑标准，而证明可能导致罪轻的量刑事实只需达到优势证据标准。[4]有学者则在反对这一观点的基础上，提出"两个档次"的量刑证明标准，一是对法定事实情节采用清楚可信的标准，这一标准较之优势证据标准相对更高，但低于排除合理怀疑的标准；二是对酌定事实情节适用优势证据标准。[5]还有观点认为，分别设置适用于控辩双方的两种量刑证明标准，控方证明不利于被告人之量刑事实的标准不应低于定罪证明标准，且高于被告人证明对其有利之量刑事实的标准。[6]但事实上，网络犯罪中不纯正的量刑事实因为与定罪相关，所以只能适用定罪证明标准。而纯正的量刑事实，根据当前《刑事诉讼法》之规定，也应当达到"证据确实、

〔1〕 参见林钰雄：《刑事诉讼法（上）》，元照出版有限公司 2017 年版，第 485 页。

〔2〕 参见［德］克劳思·罗科信：《刑事诉讼法》，吴丽琪译，法律出版社 2003 年版，第 208 页。

〔3〕 参见陈卫东：《反思与建构：刑事证据的中国问题研究》，中国人民大学出版社 2015 年版，第 110 页。

〔4〕 参见李玉萍：《量刑事实证明初论》，载《证据科学》2009 年第 1 期。

〔5〕 参见闵春雷：《论量刑证明》，载《吉林大学社会科学学报》2011 年第 1 期。

〔6〕 参见彭海青：《英国量刑证明标准模式及理论解析》，载《环球法律评论》2014 年第 5 期。

充分"且"排除合理怀疑"。[1]倘若适用认罪认罚从宽制度的网络犯罪案件，则更不存在证明标准降低的必要。因为认罪认罚案件程序从简的正当性基础在于，被追诉人之有罪供述降低了案件证明难度，通过相对简化的程序——包括证明活动——即可达到法定证明标准，但并非程序简化导致降低证明标准。[2]在此意义上，认罪认罚案件的证明标准——包括针对量刑事实的证明标准——并没有降低。对于量刑事实的证明，无论是被追诉人对于量刑事实的自认，还是控辩双方有关量刑的协商，最后均达到了降低量刑证明难度的效果，反而更容易达到法定证明标准。

（三）网络犯罪量刑证明之规范化进路

诚然，立足整体主义证明思路，运用综合认定的方法有助于解决网络犯罪规制中面临的司法证明难题。但是，综合认定的司法证明方式也并非完美无缺，其具有一定的使用门槛和使用风险，运用不当则有可能导致忽视冲突证据，不利于保障被告人合法权益。因此，需要将整体主义的证明思路进一步规范化、制度化、成熟化，以保障其正确适用。

1. 运用"全链式"综合认定

关于网络犯罪量刑事实的证明困境，一个基本的共识是，倘若继续坚持印证证明模式，要求两个或两个以上的证据中包含相同信息指向某一事实，那么网络犯罪量刑事实中涉及"数量""数额"等情节很难得到有效证明。因而，应当扭转印证证明作为证明方法、证明模式甚至替代证明标准的异化趋势，在网络犯罪量刑证明中找寻替代方法。有学者曾提出，针对网络犯罪应当简化证明，除了适当转移证明责任、降低证明标准，针对存在证明困难的"数量""数额"，还应当积极推行两步式的"底线证明法"，即按照法定的入罪和加重处罚两道"门槛"，提供最基本的证据。[3]但这样的证明方法

〔1〕 有学者指出，2012年《刑事诉讼法》修改时对"证据确实、充分"从三个方面作出解释，实际上已从原来定罪的证明标准发展为定罪量刑的证据标准。参见顾永忠：《从定罪的"证明标准"到定罪量刑的"证据标准"——新〈刑事诉讼法〉对定罪证明标准的丰富与发展》，载《证据科学》2012年第2期。

〔2〕 参见谢澍：《认罪认罚从宽制度中的证明标准——推动程序简化之关键所在》，载《东方法学》2017年第5期。

〔3〕 参见刘品新：《网络犯罪证明简化论》，载《中国刑事法杂志》2017年第6期。

面对"小额多次"或"真假混杂"的情况，其实并不能有效"简化"。因此有论者认为，客观数据本质上不需要强求印证，只要数据间形成链条即可，并且对于客观数据本身的分析也可能直接得出结论，尤其是在大数据时代，可以借助抽样取证、等约计量等新方法以及部分转移证明责任来实现综合认定。[1]例如，对于网络黑灰产犯罪之罪量的证明，当前司法机关所形成的证明方法包括三个步骤：其一，公诉方基于综合认定得出推定数量；其二，辩方针对推定数量承担证明责任；其三，公诉方对反驳进一步承担证明责任。[2]可见，综合认定已经逐渐成为证明网络犯罪量刑事实的基本方法。

但网络犯罪的治理难点就在于，犯罪行为和手段不断"推陈出新"，量刑证明也不断遭遇前所未有的问题。以虚拟币非法支付结算的掩饰、隐瞒犯罪所得、犯罪所得收益以及洗钱犯罪为例，作为网络犯罪下游利用支付通道"洗白"资金的新手段，虚拟币交易中实际操作人匿名、交易平台信息非实名、交易环节存在诸多信息壁垒等特点，导致办案人员难以进行有效溯源，增加了证明难度：一方面，虚拟币作为支付通道"洗白"资金的形式多样。除了最常见的个人对个人的帮助非法支付结算，当前还出现了"兑换中介"和"跑分平台"等新形式。兑换中介是职业化的虚拟币兑换犯罪团伙，一方面满足上游犯罪嫌疑人收购或变卖虚拟币的需求，另一方面通过交易平台或场外散户变现或收购虚拟币，从中赚取差价。"跑分平台"则是犯罪团伙专门设立的，通过吸引普通人群注册账户并缴纳虚拟币作为保证金进而参与跑分抢单，这些跑分用户在不知情的情况下，即为上游犯罪提供了非法支付结算帮助。面对如此复杂的实践样态，局限于部分事实的证明很难梳理出犯罪行为之全貌，可能遗漏影响定罪量刑的"数额"和"数量"。另一方面，虚拟币相关犯罪存在跨地域、跨行业、跨平台的信息壁垒，加之网络平台信息调取本就存在一定困难，决定了办案机关取证需要相关平台给予一定配合。例如，我们在中国裁判文书网中检索到147件以虚拟币作为网络犯罪下游支付通道的案例，其中67件均在同一境外虚拟币交易平台进行交易，这当然说明

〔1〕 参见高艳东：《网络犯罪定量证明标准的优化路径：从印证论到综合认定》，载《中国刑事法杂志》2019年第1期。
〔2〕 参见吉冠浩：《指导案例视角下网络黑灰产犯罪罪量的司法证明》，载《国家检察官学院学报》2021年第1期。

该境外平台在虚拟币交易中较为普及，但更深层的原因可能与该境外平台调取证据配合度较高有关，使得办案人员可以调取该境外平台的相关数据，有利于相关事实的证明。而其他平台在裁判文书中出现次数相对较少，并不必然是其不够普及，更可能的原因是给予办案机关的配合不足。因此，对于此类案件的量刑证明，更需要有效运用“全链式”[1]综合认定的方法，确保网络犯罪之上游、中游、下游的信息得到全面审查，尽可能打通信息壁垒，做到“环环相扣”。但这也意味着，并非细枝末节处均要寻求印证证明——这在网络犯罪的量刑证明中并不现实。

2. 把握证明过程的整体性

由于综合认定不同于印证证明，至少在“观感”上呈现的可靠性和稳妥性不及后者，因此需要在证明过程中尽可能确保信息的完整程度。就此而言，强调“证明过程的整体性”的“整体主义”证明模式[2]即是可能给予理论支撑的。证明过程中的整体性，包括证据“原子”与证据组合、正向信息与反向信息、证据能力与证明力、直接证据与间接证据、结果证据与过程证据、证据规则与经验法则所形成的认知体系，对于网络犯罪而言，还需要强调线下证据与线上证据的整体配合。前已述及，与“印证证明”不同，“证明过程中的整体性”并不强求证据的类别与数量，但“证明过程中的整体性”却要求“结果证据”与“过程证据”形成证明之整体。

此外，司法实践中，部分办案人员对综合认定存在顾虑，很大程度上是因为难以把握和克服运用间接证据形成证据链进行证明的障碍。[3]实际上，间接证据的证明效果同样需要结合证明过程的“整体性”进行评价：一方面，应当保障间接证据形成相互支撑的证明体系，重视间接证据链条的整体证明效果，确保证明结论唯一；另一方面，还需要关注单个证据的证明效果，尤其要重视证据矛盾分析，审查证据中的反向信息。如果存在犯罪嫌疑人、被告人合理辩解以及其他反证，与间接证据链条所形成整体证明效果产生实质

---

〔1〕 在定罪事实证明的层面也同样需要这一思维。参见汪恭政、刘仁文：《以全链条思维治理虚拟币洗钱》，载《检察日报》2021 年 8 月 19 日，第 3 版。

〔2〕 关于“整体主义”证明模式及其与“印证证明模式”的区别，参见谢澍：《反思印证：“亚整体主义”证明模式之理论研判》，载《华东政法大学学报》2019 年第 3 期。

〔3〕 参见何邦武：《“综合认定”的应然解读与实践进路》，载《河北法学》2019 年第 8 期。

矛盾并不能排除合理怀疑的，则不能认定相关事实。而间接证据之间的"间隙"，则可以运用经验法则建立逻辑联系，对推断性事实作出判断，形成从基础事实到推断性事实的完整推论链条。同时，还需注重经验法则与"概括"（generalization）的合理运用。"概括"强调从证据性事实到待证事实、从特定证据到特定结论，每一推论步骤都需要通过参照至少一个用于形成假设、填补故事中空隙的"概括"来加以证成。[1] 值得一提的是，在最高人民检察院印发的第十七批指导性案例指导意义说明中尤其强调经验法则的运用，原本在指导案例起草制定过程中还可能引入"概括"的概念，或许是考虑到这一概念过于英美化，最终表达为"从客观事实判断案件事实的完整证明体系"。但随着网络犯罪治理中综合认定的进一步运用，可能为"概括"这一概念的中国化和规范化提供契机。[2]

值得注意的是，一定要注重对相反信息的审查和考量。检察机关要着力构建指控犯罪的证明体系，保障证明体系中的间接证据能够相互支撑、相互印证，确保间接证据链条完整、结论唯一。要重视对现有证明体系的证据中以及证明体系之外是否存在与指控方向相反的信息进行审查。具体来说，一方面要重视证明体系中单个证据的矛盾分析。每一个证据包含的证明信息是多元的，在筛选出有效的证明信息指控犯罪的同时，要关注证据中的反向信息。另一方面要重视审查证明体系之外的反向信息。尤其是不认罪的案件要注重对行为人的辩解以及其他反证作进一步审查。判断上述反向信息是否会实质性地阻断从基础事实到推断性事实的推论链条、是否会削弱间接证据链条的证明效果。与间接证据链条所形成整体证明效果产生实质矛盾并不能排除合理怀疑的，不能认定为犯罪。

3. 以更为灵活的方式坚持法定证明标准

对于量刑事实的证明，本就有观点认为可以转移证明责任、降低证明标准，尤其是在网络犯罪证明简化以及适用综合认定的语境下，更是有学者延续类似主张。而前已述及，在部分网络犯罪中，司法机关的实践操作，已被

---

〔1〕 参见［英］威廉·特文宁：《反思证据：开拓性论著》，吴洪淇等译，中国人民大学出版社2015年版，第339页以下。

〔2〕 参见谢澍：《迈向"整体主义"——我国刑事司法证明模式之转型逻辑》，载《法制与社会发展》2018年第3期。

总结为控方综合得出推定数量、辩方对推定数量承担证明责任以及控方对反驳进一步承担证明责任的"三步法"。但实际上，上述证明过程仅仅是以更为灵活的方式形成合理怀疑、排除合理怀疑，并没有转移证明责任，更没有降低法定证明标准。"灵活"和"坚持"可能看似矛盾，但却可以在网络犯罪的量刑证明中产生密切配合。

从规范层面考察，有三点背景需要强调：其一，根据我国《刑事诉讼法》之规定，"证据确实、充分"以及"排除合理怀疑"是定罪量刑的共同证明标准；其二，办案人员不仅要收集被追诉人有罪的证据，还要收集无罪和犯罪情节较轻的各种证据；其三，公诉案件的证明责任由控方承担。因此，量刑证明转移证明责任、降低证明标准的论断与现行法律相违背，其正当性也存有疑问。但转换思路，从另一方向加以理解，不难发现：控方综合认定所得出的初步结论，本质上是初步承担证明责任并初步呈现排除合理怀疑的证明体系；而辩方对这一证明体系提出辩解，并不是承担证明责任，只是提供反向信息进而产生合理怀疑；倘若辩方提供的反向信息足以产生合理怀疑，自然需要控方进一步证明以排除合理怀疑。但上述证明过程中，证明责任和证明标准并未发生变化，只是达到法定证明标准的过程不再是"一蹴而就"的，需要允许控辩双方多次地排除合理怀疑、产生合理怀疑以及再次排除合理怀疑，形成正向信息与反向信息互动的"整体性"。更重要的是，既然辩方提供反向信息只是产生合理怀疑而非承担证明责任，则产生合理怀疑的方式可以是灵活的，不必拘泥于何种证明方法或者达到何种证明程度，甚至可以提供现有法定证据种类以外的信息，而这其实也是对于综合认定的一种补充，确保最大程度地降低综合认定遗漏反向信息的可能。

【延伸思考】

在新型网络犯罪的司法证明过程中采用整体主义证明思路，对案件进行综合认定，这一制度的适用实质上是因为新型网络犯罪所具有的特性，是一种与新情况、新时代相结合，为了应对新问题而得出的结果。但是事实上，整体主义这一证明思路并非仅仅有助于解决新型网络犯罪的司法证明问题，其对传统罪名的证明也有一定的借鉴意义。那么在现有的传统罪名的司法证明过程中，应如何适用整体主义证明思路？

第九章
网络犯罪案件证明理论的实践展开

【研习要点】

1. 深入了解以指控犯罪思路为指引进行证明准备的意义，明确指控犯罪思路可以帮助确定证明对象，指引侦查取证活动。

2. 正确认识推定的适用条件和程序，了解推定的作用和证明责任之间的关系。认识到推定并非直接转移证明责任，适用推定并不会侵害被告人的合法权益，自然也谈不上苛求被告人。

3. 强化对证据审查机制的认识，坚持以审判为中心的原则，进一步完善现有证据审查制度。同时注重与时俱进，直面数据化证据的挑战，并构建相应制度，适用新时代、新情况。

【典型案例】

郭某升、郭某锋、孙某标假冒注册商标案[1]

[基本案情]

公诉机关指控：2013 年 11 月底至 2014 年 6 月，被告人郭某升为牟取非法利益，伙同被告人孙某标、郭某锋在未经三星（中国）投资有限公司授权许可的情况下，从他人处批发假冒三星手机裸机及配件进行组装，利用其在淘宝网上开设的"三星数码专柜"网店进行"正品行货"宣传，并以明显低于市场的价格公开对外销售，共计销售假冒三星手机 20 000 余部，销售金额

---

[1] 最高人民法院指导性案例 87 号（2020 年）。

2000余万元，非法获利200余万元，应当以假冒注册商标罪追究其刑事责任。被告人郭某升在共同犯罪中起主要作用，系主犯。被告人郭某锋、孙某标在共同犯罪中起辅助作用，系从犯，应当从轻处罚。被告人郭某升、孙某标、郭某锋及其辩护人对其未经"SAMSUNG"商标注册人授权许可，组装假冒的三星手机，并通过淘宝网店进行销售的犯罪事实无异议，但对非法经营额、非法获利提出异议，辩解称其淘宝网店存在请人刷信誉的行为，真实交易量只有10 000多部。法院经审理认为，被告人辩解称网络销售记录存在刷信誉的不真实交易，但无证据证实，对其辩解不予采纳。

[**典型意义**]

法院最终认定辩护意见"不予采纳"，这一认定系证明责任的裁量转移，其内在逻辑在于固守证明责任合理调配的基本立场，防止公诉方陷入极易出现的举证客观不能之困境。[1]换言之，辩护方辩解电子销售记录总额中有部分交易系"刷单"形成，此时应当承担相应的证明责任，否则便不能采纳辩护方的"刷单"辩解。[2]

【**理论解读**】

在上一章中我们对网络犯罪的司法证明进行了概括性分析，并对整体主义证明思路进行了描述和论证。在本章中，我们将围绕"以指控犯罪思路为指引的证明框架""正确适用推定机制"与"对证据的综合审查判断"这三大实践中网络犯罪证明理论的重难点问题展开分析，借此论证证明理论在网络犯罪案件中的实际应用策略。

一、以指控犯罪思路为指引进行证明准备

在以证据为核心的刑事诉讼模式下，检察机关是指控与证明犯罪的主体，在审前诉讼过程中具有主导责任，[3]在庭上又是指控与证明犯罪的主体，在

---

〔1〕　参见刘品新：《网络犯罪证明简化论》，载《中国刑事法杂志》2017年第6期。

〔2〕　参见姜瀛：《网络假冒注册商标犯罪中被告人"刷单"辩解的证明模式和证明标准——以第87号指导案例及相关案例为分析对象》，载《政治与法律》2017年第9期。

〔3〕　参见李奋飞：《论检察机关的审前主导权》，载《法学评论》2018年第6期。

收集、审查、运用证据的过程中无疑居于主导地位。以新型非法集资犯罪案件为例，这一类案件证据庞杂，有的案件案卷数以千计，这就对检察机关履行收集、审查、判断证据的主导责任提出新问题。解决问题的关键在于证明方法论的研究，以有效指控犯罪为目标，善于挖掘、运用海量证据中的有效证明信息，构建证明体系，并将这一方法贯穿于从侦查到庭审的刑事诉讼全过程。

（一）以指控犯罪思路为指引确定证明对象

证明对象是诉讼证明制度的基础性、先决性问题，也是取证工作的具体指向。[1] 在司法活动中，证明对象主要指需要用证据证明的案件事实，证明活动都是从证明对象出发，围绕证明对象展开，并以证明对象为归宿。[2] 刑法分则规定的构成要件事实就是最核心的证明对象。但具体案件中构成要件事实的证明，并非如刑法条文表述那样清晰，不同的犯罪模式或导致指控犯罪思路之间存在着巨大区别。举例而言，犯罪嫌疑人、被告人未经依法批准向不特定社会公众吸收资金，并承诺还本付息，构成非法吸收公众存款罪，此时证明对象就是具体的实行行为；但如果想要进一步证明犯罪嫌疑人、被告人构成集资诈骗罪，就要将证明对象转移至非法占有目的。

指控犯罪思路指引证明对象的确认这一原则在非法吸收公众存款犯罪中具有相当重要的地位，不同类型非法吸收公众存款犯罪的资金流转过程存在明显差异，在收集证据时需要把握不同模式的资金流转特征。传统非法集资犯罪主要以自融或变相自融为主。而在以 P2P 网贷平台为主的新型非法集资犯罪中，除"变相自融模式"外，"资金池模式"也逐渐增多，应当分别确定指控犯罪思路，明确证明对象，进而明确收集证据重点。

1. "变相自融模式"的证明对象

在变相自融模式中，网贷平台及其实际控制人以实施 P2P 网络借贷业务为名，开展非法吸收公众存款活动，所吸收资金均为网贷平台及其实际控制人自行支配使用，并非用于其宣称的第三人融资项目。指控与证明此类犯罪，重点在于揭示编造融资项目吸收公众资金并自行支配使用的过程。

---

〔1〕 参见刘静坤：《证据审查规则与分析方法》，法律出版社 2018 年版，第 19 页。

〔2〕 参见何家弘、杨迎泽：《检察证据实用教程》，中国检察出版社 2006 年版，第 18 页。

根据这一指控思路，收集证据需要围绕确定发布融资项目的实际主体、吸收资金流转过程、资金实际用途展开，以确定犯罪嫌疑人、被告人的变相自融行为。在一些 P2P 网络借贷非法集资案件中，犯罪嫌疑人、被告人为掩盖变相自融事实，借用第三人（公司）信息和银行账户发布虚假融资项目，并虚构交易信息转移资金，最终将资金从第三人转移至用于犯罪嫌疑人、被告人的实际控制账户。对这类犯罪，仅从表层信息无法揭示犯罪，必须对项目相关主体身份和资金账户信息进行穿透。因此，收集证据时不能停留在网贷平台上的项目数据和资金交易数据，需要全面收集平台外资金交易数据，并对犯罪嫌疑人、被告人及负责项目发布、资金操作的其他工作人员进行有重点的讯问、询问，以查明实际的资金吸收者和使用者。在一些案件中，由于没有收集资金去向信息，导致无法确定资金使用主体，不仅影响犯罪事实的认定，还影响最后的追赃挽损工作。

2. "资金池"模式的证明对象

目前，"资金池"这一概念已经频繁出现在金融监管部门的文件政策之中，但尚无明确法律规定。理论界和实务界对资金池的主要特征概括较为一致，资金池一般是指在金融活动中用于头寸管理的资金调配模式，在调配过程中具有"时间转化、价格转化、信用转化、流动性转化"的特征，客观上存在类商业银行的资金流动性风险。[1]这一犯罪模式的表现形式更为复杂，需要结合资金池的运作原理确定证明对象收集证据。其中，资金的归集过程和资金池内资金的控制使用过程是证明构成非法吸收公众存款与否的重点，收集证据主要应围绕这两个环节进行。

第一个环节是资金归集过程。归集投资人资金是设立资金池的前提。司法实践中，归集资金的手段不一，但核心在于通过实际控制投资人在平台开设的虚拟账户进行资金归集。一是利用银行账户归集资金。在 Y 公司非法吸收公众存款案中，该公司要求投资人在其交易平台上开设虚拟账户，投资人通过银行账户充值后，虚拟账户中的资金便进入 Y 公司在合作银行开设的账户，投资人在平台的虚拟账户名义上继续持有相应资金，但实际上只是一串数字而已，Y 公司账户无剩余资金时投资人便无从提取资金。二是利用第三

〔1〕　参见单丹、王铼：《刑法视角下的资金池》，载《山东警察学院学报》2018 年第 2 期。

方支付平台归集资金。在 W 公司非法吸收公众存款案中，投资人在第三方支付平台开设虚拟账户并充值，W 公司要求第三方支付平台和投资人授权其查询、冻结、划拨投资人虚拟账户内的资金，并在第三方支付平台上设立托管账户，投资人未出借资金均被 W 公司转入托管账户后转移至其实际控制的银行账户，用于还本付息或其他经营活动。在上述两个案例中，表面上投资人对虚拟账户内的资金具有控制权限，但通过虚拟账户的实际运作方式、非法集资平台与银行或支付机构的合作协议、资金在虚拟账户与银行账户之间的流转过程、虚拟账户资金余额本质特征等相关证据可以证明犯罪嫌疑人、被告人实际归集资金的事实。同时，应当结合客观证据，对犯罪嫌疑人、被告人及操作资金的相关工作人员就资金运作的细节进行重点讯问、询问，以发现更多收集证据的方向。

第二个环节是控制使用资金过程。网贷平台"爆雷"的原因，源于资金链断裂造成平台兑付危机。但假设网贷平台从事 P2P 信息中介业务，借款人与投资人（出借人）之间属于一对一或一对多的借贷关系，相互之间的资金流转也一一对应，借款人的违约风险就只会影响到其对应的投资人，风险不会波及平台上其他投资人，也就不会发生兑付危机"爆雷"。但事与愿违，"爆雷"网贷平台均通过设立资金池对投资人资金进行统一调配使用，平台上借款人的借款来源并非与借贷关系相对应，而是来自资金池。投资人取得的本息也并非来自其合同上对应的借款人，也来自资金池。因此，一个借款人的违约风险就会传导至所有投资人，当风险持续积累时就会出现"爆雷"，其本质与商业银行存贷款业务无异。因此，证明控制使用资金过程，实际上就是要证明是否存在上述资金流转无法一一对应的情形，需要重点收集平台资金交易规则、资金交易记录、资金实际用途等证据，并有重点地进行讯问、询问。在前述 W 公司案中，该公司将投资人匹配借款人后的剩余资金直接转移至其在第三方支付平台开设的托管账户，不论借款人是否按期还款，托管账户内的资金均统一归还到期本息。此外，在收集证据时还可以进一步查证犯罪嫌疑人、被告人是否存在违反约定控制使用资金，违法挪用、侵占资金等情形，进一步证明其控制资金池的事实。

（二）指控犯罪思路引导侦查取证

以证据为核心的庭审模式，促使诉侦关系必须扭转重配合轻监督的传统观念，发挥检察机关在诉前的主导作用，从法律判断的视角引导侦查取证，监督取证合法，在制衡下引导，在引导中制衡，形成良性的诉前格局，为庭审提供充分、可检验的证据。[1]检察机关应当根据新型网络犯罪案件的相关特点，充分发挥引导侦查取证的作用，准确提出侦查取证的方向、目的和要求，引导侦查机关依法收集证据。以捕诉一体为核心的刑事检察办案模式的改革，为检察机关引导侦查取证工作注入了新动力，审判程序的反向指引作用能够将庭审中证明犯罪的要求通过同一检察官直接传导至侦查阶段。检察机关通过在侦查取证方面予以指导，在法律事务方面予以咨询，对案件的证据收集、事实认定、法律适用和办案程序等提出意见，保证最终起诉的质量和效果。[2]例如，在新型复杂非法集资案件中，引导侦查取证工作应重点围绕确定的证明对象，引导侦查机关充分利用有限的侦查资源，重点收集证明犯罪有无、轻重的关键证据，以提高侦查取证效率效果。再如在零口供案件中，由于与认罪案件相比其证明体系的构建更为复杂，检察机关要准确判断案件要件事实所需要的证据组合，明确指控思路，在没有直接证据的情况下，充分挖掘能够形成证据链条的各项间接证据，引导取证朝着正确的可能方向进行。

"捕诉一体"后，同一检察官对案件诉讼进程的把控更为统一，对指控与证明犯罪要求的理解和认识也更为一致，不会出现审查逮捕与审查起诉阶段证明要求不一致的情形，这对于提高侦查阶段引导取证工作质量及效率，避免侦查取证工作重复低效劳动具有重要意义。非法集资犯罪案件中，一些证据容易被转移、毁损、灭失，检察机关应当通过引导侦查取证尽量把证据问题解决在侦查阶段。对重大疑难复杂案件，除提前介入外，检察机关应充分发挥审查逮捕阶段的实质审查和捕后跟踪督促落实的引导，在作出批准逮捕决定时，根据最终指控与证明犯罪的要求列出详细的侦查提纲，将前述不同类型非法集资案件的证明重点告知侦查机关，明确侦查方向、侦查目的，但同时要注意侦查提纲的必要性和可行性，以提高侦查取证工作的针对性和有效性。对于不符合逮捕条件但有继续侦查必要的，也可以同样操作。

---

〔1〕 参见孙谦：《新时代检察机关法律监督的理念、原则与职能——写在新修订的人民检察院组织法颁布之际》，载《人民检察》2018 年第 21 期。

〔2〕 参见卞建林、谢澍：《刑事检察制度改革实证研究》，载《中国刑事法杂志》2018 年第 6 期。

在引导侦查取证时，应当注意非法吸收公众存款罪与集资诈骗罪之间的关联性。两罪的关键区别在于行为人是否具有非法占有目的。侦查活动是动态发展的过程，尤其在非法集资案件中，侦查取证工作贯穿于整个侦查阶段，前期侦查活动难以立即查清资金去向，无法达到"有证据证明有集资诈骗犯罪事实"的标准，侦查机关只能以涉嫌非法吸收公众存款罪提请逮捕，或者对以涉嫌集资诈骗罪提请逮捕的案件检察机关改为以非法吸收公众存款罪逮捕。但办案人员在制发继续侦查提纲时，不能局限于非法吸收公众存款罪的证明，而是应基于现有证据合理判断收集犯罪嫌疑人具有非法占有目的的可能性，并有针对性地提出继续侦查方向。否则，可能因侦查机关未注意收集证明非法占有目的的相关证据，轻纵犯罪。

在引导侦查取证时，应当引导侦查机关收集证明犯罪的关键信息。（1）犯罪嫌疑人供述、证人证言是证明犯罪的重要证据形式。但实际上在犯罪嫌疑人供述、证人证言中能够证明犯罪的信息是有限的。有的案件中，因侦查人员对指控犯罪思路不了解，讯问、询问没有找准重点，从而无法运用到证明犯罪中。因此，检察机关引导侦查取证，可以根据需要对讯问、询问重点提出要求。如前所述，资金流转是证明非法吸收公众存款犯罪的核心要素，通过对主要犯罪嫌疑人、财务人员的针对性讯问、询问，有助于了解资金运作模式、资金使用决策过程、资金最终去向等，既能服务于指控犯罪，同时也能为查找相关客观证据提供方向。（2）基于资金数据作出的司法会计鉴定意见是证明非法集资犯罪的常见证据形式，也需要根据指控犯罪思路明确需要鉴定的项目。否则，若关键项目没有鉴定，可能导致鉴定意见不能用于证明相关待证事实，重新委托鉴定又会耗费大量时间和资源。因此，在引导侦查取证时，应当对需要鉴定的项目提出建议，确保司法会计鉴定意见与待证的构成要件事实之间的关联性。但需要注意的是，提出需要鉴定的项目，并非诱导鉴定人员提供有利于指控与证明犯罪的鉴定意见。

证据是诉讼的基石，证据裁判原则是刑事诉讼的基本原则，从立案、侦查、起诉到审判，全部刑事诉讼活动都围绕证据展开和推进。党的十八届四中全会部署推进的"以审判为中心"的刑事诉讼制度改革，本质上就是以证据为核心。检察机关承担指控犯罪职能，必须贯彻证据裁判的要求，构建以证据为核心的刑事指控体系，以有力指控犯罪。[1]新型非法集资犯罪案件案情复杂、证据庞杂、专业程度高，收集、审查、运用证据都应深入研究分析新型非法集资行为的本质特征，明确指控思路，严格把握证据要求，有力指控犯罪。

在以证据为核心的刑事诉讼模式下，检察机关是指控与证明犯罪的主体，在审前诉讼过程中具有主导责任，[2]在庭上又是指控与证明犯罪的主体，在收集、审查、运用证据的过程中无疑居于主导地位。新型非法集资犯罪案件证据庞杂，有的案件案卷数以千计，这就对检察机关履行收集、审查、判断证据的主导责任提出新问题，解决问题的关键在于证明方法论的研究，以有效指控犯罪为目标，善于挖掘、运用海量证据中的有效证明信息，构建证明体系，并将这一方法贯穿于从侦查到庭审的刑事诉讼全过程。

二、针对难以证明的问题正确适用推定机制

在刑事诉讼中，司法证明存在两种不同的方式：一是通过对直接证据所包含的证据事实进行印证和补强，从而达到证明待证事实的效果；二是通过对若干间接证据所包含的证据事实进行逻辑推理，使其形成较为完整的证据锁链，从而排他性地认定待证事实的存在。[3]此外，作为证据裁判原则的例外，存在不通过司法证明即可认定案件事实的方法，即替代司法证明的方法。推定就是替代司法证明的方法之一，针对司法实践中的证明困难，它是一种重要的解决方式，这在我国规范性文件和司法实践中均有体现。[4]推定是在案件事实真伪不明情形下从已知事实推断未知事实的一项制度，其分为法律推定与事实推定。[5]前者是指法律上明文规定如果能证明一事实存在且无反证存在时，则另一事实的存在得以证明的推定；后者是指一事实的存在被证明时，对照一般的经验法则与论理法则，用以推定待证事实的另一事实存在，

〔1〕　参见孙谦：《新时代检察机关法律监督的理念、原则与职能——写在新修订的人民检察院组织法颁布之际》，载《人民检察》2018 年第 21 期。

〔2〕　参见李奋飞：《论检察机关的审前主导权》，载《法学评论》2018 年第 6 期。

〔3〕　参见陈瑞华：《刑事证据法》，北京大学出版社 2018 年版，第 476–479 页。

〔4〕　参见褚福灵：《刑事推定的基本理论——以中国问题为中心的理论阐释》，中国人民大学出版社 2012 年版，第 13 页。

〔5〕　参见张海燕：《实体与程序双重视角下的民事推定》，法律出版社 2020 年版，第 23-31 页。

被认定合理且确定的推定。[1]换言之，法律推定和事实推定均应当是"作为间接证据的评价"提出来的，法律推定源于法律，因此其具有直接的法律约束力，而事实推定作为经验的表述，对法官心证产生较大的影响。[2]可见，法律推定与事实推定的认识对象均是未知事实，认识方法均是推断，认识过程均是从一事实到另一事实，二者最大的不同在于有没有法律的明确规定。[3]

推定包括两种事实：基础事实，作为推定前提的案件事实，其需要通过提出证据加以证明；推定事实，未经司法证明而被直接认定成立的事实。需要注意的是，在基础事实与推定事实之间，并没有建立必然的因果关系，而存在一种逻辑推理上的跳跃。[4]此外，还需要强调的两点是：关于基础事实，公诉方必须承担证明责任，提出证据证明，且需证明到事实清楚，证据确实、充分的程度，即在刑事诉讼中适用推定规则时基础事实的证明标准须是"确信无疑"。[5]关于推定事实，其是可以被推翻的，即如果有相反的证据证明该推定的基础事实不成立，该推定即被推翻。[6]只要举出不同于推定的证据，无论是法律推定还是事实推定均可以被反驳。[7]对于客观不能逐一核实有关罪量信息的案件，在辩护方没有异议时，可以适用事实推定，就属于这一替代司法证明的方法。

需要特别指出的问题是，事实推定与间接证据证明的理论区分。详言之，事实推定的结构为先证明基础事实，在此基础上根据经验法则、逻辑法则等认定推定事实，而间接证据证明案件事实先需通过间接证据认定与证明对象有关的间接性事实，然后运用间接性事实进行逻辑推理，证明待证事实；基

---

[1] 参见黄永：《证明责任分配基本理论：以刑事诉讼为参照的研究》，中国法制出版社 2019 年版，第 288-294 页。

[2] 参见［德］莱奥·罗森贝克：《证明责任论》，庄敬华译，中国法制出版社 2018 年版，第 253-254 页。

[3] 参见何家弘：《司法证明方法与推定规则》，法律出版社 2018 年版，第 208 页。

[4] 参见陈瑞华：《刑事证据法》，北京大学出版社 2018 年版，第 504-505 页。

[5] 参见何家弘：《司法证明方法与推定规则》，法律出版社 2018 年版，第 286 页。

[6] 参见黄永：《证明责任分配基本理论：以刑事诉讼为参照的研究》，中国法制出版社 2019 年版，第 295 页。

[7] 参见［德］莱奥·罗森贝克：《证明责任论》，庄敬华译，中国法制出版社 2018 年版，第 254 页。

础事实与推定事实之间是选择关系，而间接性事实与待证事实之间是排他性的一一对应关系；基础事实得到证明时只能初步认定推定事实成立，并给予辩护方反驳的机会，如果辩护方没有提出反驳、反驳缺乏根据或反驳意见被驳回，则推定事实生效，而对于间接证据证明，一旦公诉方承担了证明责任的要求，该证明活动即告完成。[1]

（一）适用推定制度解决证明问题实例

1. 主观心态和主观故意的证明

在实践中被告人、犯罪嫌疑人的主观心态一直都是证明的难题。因为人的主观心态通常具有隐秘性，难以为外人所知。主观心态是被告人、犯罪嫌疑人辩解的主要理由之一，公诉方难以直接证明其主观心态，这就需要借助客观构成要件进行推定，客观构成要件是故意的对象，根据客观构成要件评断故意，是当然之理。[2]举例而言，以金融创新为名实施的非法集资犯罪中，犯罪嫌疑人常以不知道行为违法、没有非法集资的主观故意为由进行辩解。再如非法占有目的的证明是判断犯罪嫌疑人、被告人构成非法吸收公众存款罪还是集资诈骗罪的关键。非法占有目的的认定问题，本质上就是证据的审查判断问题。集资诈骗罪与普通诈骗罪不同，犯罪嫌疑人、被告人是在非法吸收资金与还本付息的动态进行中骗取部分集资参与人的资金，并非每一个集资参与人都会遭受损失，但从犯罪行为整体上来看，必然会有部分集资参与人遭受损失。因此，证明非法占有目的的核心在于证明犯罪嫌疑人、被告人是否明知没有归还能力仍不负责任地使用资金或者故意逃避返还资金。这也是2010年最高人民法院《关于审理非法集资刑事案件具体应用法律若干问题的解释》第4条列举的推定非法占有目的情形的主要精神。

但是，具体案件中犯罪嫌疑人、被告人使用资金的方式复杂多样，不能机械地判断其符合其中哪一种情形，而是应对证据及各类情形进行综合判断。需要审查的内容主要有：（1）实施集资诈骗整体行为模式：投资合同、宣传资料、培训内容等；（2）资金使用过程：资金往来记录、会计账簿和会计凭

---

〔1〕　参见褚福民：《刑事推定的基本理论——以中国问题为中心的理论阐释》，中国人民大学出版社2012年版，第83-85页。

〔2〕　参见周光权：《明知与刑事推定》，载《现代法学》2009年第2期。

证、资金使用成本（包括利息和佣金等）、资金决策使用过程、资金主要用途、财产转移情况等；（3）归还能力：吸收资金所投资项目内容、投资实际经营情况、盈利能力、归还本息资金的主要来源、负债情况、是否存在虚构业绩等虚假宣传行为等；（4）其他欺诈行为：虚构融资项目进行宣传、隐瞒资金实际用途、隐匿销毁账簿。基于基础证据认定上述事实后，再进一步判断犯罪嫌疑人、被告人是否具有归还能力和归还意图，是否不负责任地挥霍使用资金，是否隐匿转移资金。

2. 证明对象数量过多导致无法证明

部分网络犯罪数额巨大，被害人数众多，且遍布天南海北，导致公诉方在证明时困难重重，甚至是客观不能。此种情况下如果要求公诉人证明每一位被害人的被害事实，就将导致"一生只办一案"的现象出现。举例而言，司法实践中，网络黑灰产犯罪的涉案公民个人信息动辄上万条乃至数十万条。对于该类案件，不排除少数情况下存在重复信息的情形，如针对同一对象并存"姓名+身份证号""姓名+住址""姓名+电话号码"等数条信息，但要求做到完全去除重复信息则较为困难，对于信息的真实性也难以一一核实。在王某琼等侵犯个人信息案中，便出现了这种情况，被告人通过非法手段获取20余万条公民个人信息。逐一认定个人信息是否真实，会消耗过多的司法资源，但无条件地全部认定为公民个人信息亦有不妥，因为客观存在上述重复情形的概率比较高。因此，有论者指出，在被告人及其辩护人不提出异议的情况下，应当允许适用推定规则。[1]

（二）适用推定时的具体证明流程

通过对有关最高人民法院、最高人民检察院指导性案例，《最高人民法院公报》《刑事审判参考》等相关典型案例的系统梳理，我们发现，对于适用推定的司法证明，我国司法机关业已形成了一套证明流程，其分为三个环节：首先，公诉方基于综合认定得出推定数量；其次，辩护方针对推定数量承担证明责任；最后，公诉方对反驳进一步承担证明责任。下面，我们将以新型网络犯罪的罪量证明为例，结合有关案例，对具体证明流程进

---

[1] 参见蔡云：《公民个人信息的司法内涵》，载《人民司法（案例）》2020年第2期。

行分析。

1. 公诉方基于综合认定得出推定结论

在此阶段公诉人的任务和方法与一般证明并无区别，因为推定并非直接转移证明责任，其作用是对证明路径进行变更。易言之，"推定"这一概念本身，可以理解为一项证据。当公诉方证明了基础事实，再辅以"推定"这一证据，就可以得到证成推定事实的结果。而不是因为有推定，所以将证明责任直接转移给被告人，其真正作用是简化了公诉方的证明路径，减轻了其证明难度，但并未对证明责任进行重新分配。

2. 辩护方针对推定数量承担证明责任

如果公诉方基于综合认定得出了推定的罪量，那么应当给予辩护方进行反驳的机会。[1]需要注意的是，公诉方基于综合认定得出网络黑灰产犯罪罪量的推定数量属于一个推定事实，那么，作为推定事实，这一推定数量便是可以被推翻的。比如，对于上述最高人民法院、最高人民检察院、公安部联合发布的《电信网络诈骗意见》第 2 条第 4 项的规定，如果辩护方提出诸如涉嫌诈骗的账户里的款项具有合法来源，则不能认定该笔犯罪事实。可见，推定事实在法律上是不确定的事实，辩护方只要提出证据证明了相反的事实存在，就可以推翻该项推定事实，使得公诉方通过推定所认定的案件事实不再成立。[2]反之，则如《电信网络诈骗意见》第 7 条第 2 项的规定。[3]下面，我们继续对指导性案例等典型案例进行研习。

在董某超、谢某浩破坏生产经营案的二审庭审中，[4]辩护人出示了安徽省庐江县公证处出具的公证书及相关书证，证明董某超于 2016 年 1 月 31 日在相关淘宝店铺中购买 1000 余单名为"全面测试大量购买导致的行为"的商品，该店铺未被淘宝平台处罚，进而证明董某超的行为与智齿科技南京公司

---

〔1〕 参见何家弘：《司法证明方法与推定规则》，法律出版社 2018 年版，第 268 页。

〔2〕 参见陈瑞华：《刑事证据法》，北京大学出版社 2018 年版，第 443-448 页。

〔3〕 《电信网络诈骗意见》第 7 条第 2 项规定：确因客观原因无法查实全部被害人，但有证据证明该账户系用于电信网络诈骗犯罪，且被告人无法说明款项合法来源的，根据刑法第 64 条的规定，应认定为违法所得，予以追缴。

〔4〕 董某超的辩护人在一审时提出，对被害单位损失数额的审计结果过高。在上诉时提出，案件尚未达到此罪刑事立案标准；涉案损失鉴定意见依据审计报告不属于鉴定意见，属于书证，且存在取材错误、论证混乱等问题，无其他证据印证，应不予认定。

的降权无刑法上的因果关系，淘宝平台的处罚具有随意性和不确定性。对此，检察官出示了浙江淘宝网络有限公司出具的说明，证明针对董某超购买的商品，淘宝公司发现商品类目为"邮费"，因公司规定"邮费链接无评价入口，不计销量"，所以没有搜索排名和流量，不会造成获利。淘宝平台抓取的被炒信商品为有评价和销量的正常商品，所以大量购买此类商品并不会被淘宝平台的相关规则抓取到。法院经审查认为，辩护人出示的该部分证据所证明的董某超批量购买相关商品的行为与本案中批量购买智齿科技南京公司商品的行为不属于同一性质购买商品或服务的行为，故与本案事实无关联性，不予采信。[1]本案中，辩护方未能完成针对推定数量的证明责任，故辩护意见未被采纳。

在《刑事审判参考》第 669 号案例中，[2]被告人罗某等及其辩护人在庭审中，均对公诉方指控的淫秽图片的点击量提出异议，认为公诉方认定点击量达 25 万余次的证据不足；由于一页多图、产品合格率、自主点击等因素的存在，涉案淫秽图片的实际点击量应远低于公诉方指控的 25 万余次；公诉方没有考虑到联通公司在《中国联通公司增值业务提供商运行维护管理要求》中提出的 60% 页面访问成功率的要求，请求法院查明实际点击数后依法予以从轻、减轻或者免除处罚。西城区人民法院经审理查明：为了提高联通 WAP 的点击率，增加公司收入，被告人罗某指使被告人杨某等在本公司内通过 WAP 业务传播淫秽信息。经鉴定，于 2007 年 1 月 1 日至 2007 年 5 月 9 日共上传 28 张淫秽图片，经专用工具计算页面点击并排除自点击后，28 张淫秽图片的实际被点击数为 82 973 次。其中，关于如何正确计算淫秽电子信息的实际被点击数，裁判理由强调："要排除人为设置的虚假计数、网站的自点击数、有证据证实的无效点击数以及因为手机 WAP 上网的特性导致的同一电子文件设置的重复计数，从而得出实际被点击数。对于其他需要排除的计数方

---

〔1〕 江苏省南京市雨花台区人民检察院诉董某超、谢某浩破坏生产经营案，载《最高人民法院公报》2018 年第 8 期。

〔2〕 北京市西城区检察院以被告人罗刚等犯传播淫秽物品牟利罪，向西城区法院提起公诉，指控四名被告人在北京轻点万维电信技术有限公司工作期间于 2007 年 1 月 1 日至 5 月 9 日共上传 28 张淫秽图片，点击率达 253 335 次，情节特别严重，应处 10 年以上有期徒刑或无期徒刑，并处罚金或没收财产。

式，必须有必要和充分的证据证实才能予以排除，而且实践中这种排除的范围不能过大。"[1]比如，在本案中，辩护方提出，中国联通制定的《中国联通增值业务提供商运行维护管理要求》中要求增值业务提供商所提供的增值业务的最低页面访问成功率是60%，所以实际被点击数应当按照内容请求数×60%来计算。但这一辩解未被法官采纳，因为页面最低访问成功率只是一个下限，实际成功访问率可能远远超过该比率，依照该比率得出的不成功访问数仅是推算，并没有确实的证据可以证实，故不能依照最低页面访问成功率来作为排除不成功点击数的依据。

在《刑事审判参考》第723号案例中，被告人杨某对公诉方指控其传播淫秽物品无异议，但作出如下辩解：实际的会员数量低于指控的数量。其辩护人提出如下辩护意见：公诉方指控的淫秽电子信息点击数、会员数远多于实际数量。二审法院四川省泸州市中级人民法院经依法审理认为：上诉人杨某应以传播淫秽物品牟利罪追究刑事责任。一审未区分普通电子信息与淫秽电子信息的被点击数，导致淫秽电子信息实际被点击数事实不清，故不予认定。关于淫秽电子信息实际被点击数和注册会员数如何认定，裁判理由指出："在计算淫秽电子信息的实际被点击数时，如查明确实存在虚增点击数的情况，就应当扣除虚增的点击数。"[2]被告人杨某所建网站并非专门从事制作、复制、出版、贩卖、传播淫秽电子信息活动，故该网站虽包含大量的淫秽电子信息，但有别于纯粹的淫秽网站，该网站淫秽电子信息的实际被点击数应当低于截至案发当日该网站的实际被点击数。本案中，辩护方完成了针对推定数量的证明责任，故辩护意见被采纳，电子信息的实际被点击数扣除了虚增的点击数。

在王某琼等侵犯个人信息案中，[3]计算所侵犯的公民个人信息数量时，

---

〔1〕　苏敏、于同志：《罗刚等传播淫秽物品牟利案〔第669号〕——如何正确把握淫秽电子信息的实际被点击数》，载中华人民共和国最高人民法院刑事审判第一、二、三、四、五庭主办：《刑事审判参考（总第78集）》，法律出版社2011年版，第49—59页。

〔2〕　参见刘静坤：《杨勇传播淫秽物品牟利案〔第723号〕——淫秽电子信息实际被点击数和注册会员数如何认定》，载中华人民共和国最高人民法院刑事审判第一、二、三、四、五庭主办：《刑事审判参考（总第81集）》，法律出版社2011年版，第57—63页。

〔3〕　公诉方指控王某琼非法获取个人信息219 124条；电子证据检查笔录显示侦查机关从王某琼处扣押的台式机电脑E盘共提取涉企业及法人信息219 124条。

辩护方有证据证实系重复计算的公民个人信息，最终在总数中被予以扣除。对此，2017 年最高人民法院、最高人民检察院《关于办理侵犯公民个人信息刑事案件适用法律若干问题的解释》第 11 条第 3 款作出了规定。[1]该规定在一定意义上将证明责任转移给辩护方，并借助司法解释将之上升为正式的法律规则。[2]本案中，辩护人提交的实验记录虽然仅是对部分样本进行筛查后得出的，但鉴于本案涉案个人信息数量过于庞大，对每条信息进行逐一甄别不具有现实意义，而且辩护人系随机选取数据，并非有意查找具有重复信息的数据，该样本具有代表意义。所以，辩护人提交的实验记录能够证实王某琼获取的个人信息存在重复情况。本案根据有利于被告人原则，按照辩护人所做实验记录的 4.5% 的重复率在总数中予以扣除。[3]

我们需要明确的是，推定成立的前提是基础事实得到证明；在基础事实得到证明的前提下，对推定事实就可以自动地进行认定。为推翻推定事实需要证明责任转移，即在推定规范的作用下，公诉方被免除了证明推定事实成立的义务，而证明推定事实不成立的责任则转移给辩护方。[4]换言之，关于证明责任的转移，是在刑事诉讼中，承担证明责任的一方提出一定的证据以后，由对方承担提出证据责任的情况。[5]即在遵循"谁主张，谁举证"原则的前提下，提出诉讼主张的一方在将待证事实证明到一定程度之后，另一方需要承担证明该待证事实不存在或另一新的案件事实存在的责任。证明责任转移的特殊性在于其须先存在一证明责任分配的一般原则，否则就没有"转移"可言。[6]在适用推定规则的案件中，公诉方对作为推定前提的基础事实承担了证明责任，使得推定事实初步成立，被告人为推翻推定事实，需要承担证明责任。[7]即这些推定从一个事实的存在推定另一事实的存在，该推定

---

〔1〕《关于办理侵犯公民个人信息刑事案件适用法律若干问题的解释》第 11 条第 3 款规定："对批量公民个人信息的条数，根据查获的数量直接认定，但是有证据证明信息不真实或者重复的除外。"

〔2〕参见刘品新：《网络犯罪证明简化论》，载《中国刑事法杂志》2017 年第 6 期。

〔3〕参见辽宁省沈阳经济技术开发区人民法院刑事判决书，（2018）辽 0191 刑初 418 号。

〔4〕参见陈瑞华：《刑事证据法》，北京大学出版社 2018 年版，第 517-521 页。

〔5〕参见黄永：《证明责任分配基本理论：以刑事诉讼为参照的研究》，中国法制出版社 2019 年版，第 262 页。

〔6〕参见姜世明：《举证责任与证明度》，厦门大学出版社 2017 年版，第 40 页。

〔7〕参见陈瑞华：《刑事证据法》，北京大学出版社 2018 年版，第 441-443 页。

不仅在诉讼开始对案件事实起到一种表见证明[1]的作用，而且会相应导致对方当事人承担证明责任，这就导致了证明责任的转移。[2]

需要注意的是，虽然辩护方对推定事实的反驳属于他的证明责任，但关于辩护方所承担的证明责任，法律并未确立明确的证明标准，出于保护被告人基本权益的考量，在学理上亦不要求其达到最高的证明标准。[3]有学者认为，适用于辩护方的证明标准应低于适用于公诉方的证明标准，只需达到"优势证据"的标准。[4]但是这一标准仍然对被告人要求过高。因为在刑事诉讼中，对公诉方的证明标准要求为"事实清楚，证据确实、充分"，即排除合理怀疑。在适用推定的情况下，尽管公诉方可以通过对基础事实的证明来证成推定事实，进而将证明责任转移给被告人，但是公诉方的证明标准却不会因为推定的适用而降低。易言之，推定事实的证明标准也应当是排除合理怀疑。因而此时当被告人对推定事实进行反驳时，其证明标准自然也应当是相对于排除合理怀疑而言。此时被告人一方证明推定事实不能排除合理怀疑即可。当被告人成功证明推定事实存在合理怀疑时，依据无罪推定原则就理应认定被告人无罪，被告人自然就没有继续进行证明的必要和责任。有学者指出，司法实践中的理性证明模式应当是辩护方自由证明模式以及"合情确信"标准，即被告人通过提供某一证据（线索）或口头说明（诸如"刷单"过程的口头说明）都可以影响法官的内心确信，且这种内心确信无须达到完全客观的保证，而仅需在情理上具有可接受性即可。[5]

3. 公诉方对反驳进一步承担证明责任

在辩护方针对网络黑灰产犯罪罪量的推定数量承担证明责任，提供证据证明推定事实不成立后，证明责任再次转移给公诉方。对于辩护方证明推定

---

〔1〕　所谓"表见证明"，是指法院基于由一般生活经验而推得的典型事象经过，由某一定客观存在事实（不争执或已得完全确信者），而推断另一于裁判具重要性待证事实的证据提出过程。姜世明：《举证责任与证明度》，厦门大学出版社2017年版，第207-208页。

〔2〕　参见黄永：《证明责任分配基本理论：以刑事诉讼为参照的研究》，中国法制出版社2019年版，第306页。

〔3〕　参见陈瑞华：《刑事证据法》，北京大学出版社2018年版，第522-523页。

〔4〕　参见何家弘：《司法证明方法与推定规则》，法律出版社2018年版，第287-288页。

〔5〕　参见姜瀛：《网络假冒注册商标犯罪中被告人"刷单"辩解的证明模式和证明标准——以第87号指导案例及相关案例为分析对象》，载《政治与法律》2017年第9期。

事实不成立的反驳，公诉方需要进一步承担证明其不成立的责任，且要达到事实清楚，证据确实、充分的程度。[1]该方法也得到了指导性案例等典型案例的确认。

在王某琼等侵犯个人信息案中，被告人王某琼的辩护人通过随机抽取涉案信息的方式进行的实验确实能够证实公诉方指控的涉案信息存在重复计算的情况，公诉方对此也予以认可。但鉴于数据海量，无法精准认定重复计算的条数，而实验所得结论（重复率）是客观的，将该实验所得结论推定适用于全部数据在总数中予以扣除，亦具有合理性。[2]该案中，公诉方对于辩护方的反驳予以认可，放弃了继续承担证明责任。

在最高人民检察院第 67 号指导性案例的庭审中，50 名被告人对指控的罪名均未提出异议，部分被告人及其辩护人主要提出以下辩解及辩护意见：检察机关指控的犯罪金额证据不足，没有形成完整的证据链条，不能证明被害人是被告人所骗。针对上述辩护意见，公诉人答辩如下：本案认定诈骗犯罪集团与被害人之间关联性的证据主要有，犯罪集团使用网络电话与被害人电话联系的通话记录；犯罪集团的 Skype 聊天记录中提到了被害人姓名、居民身份证号码等个人信息；被害人向被告人指定银行账户转账汇款的记录。起诉书认定的 75 名被害人至少包含上述一种关联方式，实施诈骗与被骗的证据能够形成印证关系，足以认定 75 名被害人被本案诈骗犯罪组织所骗。对此，最高人民检察院指出：办理电信网络诈骗犯罪案件，认定被害人数量及诈骗资金数额的相关证据，应当紧紧围绕电话卡和银行卡等证据的关联性来认定犯罪事实。一是通过电话卡建立被害人与诈骗犯罪组织间的关联。二是通过银行卡建立被害人与诈骗犯罪组织间的关联。三是将电话卡和银行卡结合起来认定被害人及诈骗数额。[3]该案中，公诉方对于反驳进一步承担了证明责任并达到了法定的最高证明标准，成功地完成了指控。

随后，辩护方可以继续针对公诉方的指控进行反驳。如此进行第二轮、第三轮等的抗辩。这里需要再次强调的是，对网络黑灰产犯罪罪量的司法证明，如果公诉方是基于综合认定得出了推定数量，那么这个推定数量属于一

---

〔1〕 参见陈瑞华：《刑事证据法》，北京大学出版社 2018 年版，第 521-523 页。
〔2〕 参见蔡云：《公民个人信息的司法内涵》，载《人民司法（案例）》2020 年第 2 期。
〔3〕 张某闵等 52 人电信网络诈骗案，最高人民检察院指导性案例 67 号（2020 年）。

个事实推定，而事实推定的效力具有一定的假定性，辩护方反驳的不存在或不成立是认定这一事实推定生效的必备因素。[1]所以，公诉方需要继续对辩护方反驳的不存在或不成立进行证明，否则就要承担败诉风险。

三、强化对证据的综合审查判断

证据因与案件有某种关联而具有揭示其事实真相的能力。[2]每一份证据包含的信息是多元的，但并非所有信息都有助于证明犯罪。因此，运用证据证明犯罪，有赖于司法人员的审查判断活动。在认定证据、查明事实过程中，需要遵循科学、可行的证据评估方案，掌握科学的证据分析方法，坚持理性的司法证明规则，从而确定如何基于大量复杂的证据得出特点的结论。[3]特别是面对海量证据，更要善于发现证据中有无与证明犯罪相关的有效信息，证据与证据之间的相互联系，运用证明规则进行综合审查判断。在犯罪嫌疑人、被告人拒不供述的情形下，还经常需要运用间接证据进行刑事推定，这在主观要件的证明上运用较多。

（一）建立健全以审判为中心的证据审查制度

"以审判为中心"强调庭审的实质意义，旨在实现"诉讼证据质证在法庭、案件事实查明在法庭、诉辩意见发表在法庭、裁判理由形成在法庭"。这就要求公诉人在举证时不仅要提供全面、充实的证据，有效地通过举证指控和证明犯罪，与辩方交锋，让法官在庭审中对案件产生最直接的感受，为探究真相作出决定获取到足够充分的信息。例如，在犯罪模式复杂的非法集资案件中，举证应避免简单地以证人证言、书证等证据种类罗列举证，应当围绕指控犯罪思路，以基础事实的证明为基础，组织运用各种类证据逐级递进证明构成要件事实，尤其要通过举证描绘经营模式全貌、揭示犯罪本质、论证指控思路，增强指控效果。

首先，对犯罪事实进行分解和重构。在传统非法吸收公众存款犯罪中，

---

[1]　参见褚福民：《刑事推定的基本理论——以中国问题为中心的理论阐释》，中国人民大学出版社 2012 年版，第 85 页。

[2]　参见张建伟：《指向与功能：证据关联性及其判断标准》，载《法律适用》2014 年第 3 期。

[3]　参见刘静坤：《证据审查规则与分析方法》，法律出版社 2018 年版，第 221 页。

非法吸收资金过程较为简单，按照构成要件分别举证即可。但新型非法集资案件经营模式复杂、专业化程度高，一个完整的犯罪行为往往具备多个环节。比如，资金池模式的证明，至少需要证明归集资金、控制使用资金、其他违法行为三个犯罪环节。只有运用证据全面揭示三个环节，才能掌握经营模式的全貌。因此，在举证时，应当根据指控犯罪思路，将构成要件事实进行解析，逐项分解若干次级事实，对分解后的事实进行合理分组、恰当排序，最终向法庭完整的展现构成要件事实。

其次，对证据进行分解和重构。要注重对单个证据的分解，单个证据要基于证据"原子"进行分析，同时每个证据"原子"在进行证据分析后，其信息要组成完整意义上的整体认知结构，让法官对于案件中各个证据的证据能力、证明力以及各个证据形成的证据组合、证据链条的整体证明力都有所把握，提升证明效果。[1]在简单案件中，每个证据包含的信息有限，证明指向单一，通过逐个举证的方式可以清晰展现案件事实全貌。在经济犯罪案件中，每个证据包含的有效信息是多元的，证明的指向往往具有多元性，且由于案件事实复杂，每个证据证明的事实又是零碎的，无法展现案件事实全貌。逐个举证方式往往无助于阐明案件事实，甚至还会造成指控思路的混乱。因此，应当以单个证据被分解后的"原子"为单位对证据进行考量，如从证明事项的角度对证据进行分解，一份投资合同能够证明投资项目情况、投资金额、业务员情况等，一份银行账户明细能够证明投资金额、投资时间、收付款人等。然后，针对每一项待证事实，提炼出各有关证据中的有效信息，证明前述分解后的各层级事实。因运用的信息内容不同，同一证据可以在举证时反复使用。在举证顺序上，应当与证据审查判断的原则保持一致，即按照先客观后主观的顺序举证。

此外，在复杂疑难案件进行举证时，还需要注意突出举证重点，提升举证效果，避免因事实证据复杂导致庭审效果不佳。特别是要注重运用多媒体示证的方式进行举证，必要时对复杂的经营模式、资金流向可以运用图表等形式进行归纳并展示，便于法庭了解每一组证据的证明对象。

---

[1] 参见谢澍：《迈向"整体主义"——我国刑事司法证明模式之转型逻辑》，载《法制与社会发展》2018年第3期。

（二）完善现有制度，直面证据数字化挑战

大数据时代到来，数据从简单的处理对象开始转变为一种基础性资源，[1]使犯罪侦查模式发生了根本性变革，证据电子数据化已经成为证明犯罪的必然发展趋势，侦查取证方式和证明手段和方法也随之发生新的变化，这些新情况新问题既是挑战，更是机遇，特别是将原本人工收集、审查、判断的过程交给大数据来实现，必将提升指控与证明犯罪的质量和效率，我们必须顺应趋势，加强对这些新情况新问题的研究和应对。

证据的电子数据化带来侦查取证方式的新变化。网络借贷领域等互联网金融领域的非法集资案件中，宣传推广、资金支付等一系列关键犯罪行为主要依托互联网平台完成，大量证据通过电子数据的形式呈现。特别是，电子数据的载体也在发生变化，过去电子数据载体往往存储于硬盘等固定存储介质，而现在大量网络案件中的电子数据存储于第三方服务商的云存储服务器。同时，侦查机关的调查取证手段也在发生变化，原先通过传统取证方式的证据，可以通过网络手段调取并以电子数据形式呈现。对上述电子数据及取证方法如何进行审查判断，是检察机关面临的新课题。2019 年公安部制定的《公安机关办理刑事案件电子数据取证规则》专门对网络在线提取电子数据、冻结电子数据的方式方法作出了规定。这类电子数据提取过程复杂、专业强，原始数据不容易保存，因此提取方式的科学性尤为重要。检察机关在审查时，不仅要注重对电子数据本身的审查，而且还需要加强对电子数据提取过程的审查，必要时应当聘请专家开展辅助审查工作，避免因为知识盲区造成审查盲区。

大数据分析技术的发展带来证据分析手段的新变化。大数据驱动的侦查模式是时代的必然选择，这不仅在于复杂的犯罪态势及其数据化生态，更在于大数据技术使得这种选择成为现实。[2]在越来越专业、复杂的案件中，用于证明案件事实的证据也必然趋于专业化和复杂化，特别是涉众型犯罪呈现

---

[1]　参见孟小峰、慈祥：《大数据管理：概念、技术与挑战》，载《计算机研究与发展》2013 年第 1 期。

[2]　参见何军：《大数据与侦查模式变革研究》，载《中国人民公安大学学报（社会科学版）》2015 年第 1 期。

出证据巨量的特点，依靠大数据证明案件事实已经成为一种客观需要，也更明显高效得多。[1]但是，在现行法律框架下，大数据及其延伸出来的材料的证据资格、证据种类等还存在争议。大数据分析报告由机器算法从海量数据中提炼出与案件有关的数据并计算得出结论，这一大数据分析报告是否能够作为证据且作为何种证据种类均存在争议，其审查判断的规则自然也无从定论。有观点认为，大数据分析是建立在算法模型基础上，分析并非逻辑意义上的论证、推理，应当进一步从逻辑意义上去解释其中的因果关系，这种解释应符合逻辑和人的经验，能够为人类理性所理解和接受，才能作为诉讼证据。[2]在司法实践中，已有个别地方将大数据分析报告视为鉴定意见，但作出分析报告的分析人、算法模型的建构人是否具有鉴定资质，算法模型的可靠程度以及通常被作为商业秘密的算法模型如何披露接受可靠性检验、接受质证仍然有待进一步研究解决。客观上来看，大数据分析技术及其得出的报告结论具有科学性，其与司法鉴定人员依据个人能力作出的鉴定意见具有同质性，不能因为现行法律规定的局限而阻碍这种新的证据分析方法的发展。在现行法律框架下，可以探索通过向控辩双方公开算法及算法规则、引入专家辅助人对算法的可靠性进行审查、算法设计人及相关专家出庭作证等方式，发挥大数据分析报告对证明犯罪的积极作用。

【延伸思考】

如上所述，证明对象的海量化导致公诉方无法有效证明，只能通过适用推定的方式来进行证明。但由于被追诉方的调查取证能力一直都处于虚置的状态，尤其是在新型网络犯罪这一具有海量证据的情况下。因为被追诉人一般没有能力和精力去收集相关证据，反观追诉机关，有更强的人力物力以及各种制度保障其可以顺利调查取证，而这就导致了严重的"证据偏在"现象。而为了减少证据偏在对诉讼双方当事人造成的不正当影响，证据开示制度显得尤为重要。但是面对海量的数据，证据开示制度却效果极其有限，公诉方可以通过"数据倾倒"使得证据开示无效化，即向被追诉方开示全部海量数

---

〔1〕 参见刘品新：《论大数据证据》，载《环球法律评论》2021 年第 1 期。
〔2〕 参见钟明曦：《论刑事诉讼大数据证据的效力》，载《铁道警察学院学报》2018 年第 6 期。

据信息，以巨大的信息量淹没有效证据，侵蚀被告方的知情权。面对这一问题，我们在构建公诉方证明体系的同时，又应当如何保障被告人的质证权等基本诉讼权利？

第四编
网络犯罪治理：行动与对策

第十章
互联网企业事前合规义务识别

【研习要点】

1. 涉互联网企业网络犯罪因企业经营领域和犯罪领域的高度相关性，具有发生上的高概率可能，并因为该领域监管要求的高度动态性，在一定程度上提高了这种可能。

2. 合规不起诉是治理互联网企业网络犯罪的重要举措，可以分为以减轻处罚或获得不处罚结果为目的的事后合规整改，与通过加强合规制度建设和进行员工合规培训排除企业犯罪故意的事前自主合规。

3. 互联网企业网络犯罪领域监管要求的高度动态性是实现企业合规的重要障碍，有必要利用互联网企业自身优势，将底层技术和数字建模相结合，对相关刑事合规义务进行高效和准确的识别。

【典型案例】

上海 Z 公司、陈某某等人非法获取计算机信息系统数据案[1]

［基本案情］

上海 Z 网络科技有限公司（以下简称 Z 公司）成立于 2016 年 1 月，系一家为本地商户提供数字化转型服务的互联网大数据公司。Z 公司现有员工 1000 余人，年纳税总额 1000 余万元，已帮助 2 万余家商户完成数字化转型，

---

[1] 上海 Z 公司、陈某某等人非法获取计算机信息系统数据案，最高人民检察院发布第三批 5 件涉案企业合规典型案例之一（2022 年）。

拥有计算机软件著作权 10 余件，2020 年被评定为高新技术企业。被不起诉人陈某某、汤某某、王某某等人分别系该公司首席技术官、核心技术人员。

2019 年至 2020 年，在未经上海 E 信息科技有限公司（以下简称 E 公司，系国内特大型美食外卖平台企业）授权许可的情况下，Z 公司为了提供超范围数据服务吸引更多的客户，由公司首席技术官陈某某指使汤某某等多名公司技术人员，通过"外爬""内爬"等爬虫程序，非法获取 E 公司运营的外卖平台（以下简称 E 平台）数据。其中，汤某某技术团队实施"外爬"，以非法技术手段，或利用 E 平台网页漏洞，突破、绕开 E 公司设置的 IP 限制、验证码验证等网络安全措施，通过爬虫程序大量获取 E 公司存储的店铺信息等数据。王某某技术团队实施"内爬"，利用掌握的登录 E 平台商户端的账号、密码及自行设计的浏览器插件，违反 E 平台商户端协议，通过爬虫程序大量获取 E 公司存储的订单信息等数据。上述行为造成 E 公司存储的具有巨大商业价值的海量商户信息被非法获取，同时造成 E 公司流量成本增加，直接经济损失人民币 4 万余元。

案发后，Z 公司、陈某某等人均认罪认罚，Z 公司积极赔偿被害单位经济损失并取得谅解。在检察机关的引导下，Z 公司在数据合规管理、数据风险识别、数据评估处理、数据合规运行与保障等方面积极进行合规整改，并聘请法律顾问制定数据合规专项整改计划。在三个月考察期满后，第三方组织经评估认为，Z 公司合规整改评估考察结果合格。2022 年 5 月，普陀区人民检察院依法对犯罪嫌疑单位 Z 公司、犯罪嫌疑人陈某某等 14 人作出不起诉决定。

［典型意义］

（1）企业合规彰显了刑事犯罪治理措施的社会效益。在本案中，Z 公司有员工 1000 余人，年纳税总额达 1000 余万元，如果粗暴地对 Z 公司进行刑事追诉，只会导致"办理一起案件，垮掉一个企业，失业一批职工"的不利后果。而通过合规整改的方式进行治理，不仅达到了犯罪治理的一般预防和特殊预防目的，也在节约司法成本的同时达到了社会效益。当然，在涉互联网企业网络犯罪中，重视事后刑事合规整改的同时，也应强调企业的事前自主合规体系建设，通过事前的制度完善和员工培训，将企业与刑事犯罪进行隔离，通过企业主观故意的消弭彻底避免企业刑事犯罪的发生。

（2）涉互联网企业网络犯罪有着准确识别合规义务的需求。本案中，Z公司在未经 E 公司许可的情况下，非法获取 E 公司的数据，引发了刑事风险，应就数据合规进行合规制度构建。在后续就数据合规管理、数据风险识别、数据评估处理、数据合规运行与保障等问题进行合规整改时，Z 公司面临如何准确识别相关义务的问题。从纷繁的刑事法规、行政法规等规范性文件中厘清互联网企业合规所需承担的义务，是一个不仅事后合规需要考虑的问题，也是事前合规所需要考虑的问题。

【理论解读】

涉互联网企业网络犯罪合规义务的识别是治理此类网络犯罪的关键一环。涉互联网企业网络犯罪往往与互联网领域新兴技术和应用有关。对应的监管文件和规范要求常处于不明确或者快速变动的状态，导致识别合规义务存在一定的难度。结合前期在部分互联网企业的调研访谈，下文初步梳理了互联网企业事前自主刑事合规体系建设中合规义务识别的必要性与可行性。我们认为，在具体合规义务识别的过程中，互联网企业应当坚持"分层"与"复合"的识别路径，确保"强制合规义务层级"与"优先合规义务层级"的分层识别，以及在此基础之上，探索行政合规义务与刑事合规义务、各类刑事合规义务来源的复合识别。

一、事前自主合规与合规义务识别

"企业合规"是当前理论研究与实践探索中的热点问题，但随着最高人民检察院主导的涉案企业合规试点全面推行，研究者的关注重心似乎更多放置于"事中"和"事后"的企业刑事合规。尤其是以"合规不起诉"的兴起为聚焦点，甚至有观点将企业合规等同于一种涉案后的补救行为。"合规不起诉"是最典型的"事中"刑事合规，企业的危机应对与配合执法也属于"事中"的范畴；而"事后"刑事合规，主要是指制订事后合规计划，以及计划的落实和复盘，确保刑事合规计划与合规监管协议发挥实质作用，推进企业刑事合规体系建设。有学者将这类企业在行政机关、司法机关的执法压力下，或在国际组织采取制裁措施的情况下，以减轻处罚或者取消制裁为目标所进行的合规举措，称为"合规整改"。[1]然而，倘若将企业刑事合规仅仅局限于一种事中或事后行为，或许就偏离了涉案企业合规改革之根本目的。我们认为，涉案企业合规改革，本质上是为了鼓励更多企业建立健全"事前"的自主合规体系，即日常性的、自发性的、前提合规关口的合规体系。唯有推动自主合规与被动合规的全面覆盖，以及事前合规与事中、事后合规的有序衔接，才能最大限度地从实体上阻断企业犯罪，实现企业治理的积极效果。

企业事前自主合规体系建设的前提，在于有效识别刑事合规义务，这也是确立、制定、实施、评价、维护、改进企业刑事合规管理体系的基础。以国家市场监督管理总局、国家标准化管理委员会联合发布的《合规管理体系——要求及使用指南（标准号：GB/T 35770-2022）》（以下简称《合规指南》）为例，其中明确要求应当系统性地对合规义务进行识别；[2]同时，《合规指南》中罗列的合规义务来源包括强制性遵守、自愿选择遵守和基于签署合同产生的义务。[3]然而，识别刑事合规义务的难点在于，刑事合规义务是随着立法、司法以及刑事政策不断变化的。例如，近年来，《刑法》增设了帮助信息网络犯罪活动罪、拒不履行信息网络安全管理义务罪、非法利用信息网络罪等罪名，督促企业配合相关行政监管部门履行责任义务；2022年4月，最高人民检察院、公安部联合发布的《关于公安机关管辖的刑事案件立案追诉标准的规定（二）》，将企业常见的商业贿赂相关罪名入刑标准调低，对于标准的把握以及合规义务的内容呈现出动态变化的趋势。

对于近年来发展势头迅猛的互联网企业而言，由于企业在运行过程中需要处理海量的信息和数据，引发刑事合规风险的可能性也更高。数字革命创造出传统犯罪依然适应而新兴犯罪持续涌现的虚拟世界，犯罪样态也从传统

〔1〕 陈瑞华：《有效合规管理的两种模式》，载《法制与社会发展》2022年第1期。

〔2〕 "组织应系统识别其活动、产品和服务所产生的合规义务，并评估其对组织运行所产生的影响。组织应建立过程以：a）识别新增及变更的合规义务，以保证持续合规；b）评估已识别的变更的义务所产生的影响，并对合规义务管理进行必要的调整。组织应保持其合规义务的文件化信息。"

〔3〕 具体包括，其一，组织强制性遵守的要求包括：法律法规；许可、执照或其他形式的授权；监管机构发布的命令、条例或指南；法院判决或行政决定；条约、公约和协议。其二，组织自愿选择遵守的要求包括：与社会团体或非政府组织签订的协议；与公共权力机构和客户签订的协议；组织的要求，如方针和程序；自愿的原则或规程；自愿性标志或环境承诺。其三，与组织签署合同产生的义务：相关组织的和产业的标准。

的单一、集中转变为多元、分散。[1]为了应对上述风险，《网络安全法》、《数据安全法》、《个人信息保护法》以及《反电信网络诈骗法》等法律相继出台，持续强化着企业的安全主体责任。正是由于立法、司法以及政策向度的变化较为频繁，企业在面对新罪名、新规范、新标准时，可能陷入难以有效识别合规义务的困境。毕竟，互联网企业面对的刑事风险呈现多元化趋势，既有较为传统的商业贿赂、串通投标、侵犯商业秘密等风险，也有具备互联网特征的犯罪风险，如计算机犯罪、数据犯罪、创新业务非法经营、拒不履行信息网络安全管理义务等。可见，面对多元化的刑事风险，互联网企业试图界定较为清晰的合规义务，显然存在一定挑战。而随着 ChatGPT 等智能工具的"出圈"，学界更应当思考，是否也可能在企业合规体系建设中探索类似的"技数"路径，辅助我们应对风险的多元化和复杂性。有鉴于此，本章试图结合我们前期针对互联网企业自主刑事合规体系建设的调研成果，探索互联网企业刑事合规义务识别中的宏观理论指引与微观实践创新。需要说明的是，本章从互联网企业切入，但研究成果可能对于非互联网企业合规建设同样具有启发意义，只是互联网企业的相关问题更为突出，也更适应本章将要提倡的技数赋能之建构方向，因此为了集中论域，本章讨论的范围将聚焦于互联网企业的刑事合规义务识别。

二、互联网企业刑事合规义务识别的分层与复合

从企业自主合规走向企业被动合规，本是过往企业合规发展的历史进程。以域外为借镜，20 世纪中叶以前，自由主义思潮深度影响着美国，企业日常监管与外部监管之间缺乏法律规范的衔接，无法落实政府监管要求，为了强化企业监管、降低企业犯罪率，美国政府开始将合规计划引入法律实践，强制企业开展合规管理。[2]然而，本章主张推动自主合规与被动合规的全面覆盖，以及事前合规与事中、事后合规的有序衔接，尤其强调企业事前自主合规体系建设，并不意味着逆转企业合规发展的历史进程。因为，当前语境下

〔1〕　参见谢澍、赵玮：《论网络犯罪案件的量刑证明——"整体主义"证明理论的实践探索》，载《云南社会科学》2022 年第 1 期。

〔2〕　参见万方：《合规计划作为预防性法律规则的规制逻辑与实践进路》，载《政法论坛》2021 年第 6 期。

的企业事前自主合规体系，并非 20 世纪自由主义思潮下美国企业的自我管理。后者缺乏法律规范约束以至于无法落实监管要求，而前者建设的前提就在于有效识别刑事合规义务，前已述及，刑事合规义务的来源就包括需要强制性遵守的法律法规等。就此而言，从消极的企业自主合规，走向企业被动合规，再走向积极的企业自主合规，才是企业合规发展的应然路径。如果说事中、事后之涉案企业合规建设的有效性标准要求涉案企业在查明深层制度缺陷的基础上进行针对性制度修复，并且审查要点就在于涉案企业识别管控漏洞的准确性及深度，[1]那么，事前的企业自主合规就需要提前将可能的漏洞和缺陷进行识别，而漏洞和缺陷的标准即是企业合规义务所框定的，需要通过分层和复合的方法进行立体化形塑。当然，对于互联网企业而言，刑事合规义务的识别还要重视相关互联网刑事风险。

（一）刑事合规义务的分层识别

前已述及，《合规指南》对企业合规的义务来源进行了罗列，包括组织强制性遵守的要求、组织自愿选择遵守的要求和与组织签署合同产生的义务。这实际上是对企业合规义务识别提出了"分层"的要求，即根据企业合规义务的强制程度进行界分，并有针对性地处理。对于互联网企业刑事合规义务识别而言，还需要准确把握互联网企业的显著特点及其所面临的互联网风险，尤其是关乎刑事风险的重点领域需要进入"强制合规义务层级"，否则无法有效预防刑事犯罪。

首先，互联网企业刑事合规义务识别的重中之重即是"强制合规义务层级"。这一层级主要包括来自刑事政策、法律法规、司法解释、指导性案例以及刑事判决的合规义务。需要说明的是，刑事判决中的部分观点并不具有强制性，但在具体司法实践中，尤其是同一辖区范围内具有较高的参考价值，因此也应当被纳入"强制义务层级"。对于互联网企业而言，其强制合规义务不仅更新频繁，并且部分规范因为位阶不高而容易被遗漏。例如，互联网企业普遍开发了移动互联网应用程序，即我们常说的"手机 App"，对此，2022年 6 月 14 日，国家互联网信息办公室发布了修订后的《移动互联网应用程序

[1] 参见刘艳红：《涉案企业合规建设的有效性标准研究——以刑事涉案企业合规的犯罪预防为视角》，载《东方法学》2022 年第 4 期。

信息服务管理规定》，其中就对相关合规义务进行了明确规范，包括应用程序提供者与应用程序分发平台应当共同履行的三项合规义务，以及应用程序提供者应当履行的十项合规义务和应用程序分发平台应当履行的五项合规义务。[1]可见，互联网企业的强制合规义务不仅涉及面广并且"细碎"，全面识别需要投入大量资源，仅仅依靠人工识别、手动识别恐怕难度较高。

其次，根据互联网企业的业务需求，在刑事合规义务识别的过程中应当区分"优先合规义务层级"。这一层级顺位处于"强制合规义务层级"之后，并非强制性要求，但因为与企业的业务开展有着密切关联，因此属于企业自愿遵守的合规义务。《合规指南》强调，组织应当将与业务相关的、最重要的合规义务加以识别。这也就意味着，"优先合规义务层级"中，可以根据与业务的相关程度以及业务本身的重要性进行再分层。《合规指南》中提到，可以参考"帕累托原则"对此处合规义务分层进行指引。"帕累托原则"即"帕累托最优"（Pareto superior），[2]在对资源进行高效分配时，可能需要降低一部分人的效用，才能有效提升另一部分人的效用，而这种资源的配比往往呈现出"二八定理"，即20%的重要领域发挥着80%的积极效用，因此需要将资源尽可能地投入这20%的重要领域。当然，如果能在不减损一方福利的同时，通过资源配置的优化提升另一方福利，即是"帕累托改进"。[3]同样，从企业合规的效率向度考察，合规效率并非合规成本与效益之间存在的简单比例关系，更不能一味地追求成本最小化，而是提倡对企业合规资源的有效整合与运用。刑事合规义务的识别，首先应当识别与核心业务最相关的部分，然后再逐步附带其他业务范畴。毕竟，企业的核心业务范畴可能仅占总业务的少量比例，但正是这部分核心业务能给企业带来大部分的收益，同时也面临更多的刑事风险，需要尽可能通过企业合规义务识别将其纳入自主合规体系。以互联网企业必须面对的数据安全问题为例，《数据安全法》确立了"数据分

---

〔1〕 参见王春晖、王巍：《App提供者和分发平台的合规义务——解读〈移动互联网应用程序信息服务管理规定〉》，载《中国电信业》2022年第7期。

〔2〕 当然，如波斯纳所言，在现实世界几乎不可能满足帕累托最优存在的条件，谈到效率概念，人们十有八九说的是卡尔多–希克斯效率（Kaldor-Hicks），相关论述可参见［美］理查德·波斯纳：《法律的经济分析》，蒋兆康译，法律出版社2012年版，第16-17页。

〔3〕 ［印度］阿马蒂亚·森：《伦理学与经济学》，王宇、王文玉译，商务印书馆2018年版，第41页。

类分级保护制度",对企业而言,一方面,应当严格遵循国家重要数据目录和本地区、行业监管部门制定的重要数据具体目录对重要数据加强保护,这属于"强制合规义务层级"的范围;另一方面,对重要数据以外的其他数据,企业还需要自主进行分类分级并给予相应程度的保护,可以参考相关法律法规并根据所属行业的数据分类分级要求,结合企业自身实际情况,开展适合企业自身的数据分类分级保护举措,[1]这就属于"优先合规义务层级"的范围。

此外,互联网企业刑事合规义务分层的意义还在于,区分不同合规义务的识别难度。法律法规由于最高度概括化的特点,可能存在晦涩难懂的情况,在刑事合规义务识别过程中相对更难被理解,即便存在相关司法解释,也由于我国司法解释的"立法化""抽象化"因素而并不能降低理解难度。而刑事判决数量巨大,也最难实现全覆盖识别,更不必说在此基础上抽象出刑事判决中的各种观点,毕竟"同案同判"是理论界与实务界努力的方向,但尚未——实际上也不可能——完全实现,因而刑事判决的观点还可能存在各种冲突和矛盾。加之,同类刑事案件判决中的观点可能因为刑事政策或其他诸多因素而呈现出变化,尤其是在当下多项改革持续推进的时代,这种变化的速度还相对较快,一旦没有及时、有效地进行追踪,企业刑事合规义务的识别就可能出现滞后。与"强制合规义务层级"相比,"优先合规义务层级"范围内的识别难度就相对较低,因为这一层级实质上是企业自愿遵守的合规义务,因而与企业本身的业务动态关联度较高,企业一般也能及时、准确、有效地加以把握。

(二)刑事合规义务的复合识别

在刑事合规义务分层识别的基础之上,还可以进一步优化刑事合规义务识别,进而发挥事半功倍的作用。《合规指南》强调,应当根据职能、部门、岗位、活动的区别,识别各职能、部门、岗位、活动中的合规风险源。这就需要根据企业各类业务进行企业合规义务的复合识别。申言之,从企业的业务运行过程考量,一个业务行为可能涉及多个刑事合规风险点,需要对相关

---

[1] 参见任文岱:《"数据分类分级保护"背景下的企业合规 以国家和公共利益为视角依法合规运用数据》,载《民主与法制时报》2022年2月9日,第3版。

合规义务进行复合识别，才能更好地落实合规管理。因为企业合规义务的复合识别本质上是服务于业务行为的合规，所以发起合规义务复合识别的出发点可以是基于识别各部门、职能和不同类型的组织活动中的合规风险源。就此而言，企业刑事合规义务的分层识别是基础性识别，应当是一个企业基于整体的合规需求而发起的，但企业刑事合规义务的复合识别则可以是企业内部各部门基于自身业务行为而在分层识别基础上的"再识别"。

其一，行政合规义务与刑事合规义务的复合识别。对企业而言，刑事风险涉嫌的罪名大部分是行政犯，互联网企业所涉及的互联网刑事风险更是如此。例如，拒不履行信息网络安全管理义务罪，即行政责任与刑事责任衔接的产物。而正如有学者指出的那样，该罪作为纯正不作为犯是义务犯，其实质根据在于对行为人所承担的社会角色和规范义务的违反，其不法内涵是通过特定的不履行积极行为义务表现出来的，因此，违反特定义务的人成为整个犯罪的核心角色和关键人物，其对特定义务的有意识违反奠定了正犯性。[1]因此，预防拒不履行信息网络安全管理义务罪的前提即识别相关义务，包括行政法意义上的义务和刑事法意义上的义务。过往法律、行政法规规定的信息网络安全管理义务较为模糊和零散，互联网企业进行合规义务识别存在一定困难，但随着近年来涉及互联网犯罪和互联网监管的专项立法相继出台，相关义务已较为清晰，除了前述《反电信网络诈骗法》相关内容，《网络安全法》第21条也罗列了网络运营者应当按照网络安全等级保护制度的要求所履行的安全保护义务，《数据安全法》《个人信息保护法》对于相关义务亦有明确。可见，互联网企业刑事合规义务识别的过程中，需要强调行政合规义务与刑事合规义务的复合识别，覆盖一般立法与专项立法及其司法解释中有关企业合规的义务性规定。

其二，各类刑事合规义务来源的复合识别。同一罪名可能涉及若干法律

---

〔1〕　就拒不履行信息网络安全管理义务罪而言，可能存在义务冲突的情形。这主要存在于该罪的网络服务提供者"致使违法信息大量传播"和"致使刑事犯罪证据灭失"之间。因为网络服务商要防止违法信息大量传播，最有效的方法是删除有关信息，但其删除信息行为事后又有可能"致使刑事犯罪证据灭失，严重妨害司法机关依法追究犯罪"，这会令互联网企业无所适从，因此更需要在合规义务识别的过程中分析过往判决，把握义务冲突的解决策略。参见周光权：《拒不履行信息网络安全管理义务罪的司法适用》，载《人民检察》2018年第9期。

和司法解释，同时受到来自不同辖区范围内的诸多司法判决观点影响，因此，需要在刑事合规义务分层识别的基础上，再对具体各类刑事合规义务来源进行复合识别。以互联网企业的数据安全合规为例，其风险来源包括但不限于侵犯国家数据安全、滥用数据垄断地位以及侵犯个人数据自决权等，[1]其规范依据既有《民法典》《刑法》及相关司法解释，也有《网络安全法》《数据安全法》《个人信息保护法》《反电信网络诈骗法》等专项立法，更重要的是，相关风险的实践处理在不同地区存在一定差异并且可能存在动态更新的趋势，因此需要互联网企业根据自身业务、地域对刑事合规义务进行复合识别，进而保障相关业务行为合规、有效地开展。

三、技数赋能互联网企业刑事合规义务识别

对互联网企业而言，针对刑事风险的分析评估可以分为两大部分，其一是法务发现风险并提起的个案评估，其二是重大事项的强制评估。但显而易见的是，无论是个案中的刑事风险还是重大事项的刑事风险，均是以企业合规义务为基本标准的，因此刑事合规义务识别也就成为互联网企业刑事风险之分析评估的首要前提。通常而言，企业风险的分析评估，包括但不限于风险甄别、分级分类、量化处理、方案制订、目标对齐等内容。上述分析评估举措指引并贯穿于后续的风险化解、效果核验以及优化改进等步骤之中，同时又与后续步骤形成闭环，呈现出全流程动态评估的样态。然而，仅仅将企业刑事合规义务识别与刑事风险分析评估进行衔接仍然是不够的，前已述及，互联网企业的合规义务不仅涉及面广并且"细碎"，全面识别需要投入大量资源，仅仅依靠人工识别、手动识别恐怕难度较高，即便进行了有效识别，仅仅依靠人力进行刑事风险的分析评估也可能存在效率低下且评估有效性存疑的问题。因此，互联网企业自主刑事合规体系尤其需要信息化建设加以辅助，其目的是适应互联网企业的显著特点，将合规义务和风险评估嵌入企业日常业务流程。具体而言，企业的信息化建设通常包括专门事项系统、一般项目系统、合同系统等，合规义务和风险评估的嵌入需要探索在系统卡点，并将

---

〔1〕 参见韩轶：《网络数据安全领域的企业刑事合规体系建构》，载《江西社会科学》2023 年第 1 期。

刑事合规风险审查作为企业合规审查的关键内容，进而在系统内部实现刑事风险及时提示和合规事项长期留存，唯有如此，才能刚性地将刑事合规风险审查纳入互联网企业制度建设层面。在此过程中，"技数赋能"的概念开始被部分互联网企业所采纳并持续推进。有别于单一的"技术赋能"或"数字赋能"，"技数赋能"的优势即在于互联网企业将底层技术和数字建模相结合，形成一套技术化、数字化、可视化的立体识别系统，使得互联网企业刑事合规义务识别更加高效和准确，在进行业务操作的过程中可以一目了然地明确相关合规义务及可能的刑事风险，进而提前预防刑事犯罪。当然，需要明确的是，无论是大数据、人工智能，还是互联网企业刑事合规义务识别中所运用到的具体技数赋能举措，均是发挥辅助作用的，不能代替专业人才以及专业人才的法律知识和经验，否则可能异化为"技数主导"的局面。[1]

（一）技数赋能刑事合规义务识别的基本内容

互联网企业刑事合规义务的第一次识别是基础，但及时维护和更新刑事合规义务更为重要。《合规指南》强调，当企业内外之情形发生重大变化时，应当对合规风险进行周期性再评估。可见，企业应当对刑事合规义务进行常态化维护，以确保持续、有效的企业合规建设。立法和司法解释调整、司法政策变化、专项执法行动开展等因素都会导致有关企业合规的义务性规定发生改变，但企业合规义务的变化还是更多地体现在海量判决之中，很难仅仅依靠人工识别、手动识别加以完成，需要通过技术手段和数字建模实现完整提取和识别。具体而言，技数赋能刑事合规义务识别，需要建构可视化的立体识别系统，其中的技术基础即在于信息抽取，这是一种从无结构的自然文本中识别出实体、关系、事件等事实描述，以结构化的形式存储和利用的技术，目前已在部分互联网企业中开始运用。信息抽取的目标是，让机器理解互联网上的海量信息，作为知识图谱构建与填充、自动机器问答、信息检索、辅助决策等下游任务和应用的重要基础，为机器作出正确决策提供大量相关知识。其中，基本方法包括：（1）实体识别，即从文本中识别出实体的边界和类别（来自预定义好的类别集合）；（2）关系抽取，致力于从文本中识别

---

〔1〕 参见谢澍：《人工智能如何"无偏见"地助力刑事司法——由"证据指引"转向"证明辅助"》，载《法律科学（西北政法大学学报）》2020 年第 5 期。

一对实体以及实体间的语义关系，构成关系三元组；（3）事件抽取，从文本中抽取出用户感兴趣的事件；（4）开放域抽取，直接使用句子原始字词片段作为实体之间的关系短语，而不是从固定的类型集合中选取的短语，这也在一定程度上弥补了实体识别、关系抽取和事件抽取面向限定类别的知识抽取，难以应对未知域的问题。[1]上述技术手段在互联网企业刑事合规义务识别过程中，重点针对宏观政策研究和微观操作指引、类型化指引提供支持。

首先，技数赋能刑事合规义务识别的宏观政策研究。刑事司法实践（判决）是刑事司法政策趋势的重要来源，通过宏观趋势的变动，能够更及时了解政策方向；基于海量司法文书的标注和训练，实现文书中关键信息的抽取，可以帮助用户快速梳理案件事实并摘取所需信息，大幅度提升文书阅读效率。在技术探索层面，对大规模裁判文书中的司法要素识别是宏观数据分析的基础，区别于常规的实体识别问题，裁判文书的复杂长文结构增加了识别裁判文书中各要素（包括事实与证据、定罪与量刑等）之间关联关系的技术难度，因此部分互联网企业在识别常规实体（人、事、地点）之外，增加了针对事实与证据、定罪与量刑之关联的关系抽取。[2]此外，利用通用命名实体识别和预训练模型，识别公开裁判文书长文本中的案件事实、涉案金额、法律适用、判决结果等结构化要素，可以实现文书中关键信息的抽取。同时，利用GRTE 模型结构，基于表格填充方法在复杂句子中抽取关系三元组，克服了仅关注局部特征而忽略了词语之间关系的全局把握，通过多次执行"生成—挖掘—集成"过程，可以逐步细化每个关系的表征，大大提升了司法要素之间关联实体的识别效果，为刑事合规义务识别打造大数据趋势分析。[3]

其次，技数赋能刑事合规义务识别的操作指引或类型化指引。以问答为具体形式的合规义务指引，能够增强可操作性。互联网企业自主刑事合规体

---

〔1〕 参见郁博文：《图视角下的信息抽取技术研究》，载 https://www.secrss.com/articles/49180，最后访问日期：2023 年 11 月 26 日。

〔2〕 See Yanguang Chen, Yuanyuan Sun, Zhihao Yang, Hongfei Lin, *Joint Entity and Relation Extraction for Legal Documents with Legal Feature Enhancement*, Proceedings of the 28th International Conference on Computational Linguistics 1561（2020）.

〔3〕 See Yanguang Chen, Yuanyuan Sun, Zhihao Yang, Hongfei Lin, *Joint Entity and Relation Extraction for Legal Documents with Legal Feature Enhancement*, Proceedings of the 28th International Conference on Computational Linguistics 1561（2020）.

系建设，需要从非结构化、复杂的法律中抽象出具体的合规要求，并采取合适的方式记录相关要求。业务操作指引在内容上应通俗易懂、简洁清晰，使其成为业务人员可随时查找、易于检索的工具。互联网企业需要将相关制度和技术文档以更便捷的形式给员工查阅，因此需要将刑事判决中的具体行为与法律、司法解释融合技术探索，基于强大的预训练生成语言模型，自动从各种形式长文档中挖掘问答对，为智能客服、智能问答等场景提供文档数据自动转化问答对的能力。并且，这种指引应当是类型化的，即在前述之"刑事合规义务的复合识别"基础上，根据不同的业务，给法务、业务人员制作类型化的操作指引。在技术探索层面，可以运用司法领域知识融合模型，构建司法知识图谱，并结合语言模型对段落级交互进行建模，实现段落和文档级别之单个实体的司法知识检索，为类案研究提供相似案件智能推荐的支持。[1]

（二）技数赋能刑事合规义务识别的样态呈现

借助互联网企业的信息化建设，以刑事合规义务为依据的系统卡点提示，可以尽可能避免企业人员因为自身专业知识不足或存在认知偏差[2]而遗漏合规义务。不同互联网企业在技数赋能刑事合规义务识别的探索中当然可以自主选择技术和方法，但其目标是总体一致的。

以互联网企业刑事合规中常见的涉爬虫类犯罪为例，通过对近年来涉爬虫类犯罪裁判的指控证据进行分析，不难发现，检方常见的指控证据包括：（1）鉴定意见，如鉴定意见认定涉案爬虫技术具有侵入性或破坏性等；（2）电子数据，如涉案数据、设备环境数据等；（3）证人证言、犯罪嫌疑人和被告人供述及辩解等。尤其是计算机视角下的危害计算机信息系统安全犯罪，鉴定意见具有绝对优势的证明力。因而，利用爬虫技术采集数据的数据属性、采集技术、采集目的是指控犯罪的证明重点，为了更好地帮助法务人员及时

〔1〕　See Yunqiu Shao, Jiaxin Mao, Yiqun Liu, Weizhi Ma, Ken Satoh, Min Zhang & Shaoping Ma, *BERT-PLI: Modeling Paragraph-Level Interactions for Legal Case Retrieval*, Proceedings of the Twenty-Ninth International Joint Conference on Artificial Intelligence（IJCAI-20）3501（2020）.

〔2〕　过往针对认知偏差的研究主要集中于刑事诉讼程序开启后，但企业自主刑事合规在刑事诉讼程序开启前进行，其中认知偏差带来的影响也需要深入研究。参见谢澍：《从"认识论"到"认知论"——刑事诉讼法学研究之科学化走向》，载《法制与社会发展》2021年第1期。

发现、中止涉爬虫类犯罪，在合规评审过程中，可以将风险行为进行分级评价：标记等级为"高"的被认定犯罪风险高；标记等级为"中""低"的需要结合其他情况综合判断风险是否可控。相应地，互联网企业可以在刑事合规义务分层与复合识别的基础上，根据采集对象、数据属性、技术手段和数据使用向度的差异进行具体的分值设置。分值设置主要可以从刑事风险兑现的两个层次考虑，首先是实质构罪，即直接满足构罪要件；其次是犯罪治理趋势变化，即一段时间内因为专项执法行动等因素，导致这某类犯罪的判决显著增加，需要重点关注相关刑事风险。例如，近期开展的打击治理电信网络诈骗犯罪专项行动使得此类犯罪的判决增多，互联网企业就需要在合规义务识别的过程中重点关注此类犯罪风险。

具体而言，互联网企业可以从四个层面对涉爬虫犯罪的刑事风险进行评估，并对相关合规义务进行识别：（1）关于侵入政府等网站。其中，高风险行为包括破坏或侵入政府计算机信息系统涉嫌破坏计算机信息系统、侵入计算机信息系统罪等。（2）关于采集涉密信息、个人信息，以及采取技术保护措施的著作。首先，高风险行为包括采集国家秘密、商业秘密、个人信息，分别涉嫌非法获取国家秘密罪、侵犯商业秘密罪、侵犯公民个人信息罪等，以及通过破坏或侵入技术手段采集受技术保护的著作涉嫌侵犯著作权罪等。而中风险行为有采集非公开其他数据，因为采集非公开其他数据通常伴随破坏或侵入技术手段。（3）关于采集手段。其中，高风险行为包括使用破坏或侵入技术手段，该行为涉嫌破坏计算机信息系统罪，非法获取计算机信息系统数据、非法控制计算机信息系统罪等。根据刑事司法实践，通过如绕过保护措施获取密码、绕过人机识别验证机制、SQL 注入、突破账号权限等方式，暴力破解 App、破解 URL 签名、破解 http 协议、反编译解析代码，以及影响对方服务器造成系统延迟、影响对方数据安全性、造成对方用户流失等。低风险行为包括采集频率干扰对方计算机信息系统正常运行，该行为涉嫌破坏计算机信息系统罪，根据过往刑事司法实践，这部分合规义务尤其提示关注采集对象为政府的场景。

上述应用场景的描绘，是以涉爬虫类犯罪为例，呈现技数赋能刑事合规义务识别的具体样态，涉及对立法、司法解释、宏观政策趋势、刑事司法实践（判决）的全面把握。当然，根据不同的合规义务，具体细节乃至风险评级都可以有所差异，但前提均是要建立在刑事合规义务识别的"分层"与"复合"之上，并借助"技数赋能"，形成一套技术化、数字化、可视化的立体识别系统，将合规义务和风险评估嵌入企业日常业务流程，确保合规义务识别更加高效和准确。

【延伸思考】

　　互联网企业合规义务识别问题来源于该领域监管的高度动态性。缺少对具有高度动态性的合规义务进行的准确识别和分类就无法在事前进行合规制度的构建。而网络犯罪恰恰是一个随着技术发展进程而高度动态变化的问题。那么，对合规义务的准确识别和高效分类，是否对于其他非互联网企业的网络犯罪问题同样有着一定的适用可能？

第十一章
网络犯罪案件的前端治理探索

【研习要点】

1. 随着网络犯罪的资金划转效率不断提高、资金清洗过程越发复杂、POS 机等物理隔离和境外隔离手段更为多见，网络犯罪对公民财产权益乃至人身权益的侵害问题越发严重，有必要完善紧急止付制度和先行返还制度，保障人民群众的合法权益。

2. 紧急止付制度在反网络犯罪中挽损成效可观，但其"边打边建、以打促建"的思路，导致在实践效果突出的同时，缺少充分的理论依据，呈现出规范基础不足、功能定位受限、角色分工不明、权利保障疏漏等问题。

3. 先行返还制度可以降低涉案财物的价值贬损，有利于被害人及时重新开展正常的生产经营活动，但由于未充分关注网络犯罪涉案资金在先行返还问题上的特殊性，先行返还制度在网络犯罪治理上呈现出一定的问题，甚至产生对被害人的"二次伤害"。

【典型案例】

深圳公安紧急止付某公司财务资金案[1]

[基本案情]

2022 年 2 月 14 日，某公司财务人员郑女士接到自称银行客服的电话，对

---

〔1〕 参见《紧急成功止付 283 万元，第一时间报警至关重要！》，载 https://mp. weixin. qq. com/ s/pZ3KYNa0p7eZJIF58T_ eaQ，最后访问日期：2023 年 10 月 15 日。

方表示其公司银行账户需要年检，要求郑女士通过 QQ 添加其为好友，以便发送年检相关资料。正好该公司账户还未完成年检，郑女士信以为真，未加思索便添加了该"银行客服"。

添加好友后，该"银行客服"便将郑女士拉入一个"公司群"。进群后，郑女士发现自己公司老板"吴总""汪总"也在群内，老板们正在群中谈论相关合作事宜。随后，郑女士便按群内假冒老板"吴总"的指示，转账 283 万元至一个指定账户。转账完成后，郑女士将转账账单截图发送给公司老板。

老板大吃一惊，郑女士这才意识到自己被骗了。原来"银行客服"将郑女士拉进的 QQ 群是犯罪分子精心布置的骗局，群里的公司老板为骗子所假冒。于是郑女士立即报警。

接到报警后，深圳市公安局福田分局福保派出所民警立即赶到现场，了解相关情况后，紧急展开止付工作。民警一边开展紧急止付，一边同步将查获的涉案账户等相关信息上报。接到警情报告后，深圳警方立即启动合成作战机制，市局、分局、派出所三级联动，第一时间应止尽止，全力拦截涉案被骗资金，在 12 分钟内及时对郑女士被骗的 283 余万元成功进行了全额紧急止付。

[**典型意义**]

紧急止付和先行返还作为网络犯罪案件的前端治理措施，能够最大限度地消弭网络犯罪的潜在危害结果，挽救被害人的财产损失。对网络犯罪的治理，不应仅仅停留在犯罪发生后的起诉和审判上，而应着重对被害人的保护和实效。网络犯罪中犯罪嫌疑人往往采取跨国犯罪的方式，大大提高了对其追诉的难度。在后续刑事诉讼程序失灵的情况下，紧急止付和先行返还的实践作用在此类案件中就得到了强化。本案中，若没有及时进行紧急止付，不仅公司要面临巨额损失，郑女士要面临巨额赔偿，后续的追赃和追诉也不容易进行。在进行了紧急止付之后，该公司和郑女士都规避了巨额损失，彰显了网络犯罪前端治理措施的重要意义。

【**理论解读**】

网络犯罪的治理方案应为由多方共建的综合治理体系。在这一治理体系之中，前端治理模块有着响应速度快、应对成效好、适用情形广等诸多优点。网络犯罪的远程性和匿名性使得事后对犯罪的侦查和制裁不像传统犯罪一样有着显著的效果。以网络犯罪中当前多发的境外诈骗为例，一旦犯罪分子成功实施诈骗，层层分流的资金流转通道和客观受限的境外网络追踪将使得公安机关在客观上根本无法破获案件。这意味着网络犯罪的治理必须要比传统犯罪的治理更加重视程序前端。通过前端治理模块的良好效果来弥补程序后端对网络犯罪治理的乏力性。紧急止付和先行返还是网络犯罪治理的重要前端措施，下文将一一对其展开理论解读。

一、网络犯罪前端治理措施之一：紧急止付制度

（一）紧急止付制度的规范现状

随着互联网与信息技术的普及，电信网络诈骗已成为上升最快、群众反映最强烈的犯罪之一。对受害人而言，最关注的往往是被骗资金的追回，而非对被告人的抓捕与惩罚，因此，追赃挽损就成为电信网络诈骗防治实务与研究中备受关注的论题。由于立案后通过刑事程序追赃往往贻误时机，公安机关常面临"资金难查控、链路难查清"[1]的侦办困境，因此立案前阶段的及时查控正成为关键难点。为此，2016 年 3 月，公安部会同中国人民银行等联合发布《关于建立电信网络新型违法犯罪涉案账户紧急止付和快速冻结机制的通知》（以下简称《止冻机制》），并出台《公安机关侦办电信诈骗案件工作机制（试行）》（以下简称《工作机制》），探索专用于电信网络诈骗案件的立案前查控措施，即紧急止付制度。

所谓紧急止付是指银行业金融机构、非银行支付机构（以下将二者统称银支机构）根据公安机关的指令，在核对相关信息后停止涉嫌电信网络诈骗（以下简称涉诈）账户支付功能的活动。[2]由于具有启动速度快、执行效率高等优势，紧急止付制度取得了较为可观的挽损成效。据公安部统计，2021

---

〔1〕 王洁：《司法管控电信网络诈骗犯罪的实效考察》，载《中国刑事法杂志》2020 年第 1 期。
〔2〕 参见刘光林：《非接触性诈骗受害人财产权保护的审视与重塑》，载《广州市公安管理干部学院学报》2021 年第 4 期。

年度，仅国家反诈中心就成功止付涉案资金 3291 亿元。[1]与此同时，紧急止付也为后续刑事冻结、侦查和返还工作的顺利开展奠定了基础，在一定程度上确保涉案资金"冻得到、查得清和返还得了"。

　　然而，需要指出的是，紧急止付制度的发展仍处在初步探索阶段。《止冻机制》和《工作机制》是按照"边打边建、以打促建"思路制定的应急性规范，[2]因此该制度在建立之初尚缺少充分的实践基础和理论支撑。时隔多年，实践层面一直在发展，但制度规范却停滞不前，即使是 2022 年 9 月新出台的《反电信网络诈骗法》也未有更多的规范拓展。在此背景下，两大问题逐渐显现。其一，止付工作成果虽丰，但制度效能仍待扩充。目前，地方止付工作主要通过提速来增强查控实效，止付成功率成为重要的衡量标准，但公布数据的地方仍属少数且呈现两极化；[3]大部分地区仅以止付成功率"大大提高"[4]或者具体止付次数、金额及其增长代为公布，从侧面反映了止付成功率可能仍不理想。与此同时，止付成功率可能无法准确反映止付的查控效果，因为成功止付的认定标准是"止付到了钱"，而不论该资金是否涉诈以及是否与报警人存在权属关系，因此地方数据可能虚高。其二，警察权在不断扩张的背景下，权力运行与私权保障长期失衡。《止冻机制》的制定旨在赋能公安机关以快打快，内容上仅关注实施流程和机制保障两方面，并未同步建立完备的程序控制与权利保障机制，导致实践中该制度在适用上缺乏充分约束。在资金止付的"双刃剑"效应下，公民财产权利面临被不当干预甚至侵害的

---

　　〔1〕　参见刘硕、熊丰、齐琪：《这一年，打击治理电信网络诈骗犯罪效果如何?》，载 http://www. gov. cn/xinwen/2022-04/14/content_ 5685277. htm，最后访问日期：2023 年 10 月 28 日。

　　〔2〕　《全国部署开展打击治理电信网络新型违法犯罪专项行动李伟出席会议并讲话》，载 https:// www. mps. gov. cn/n2253534/n2253535/c5113200/content. html，最后访问日期：2023 年 10 月 28 日。

　　〔3〕　公开信息显示，广州市番禺区和深圳市公布的止付成功率高达 95%以上，但海南省和广西贺州市却只有 65.16%和 55.25%。参见《广州番禺：电信诈骗资金紧急止付率近 100%》，载 https:// baijiahao. baidu. com/s? id=1674917756385628921&wfr=spider& for=pc，最后访问日期：2023 年 10 月 28 日；戚金城、曾彦凯：《283 万元被骗 12 分钟止付》，载《深圳特区报》2022 年 2 月 19 日，第 A05 版；许云、陈炜森、王坤：《海南省反电信诈骗中心成立一年为群众和企业止付挽损 2803 万元》，载 https://news. china. com/domesticgd/10000159/20170930/31535006_ 1. html，最后访问日期：2023 年 10 月 28 日；莫世武、陈展存：《筑起反电诈止付"新高地"　贺州市公安局破电诈案 201 起，止付金额 2.17 亿元》，载《广西法治日报》2021 年 6 月 11 日，第 B04 版。

　　〔4〕　赵家新、倪中硕、关宁：《连云港：合成作战重攻坚"蓝剑"出鞘战果丰》，载《人民公安报》2020 年 4 月 25 日，第 2 版。

风险。但是就目前而言，紧急止付的相关文献偏少，[1]对于以下议题仍有待进一步挖掘，如功能定位、公私协作、公民权利的保障与救济、止付的实务经验等。

（二）现行紧急止付制度的问题检视

1.《反电信网络诈骗法》第 20 条授权不清且缺少基础规范

警察权力必须要有明确的法律授权，否则就欠缺合法性。作为一项与冻结同效的警察权力，紧急止付也应有明确授权，但《反电信网络诈骗法》中作为授权规定的第 20 条却并不清晰。事实上，2021 年出台的《反有组织犯罪法》已明确授予公安机关紧急止付权，第 27 条规定，"公安机关可以对相关涉案财物采取紧急止付措施"，这也是紧急止付首次以立法的形式被确定下来。但次年出台的《反电信网络诈骗法》却并未沿袭这一规定方式，作为授权规定的第 20 条删除了草案一审稿、二审稿中关于"紧急止付由公安机关决定"的明确授权表述，仅保留"公安机关会同有关部门建立完善电诈涉案资金紧急止付制度"和"公安机关依法决定采取紧急止付的，银支机构应当予以配合"，并作为该条第 1 款和第 2 款，由此也奠定了第 20 条的概括授权性质。但是，概括授权的规定模式却难言适当。

法律保留原则要求，对公民基本权利的侵犯，必须依法律方得为之。其中，实质的法律保留原则，又称法明确性原则，进一步要求"立法应明确公权力限制基本权利的实施方式、法律效果以及具体程度，以确保受规范者得以清楚预见"。[2]以上述标准观之，"小切口""小快灵"[3]的立法虽迅速搭建起了反诈体系框架，但具体到紧急止付制度，第 20 条除概括授权外并无更多规范意义，实施要件、适用范围、程序要求等具体内容均为空白，由此导

---

〔1〕 比较有代表性的成果包括初殿清：《电信网络诈骗案件紧急止付的规范基础——兼论〈反电信网络诈骗法〉第 20 条》，载《法学家》2022 年第 6 期；田力男：《涉众型经济犯罪涉案财物先行处置初探》，载《法学杂志》2020 年第 8 期；刘光林：《非接触性诈骗受害人财产权保护的审视与重塑》，载《广州市公安管理干部学院学报》2021 年第 4 期；刘进一：《支付结算视角下的电信诈骗预防——延迟到账与紧急止付的重构》，载《金融法苑》2019 年第 1 期；等等。

〔2〕 艾明：《资讯科技基本权的创设及对德国线上搜索措施立法的影响——兼论我国网络远程勘验措施的立法完善》，载《学习与探索》2021 年第 4 期。

〔3〕 熊丰：《惩治电信网络诈骗，这部专门立法"精准出招"》，载 https://m.gmw.cn/baijia/2022-09/06/1303127242.html，最后访问日期：2023 年 10 月 28 日。

致紧急止付的实施依据并未随立法而发生转变，法律保留原则未获充分贯彻。

与此同时，以特别法单独授权的立法方式也值得商榷。作为反诈、反有组织犯罪领域的特别法，《反电信网络诈骗法》第 20 条和《反有组织犯罪法》第 27 条的止付授权均限定于特定犯罪类型。这一立法方式虽不违背法律保留原则，但也不无疑问。作为一项新增的警察权力，紧急止付更宜与其他警察职权一同规定于一般性法律中，而后再由特别法根据具体情况灵活调整和规范，仅以特别法分别授权可能导致立法体系上的混乱与不协调。同时，紧急止付在及时控制可疑或涉案资金方面具有显著优势，在账户交易线上化、快速化、自动化等背景下，如何迅速查控可疑或涉案资金将成为实践中普遍存在的突出问题，未来紧急止付被引入到其他类型案件中也不无可能，如与涉诈资金流转一体两面的洗钱案件。易言之，特别法授权虽能解决特定类型案件的实践期许，但在新案件类型中，公安部门仍有自我授权的可能。

2. "挽损救济" 的功能限定制约止付实效

如前所述，报案受害人的损失追挽构成了止付流程设计的主要逻辑。在此基础上，紧急止付的制度功能也被限定为 "报案受害人救济及其损失挽回"（以下简称 "挽损救济"），然而这并不利于止付实效的发挥。

首先，"挽损救济" 的功能限定有违预防优先、以快制快的反诈工作原则。在 "挽损救济" 的功能限定下，紧急止付的适用范围可能被局限于报案被骗资金的流转链路。例如，当被骗资金在转入一级账户时就已被全部止付，下级账户以及其他关联交易账户将脱离查控视野；[1]在报案过度滞后，挽损已无可能时，公安机关再行止付也将缺乏正当性。然而，诚如实务人员所述，无论涉诈账户及资金是否与受害人损失相关，查控本身仍有意义。在预防为先、以快制快的工作原则下，将紧急止付目的局限于在 "挽损救济" 既不适当，也不合理。

其次，"挽损救济" 的功能限定与 "先查控、再查证" 的办案规律存在矛盾。基于涉诈资金流转的复杂性与迷惑性，在紧急止付前区分各级账户及内部各项资金的法律性质几无可能，由此需要先止付、再查证，但 "挽损救

---

〔1〕　参见《"平安建设" 止付冻结！仙桃反诈民警成功挽回被骗资金 21888 元》，载 https://baijiahao.baidu.com/s? id = 1747218985910550501&wfr = spider&for = pc，最后访问日期：2023 年 10 月 28 日。

济"定位下制度基础和目标均限于受害人损失，导致止付目的与权利干预程度不相称，如全额止付中止付数额可能超出报案损失，"超额"止付部分就缺少查控的正当基础。

再次，"挽损救济"的功能限定导致紧急止付的启动方式过于单一、被动。据报道，仅 2022 年夏季，国家反诈中心累计推送预警指令 6546 万条，预警准确率达 79.9%。[1]因此，反诈预警也是实务中重要且可靠的案件发现渠道，而且预警后办案民警会主动联系受害人进行核实、劝阻，案件识别的准确性亦有保障。与此同时，实践显示，受害人的"执迷不悟""羞愧""反应迟缓"是严重阻碍案件发现、止付启动的重要影响因素。[2]然而，在"挽损救济"功能限定下，止付工作的启动与推进均以挽损为中心，预警向止付的转化也受限于受害人的挽损意愿，由此导致止付工作的开展过于被动，这也不符合公安机关一直以来的主动执法角色。

最后，"挽损救济"的功能限定也会导致止付、冻结标准偏于宽松。在"挽损救济"功能限定下，制度施行的目标聚焦于报案受害人的损失挽回，涉诈账户的认定标准则被简化为涉诈资金流入/经，[3]在挽损绩效考核的压力下，办案民警可能从宽把控延伸止付的适用标准及止付范围，继而导致资金止付的过度扩张。在止付与冻结紧密衔接的背景下，止付工作的扩张效应也会向冻结环节传导，继而可能导致公民正常的生产生活长期遭受负面影响。

3. 分工协作的关系定位限制了银支机构的前端作用

在立案前涉诈资金的查控问题上，银支机构与公安机关形成分工协作的关系，前者负责对自主监测发现的可疑账户采取金融防范措施，后者负责就报案发现的涉诈账户进行紧急止付。然而，这一关系定位并不妥当，与银支机构的主体属性、金融防范措施的功能定位以及刑事追诉权的专属性等存在诸多冲突。

---

[1] 参见何方：《截至目前，国家反诈中心推送预警指令 6546 万条，预警准确率达 79.9%》，载 http://www.rmzxb.com.cn/c/2022-09-27/3211606.shtml，最后访问日期：2023 年 10 月 28 日。

[2] 参见王洁：《电信网络诈骗犯罪的独特属性与治理路径》，载《中国人民公安大学学报（社会科学版）》2019 年第 4 期。

[3] 现行规范中，紧急止付的实施主要依据涉诈资金转移链路开展，涉诈账户的认定也是以涉诈资金的流入或流经为标准。参见《止冻机制》《公安机关侦办电信网络诈骗案件资金止付查询冻结工作规定（修订版）》。

具体而言，分工协作的关系定位主要存在两方面问题。一方面，银支机构的私法属性与分工协作的公法语境不相容。尽管金融防范措施与紧急止付措施同样具有权义复合性的特征，且事实上发挥着维护秩序的公共职能，但本质上，金融防范仍属于私力措施。银支机构的私法属性并不能支撑其享有查控权力，也无法证成其与公安机关具有相同的查控地位。《反电信网络诈骗法》将其描述为"必要防范措施"，目的也是使之明确区别于止付、冻结等公权查控措施。另一方面，在分工协作的语境下，公安机关与银支机构被同等对待，并在各自工作特点的基础上划分职能范畴。但与此同时，行业主管部门又对银支机构金融防范义务的履行负有监管和处罚职能，由此导致公安机关与行业主管部门的职能配合关系出现紊乱。此外，在同等对待的逻辑下，金融防范与紧急止付容易相互混同，角色的定位不清可能导致实践中的功能紊乱。

在此基础上，不仅《止冻机制》的规则设计可能脱离实际，银支机构的前端作用也将严重受限。其一，分工协作的关系定位下，惯常承担公共性事务、职能的银行被赋予更多的权利和责任，第三方支付机构则被区别对待和轻视，但是这种区分不仅与理论实质、规定趋势不符，[1]而且还会抑制支付机构参与反诈的积极性和前端作用。其二，分工协作之下，银支机构与公安机关的工作范围也被明确界分，由此也导致止付启动前的查控"真空期"无法得到金融防范措施的填补。其三，分工协作之下，金融防范措施与紧急止付地位相同并同样对接立案、冻结程序，由此也意味着公安机关可以利用金融防范措施规避"止付期限内立案并冻结"的规则限制，在衔接程序缺位的情况下，这也容易产生办案期限借用、查控权利借用、先破后立、"变相冻结"等问题，此时金融防范措施可能演变为"变相冻结"，甚至是"长期冻结"，银支机构的积极性也会因管理成本、法律风险等问题而削弱。而且，《止冻机制》以及中国人民银行于2016年9月发布的《关于加强支付结算管

---

[1]　一方面，关于支付机构的法律属性，尽管《非金融机构支付管理办法》已将其定为非金融机构，但仍有不少学者认为从业务实质上应将其定性为金融机构。另一方面，趋势上，正在研究修订的《反洗钱法》已在草案中明确了支付机构的金融机构属性，并采取了一体式规定的立法方式。参见马路瑶：《法教义学视角下利用第三方支付非法取得他人财物行为的定性研究》，载《法律适用》2020年第9期；《中华人民共和国反洗钱法（修订草案公开征求意见稿）》第60条。

理防范电信网络新型违法犯罪有关事项的通知》只提出银支机构在采取措施时应报告相关信息，而非报案，似乎也有意规避了立案办理要求，公私衔接的不确定性也随之增加。其四，行业主管部门只对金融防范义务是否得到履行负有监管责任，分工协作之下，公安机关亦不负有审查监督职能，此时金融防范措施的规范性、准确性问题缺少应有约束。

4. 被止付者的权利保障仍待强化

对于紧急性强制措施，在事前启动标准较低且程序控制较弱的情况下，应同步强化措施持续期间对被强制者权利的保护，并建立事后救济制度。[1]紧急止付制度亦是如此，止付前，涉诈资金转移之情势紧迫，排斥审批程序及过于繁杂的启动要求，由此被止付者的参与亦被排斥。但在账户被成功止付后，涉诈资金的流转已获阻滞性保护，资金转移的紧迫情势已得到控制，制度上理应允许被止付者参与审查、表达意见并寻求救济，这也是正当程序原则的基本要求。然而，现行制度却并未配套相应的程序性权利规则及救济机制，致使不当止付难获及时解除或调整，甚至转为长期冻结。

一方面，现行规范对于被止付者的程序性权利涉及较少。《反电信网络诈骗法》第32条第3款虽对申诉救济问题作出明确，但紧急止付却不受本条约束。[2]仍需强调的是，尽管一级账户是否涉诈争议不大，但在延伸止付中，二级、三级以及更多层级账户可能系正常使用的私人账户或企业对公账户，不仅账户内会存有正常资金，而且账户及特定资金能否认定为非法也值得商榷，被止付者是否善意的问题更是一大障碍，由此账户应否被止付以及止付数额都可能面临较大分歧，被止付者救济需求十分突出。对此，反诈民警反映，按照公安部刑侦局于2021年发布的《公安机关侦办电信网络诈骗案件资金止付查询冻结工作规定（修订版）》，在采取止付措施时，办案单位一般会在平台录入真实有效的联系信息，以便被止付者了解具体情况并提出申诉。但是，这种通知方式难言妥当，因为仅仅是预留信息不仅会阻碍被止付者的知情权实现，而且也不利于被止付者及时参与程序并维护权利。这与《反电信网络诈骗法》第32条第3款"明确告知"的立法精神也相去甚远。

---

〔1〕 参见谢小剑：《论我国刑事拘留的紧急性要件》，载《现代法学》2016年第4期。
〔2〕 按照《反电信网络诈骗法》第32条第3款的规定，申诉救济的相关要求仅适用于"依据本法第11条、第12条、第18条、第22条和前款规定实施的行为"，规范紧急止付的第20条并不在列。

另一方面，对于被止付者的权利救济问题，现行救济渠道也不够及时、有效。根据《反电信网络诈骗法》第48条规定，对依照本法实施的行政处罚和行政强制措施决定不服的，可以依法申请行政复议或者提起行政诉讼。但是，该规定是否适用于紧急止付制度仍有疑问，因为紧急止付的法律性质仍有争议，有学者就认为应将其纳入《刑事诉讼法》中进行规范。[1]即使认可该规定的适用性，由于紧急止付的期限较短，无论是复议还是诉讼都会显得滞后且漫长。迟到的正义是非正义。即使通过复议或诉讼最终确定止付措施违法甚至确定公安机关应负赔偿责任，但对于被止付者而言，这种结果的实际意义可能十分有限，因为被止付者的生产生活等可能已因止付而遭受了无法恢复的损害。此外，《公安机关侦办电信网络诈骗案件资金止付查询冻结工作规定（修订版）》也对止付的申诉救济问题作出了规范，即办案单位在接到申诉时应及时核查相关账户资金涉案情况，不涉案的应及时解除止付措施。但是，对于申诉处理的具体程序，制度上尚无规范，而且处置结果上也偏于简单，办案民警只能在继续止付或解除间进行"二选一"，申诉救济效果可能因此受到抑制。

（三）完善紧急止付制度的改革建议

1. 以《人民警察法》统领止付授权体系并确立基础规范框架

对于紧急止付的立法化路径问题，有学者提出应将紧急止付界定为刑事强制措施，并明确纳入《刑事诉讼法》的规制范围内。我们认为，紧急止付与刑事强制措施在程序阶段、适用条件、运作模式、权力控制等方面存在根本性冲突，贸然将其纳入《刑事诉讼法》中可能会对既有的刑事司法制度及理论造成巨大冲击。有鉴于此，为理顺立法授权关系并强化法律的指导与规范作用，紧急止付更宜与盘查等其他警察职权一同规定于一般性法律《人民警察法》中。在此基础上，立法上将形成《人民警察法》统一授权、《反电信网络诈骗法》与《反有组织犯罪法》等专项法律特别规范的授权体系，由此也更为协调、完整，不仅《反电信网络诈骗法》授权不清问题可迎刃而解，而且特别法分别授权、差异规范的现象也可在一般性法律规范的基础上得到

---

〔1〕　参见田力男：《涉众型经济犯罪涉案财物先行处置初探》，载《法学杂志》2020年第8期。

统一。同时，通过《人民警察法》统一授权能够突破案件类型约束，由此也可为未来紧急止付的适用扩张以及专项法律、规范的制定预留制度空间。

为此，《人民警察法》需要承担起顶层设计任务，既要解决措施增设的合法性问题，也要确立措施的价值目标、运行程序和权力边界。需要强调的是，紧急止付制度仍处在发展的初步阶段，而且线上、线下领域不同案件类型的资金流转特征、办案规律与实践需求存在差异，因此立法授权在构建制度框架的同时，也应预留足够的实践探索空间。具体而言，紧急止付的立法规范可以考虑做如下安排：第一，明确适用条件。从制度功能与运行目的来看，止付是控制嫌疑资金转移的紧急性措施，因此应将适用条件限定为"账户资金或交易存在违法犯罪嫌疑、存在资金即将转移的紧迫风险且无其他可用查控措施"。第二，限定止付时长。对于止付期限，规范层面尚未统一，《反有组织犯罪法》仅规定"不得超过48小时"，未再允许重复止付。《公安机关侦办电信网络诈骗案件资金止付查询冻结工作规定（修订版）》又要求"网络黑恶案件的止付操作参照电诈案件执行"，即48小时、可再行止付一次。我们认为，止付时间过长可能有违措施的临时性、过渡性和紧急性定位，允许重复止付只会过度伤害公民权利并违反比例原则，因此紧急止付的时间宜统一限定为48小时，办案机关如仍需继续查控，应及时立案并转为冻结措施，由此也可倒逼公安机关提升办案的效率和质量，并且便于检察机关进行监督制约。第三，限定止付范围。立法应明确禁止公安机关对没有嫌疑的资金采取止付措施，以指导办案民警在决定止付时区分专用账户和流经账户、正常使用账户和涉诈特征显著账户等不同类型，分情况适用全额、限额止付，避免一概全额止付对公民权利带来的过重干预。第四，扩充止付解除规则。目前，《止冻机制》仅确立了期满自动解除规则，可能会鼓励公安机关用满48小时。基于此，为限缩止付的权利干预效果，立法还应增加主动解除规则，即在适用紧急止付的情形消失或变化时，公安机关应当立即解除部分或全部资金的止付状态。

2. 以"损害预防"为导向重塑紧急止付的制度框架

现有研究更加关注紧急止付支撑追赃挽损的资金查控效果，但损害预防才是其更为主要的制度功能。在被引入反诈工作前，紧急止付被银支机构用于阻断可疑资金流转并发挥损害预防的功能。《止冻机制》出台后，紧急止付被用于挽损，但其功能定位仍系损害预防。按照现行规范，公安机关在止付前仅进行形式审查，受害人因诈受损是否真实以及被止付账户是否涉诈均留待查证，即受害人的损失仅系可能的电诈损害，在此意义上，止付的主要目的是通过"先查控，再查证"的办案方式，预防可能存在的电诈损害发生且无法挽回。止付实践则强化了这一功能导向。例如，在预警阶段，受害人账户可能尚未汇款就被提前止付；实务部门对潜在受害人和尚未受骗民众的执法关注也体现了止付的损害预防导向。鉴于此，紧急止付的制度定位也亟须向损害预防转变，制度上也应从止付目标、启动模式、止付逻辑和止付对象四个方面进行框架性重塑。

首先，扩充制度目标。在"挽损救济"的基础上，将挽回潜在受害人损失和预防普通民众被骗纳入止付目标中，以实现已知损害、潜在损害和未来损害的一体防范。

其次，增加主动止付方式，建立依申请止付与依职权止付并行的混合启动模式。不同于被动止付的受害人中心逻辑，主动止付更强调公安机关的能动性和自主权，由此在制度上引入主动止付方式，能够有效弥补当下被动止付模式所存在的多重弊端。具体而言，其一，应在立法上确立紧急止付的职权启动模式，因为无论是依申请启动还是依职权启动，根本上都是公安机关在履行其紧急止付职能。基于此，立法表述宜采用"公安机关可依法采取紧急止付措施"，避免限定止付启动方式。其二，为防止公安机关恣意进行主动止付，应在规范性文件中明确要求，除止付账户具有明显涉诈特征外，办案民警应在止付前进行必要的问询、调查工作，尤其是向受害人问询情况，并且可视情况申请查询交易记录及户主名下其他账户的查控状态等，以确认止付账户的涉诈性。其三，延伸止付、立案审查与转冻结等程序参照被动止付设置。

再次，止付逻辑也应从"挽损救济"向"损害预防"转变。定位转变后，紧急止付的启动和具体展开将以损害预防为中心，直接止付和延伸止付也应围绕涉诈账户查控开展损害预防。无论是被动止付的报案前置，还是主动止付实践的调查确信前置，实际上都隐含了"止付账户明显涉诈"这一逻辑，由此"明显涉诈规则"或可确立为紧急止付的适用标准，即只有根据账户交易特征、聊天记录、受害人证言等信息材料足以确信止付账户涉诈时，办案民警才能决定紧急止付，严禁仅以资金流经或流入为由进行止付。其中，在直接止付阶段，由于一级账户的涉诈认定决定了整个止付工作的正当性和具体展开，应从严掌握，若非受害人报案或者止付账户的电诈特征显著，公安机关一般均应进行必要的调查、分析工作。在延伸止付阶段，止付工作从单一账户定性转变为以一级账户为中心的资金链路追踪与分析，而对于二级及以下账户，公安机关能够快速获取的证据材料主要为账户相关信息，因此"明显涉诈规则"的把控可相对放宽，账户交易符合电诈特征即可，由此也为延伸止付的智能化预留适用空间。与此同时，应当明确延伸止付终止的消极标准，以指导基层办案民警在拓宽、拓深止付工作的同时，保持权力干预的应有限度。具体而言，结合地方经验，延伸止付工作遇有下列情况的，可予终止：一是资金链路追踪已因取现、转至域外而断裂；二是通过平台及省市两级反诈中心入驻银行均无法继续止付；三是止付账户系有正常生活类消费、缴费等行为的个人账户，或有发放工资、纳税等行为的对公账户；四是资金链路追踪至资金池，确实无法甄别流向的。此外，对于具体认定中的模糊地带，可将限额止付作为协调资金查控与权利保障的折中选择。

最后，将受害人账户纳入特殊止付对象。原则上涉诈账户才能成为止付对象，但是在受害人失联、"执迷不悟"等无法及时获知交易对方账户的紧急情势下，应允许公安机关例外地对受害人账户进行止付，但是需要同时（如可以）或事后告知受害人具体理由及解除方式。

3. 以辅助配合定位为基础，重塑银支机构的预先处置作用

"管用户"的权力并非仅系企业的私权或"私人规制"，而是国家权力在网络空间和平台生态系统中的必要延伸，贯穿着"国家主导治理体系现代化的内在逻辑"[1]。在此意义上，只有公安机关才是涉诈资金查控的有权主体。相较于正式查控措施，金融防范措施只能是银支机构在缺乏公力介入的紧急情势下，预先查控可疑账户的应急性措施，由此金融防范措施的存在实际上是为公权查控的及时介入创造条件，辅助公安机关进行电诈打击和追赃挽损。故此，银支机构的金融防范措施只是起到预先查控的辅助作用，一般不宜持续过长时间，而应及时衔接、转化为公力查控措施，并接受公安机关的监督

---

〔1〕 陈进华：《治理体系现代化的国家逻辑》，载《中国社会科学》2019 年第 5 期。

和检验，以尽快解除无辜账户的查控状态。因此，在涉案资金查控层面，公安机关与银支机构应系主体与辅助的主辅配合关系。在此基础上，银支机构的前端作用亟须重塑。

具体而言，首先应建立报案衔接模式。相较于模糊不清的信息报告机制，以报案方式进行公私措施衔接更加合理，既能互通公私案件线索、信息，又能以确定程序推进公安机关的审查与措施转化工作。因此，《止冻机制》应明确规定，银支机构在无法排除账户涉诈嫌疑并依法采取控制型金融防范措施后应立即向公安机关报案。与此同时，还应确立金融防范与紧急止付的无缝衔接关系。金融防范措施只是在公力查控措施难以及时介入时的一项应急措施，因此在公力介入后，紧急状态消除，私力查控措施也应立即转化为公力查控措施。由于冻结仍需待立案审查后才得以启动，而且对账户涉诈性质的认定也需要经过由私到公的转变，能担此重任只有紧急止付措施。因此，规范上应明确，银支机构决定采取金融防范措施并报案时，公安机关一般应按照止付程序进行处置。为避免因出现衔接"真空期"而导致资金流出，《止冻机制》还应明确银支机构在收到止付指令后，无须解除资金的查控状态，直接进行公私措施转化，此时资金查控、处理的责任也随之转移。此外，为进一步填补止付前资金查控的"真空期"并激发银支机构的能动作用，应在《反电信网络诈骗法》中增加银支机构收到受害人止付申请和接到用户投诉、举报两类预先查控场景，赋予银支机构在收到止付指令前独立判断并采取查控措施的权力，并同时删除现行规范中不适当的区别对待部分，将银支机构作为整体重新规划金融防范的相关规则。

4. 搭建程序性权利体系并建立事中快速救济机制

紧急止付虽以效率为导向，要求快速反应，但也不应完全排除被止付者参与。从准确止付、审慎干预的角度看，一方面，公安机关、被害人和银支机构的立场均为犯罪打击和资金查控，由此难言中立，加之审查止付时常面临时间紧、信息有限的挑战，因此办案民警错误止付的风险客观存在，此时被止付者参与和自我辩白至关重要，可以扩充案件信息并破除偏听现象；另一方面，事后的监督和救济至关重要，被止付者在维护自己权利的同时，也可倒逼止付工作的规范化。有鉴于此，亟须明确被止付者相关程序性权利并建立快速救济渠道，以保障被止付者的合法权益。

　　对于程序性权利体系的建立，应以知情参与为基础进行搭建。具体而言，一方面，应明确公安机关负有告知义务。(1) 确立"告知为原则，不告知为例外"规则，即办案民警在实施止付后原则上均应进行告知，但出于案件办理需要等原因不宜告知的，可不再告知，但仍应备案具体缘由并报经部门负责人批准。(2) 对于告知方式，应以主动且直接的告知方式为主，如直接或通过银支机构电话、短信通知，预留信息以备联系的通知方式应限定于无法联系到被止付者的情形。(3) 告知内容上，应明确公安机关在向被止付者发布止付通知时，至少包含止付单位名称、地址和联系方式、止付决定及理由、止付期限、后续可能程序、申诉救济的权利及相关要求等内容，以便于被止付者准确知悉当前情势、程序权利及实现方式。另一方面，应明确公安机关负有意见征询责任。在调查核实期间，如能联系到被止付者，公安机关应进行问询，并释明被止付者可提供材料证明其账户及相关交易的合法性，整个过程应记录在案。被止付者主动要求说明情况、提供证明材料的，办案部门一般也应允许并记录在案。

　　鉴于事后救济机制较为烦琐、滞后，应建立事中快速救济机制，具体可在《反电信网络诈骗法》第 32 条申诉处理规则的基础上进行完善。首先，明确申诉事由。除账户及资金交易合法、被止付者资信状况良好等排除非法性的理由外，被止付者还可提出资金使用的紧迫需求及数额、经济状况不良等经济紧迫事由，并须提交相关证明材料。其次，扩充申诉处理方式，明确申诉处理标准。对于涉诈账户内资金并非全部涉案或可疑时，办案机关应调整查控范围，仅对可疑部分实施止付措施，由此申诉处理方式包括维持止付、调整止付范围和解除止付三种，被止付者的申请内容也可对应分成转为限额止付和解除止付两种。在此基础上，公安机关可分别按以下情形进行处理：(1) 对于账户资金不涉诈的应及时解除；(2) 对于仅部分账户资金涉诈的，应当及时变更为限额止付措施；(3) 在涉案账户及资金是否涉诈无法确定，但账户交易并不具有明显洗钱特征，而具有惯常的正常使用行为特征的，办案机关一般应变更为限额止付措施或直接解除；(4) 对于账户资金是否涉案尚不清楚，但被止付者却有十分紧迫的资金需求时，可视情况对部分资金解除止付状态，并监督资金使用去向；(5) 其余情况下，办案机关可拒绝并维持止付措施。最后，限定处理时间。办案机关在收到申诉请求后，应在

12 小时内处理完毕。

二、网络犯罪前端治理措施之二：涉案资金先行返还制度

（一）涉案资金先行返还制度的规范现状

在财产类网络犯罪中，被害人最关注的往往是自己被骗走的钱能否及时追回并被尽早返还，[1]因此，制度上也应给予高度重视以满足受害人的实际关切。事实上，我国《刑事诉讼法》第245条已规定"对被害人的合法财产，应当及时返还"，即先行返还制度。先行返还制度具有以下重要意义：其一，对被害人而言，能及时、最大程度地挽回被犯罪侵害的财产，这是对被害人财产权的最好保护，[2]相反，因程序拖沓导致的无法返还或滞后返还只会延续对被害人的经济损害。其二，先行返还可以降低涉案财物的价值贬损。无法及时返还的涉案财物会因时间推移而遭受货币贬值、通货膨胀、购买力下降等，[3]这对社会财富也是一种浪费。其三，先行返还能够提高涉案资金的处置速度，避免被害人为了挽损而采取过激行为，危及社会安定。第四，先行返还制度的存在也有利于解决超长期冻结问题，避免涉案资金陷入类似于"对人的超期羁押"的困境之中。

尽管先行返还制度具有以上意义，但囿于"重刑事追诉、轻财产处置"的司法惯性，我国先行返还制度在程序设计和实践运行上仍存在诸多局限，包括适用范围有限、施行主体多元分散、规则内容对电信网络诈骗犯罪及资金返还的特性关注不足、配套机制不健全等。由此导致电信网络诈骗犯罪案件中大量的涉案资金长期滞留、无法及时返还，继而引发诉讼程序对受害人的"二次伤害"问题。与此同时，先行返还制度的运行失灵，意味着涉案资金返还可能会拖延至法院终局裁判后，这不仅耗时更长，所经程序环节也更复杂。具体而言，一方面，由于涉案资金需要长期、反复冻结，导致司法资源的

---

〔1〕　参见张洪亮、罗登亮：《保障受害人权益维护社会公正之机制完善——以涉众型经济犯罪案件为研究对象》，载《四川行政学院学报》2017年第6期。

〔2〕　参见李玉华：《从涉众型经济犯罪案件看涉案财物的先期处置》，载《当代法学》2019年第2期。

〔3〕　参见高源：《刑事涉案财物先行返还程序论析》，载《湖南科技大学学报（社会科学版）》2020年第3期。

投入不断增加,〔1〕其间也存在因续冻不及时而致使资金外流的风险;〔2〕另一方面,囿于案件涉财部分的事实复杂、难以查清,法院在审判阶段可能难以厘清涉案财物权属并作出处置,甚至会让涉案资金处置权重新流回至公安机关,〔3〕在此意义上,事后处置涉案资金的效果与先行返还相比似乎并无明显增益。此外,现有的关于涉案财物先行返还的研究成果主要围绕先行返还制度整体或将研究范围聚焦于经济犯罪、涉黑案件,较少有结合电信网络诈骗犯罪涉案资金返还实践的针对性研究。但是,电信网络诈骗案件的实践特征与制度设计又与传统犯罪案件相差较大,导致既有规范和理论的适用性不足。为此,下文拟以电信网络诈骗为对象,剖析我国涉案资金先行返还制度所存在的问题,并在此基础上提出相应的理论对策。

(二) 电信网络诈骗犯罪涉案资金先行返还面临的制度困境

1. 适用条件不够灵活,先行返还的适用空间被压缩

基于电信网络诈骗涉案资金转移的复杂性、快速性等特点,银监会和公安部联合发布的《电信网络新型违法犯罪案件冻结资金返还若干规定》(以下简称《返还规定》) 设计的溯源返还规则在实践应用上效果有限。大部分情形可能都难以符合"权属明确"的要求,最终只能通过比例返还方式挽回损失。但是,碍于适用条件"权属明确"的限制,比例返还方式只能适用于诉讼终结时,在先行返还阶段始终难获应用,导致涉案资金先行返还难的问题始终无法得到化解。我们认为,现行适用条件不够灵活,先行返还的适用存在固守或过度苛求满足权属明确要求的僵化现象,这在一定意义上悖于电信网络诈骗犯罪涉案资金的流转特征和返还实践。

其一,涉案资金返还的重点在于正确分配,而非每笔资金能够准确对应

---

〔1〕 参见万毅、唐露露:《刑事涉案财物管理体制改革分析》,载《人民法治》2019 年第 20 期。

〔2〕 时某某等 16 人涉嫌组织领导传销活动案中,法院在审理过程中发现公安机关查封、冻结的涉案资金将陆续到期。如不及时采取续冻,涉案的巨额资金将会面临失控,甚至流失的极大风险,涉案群众被骗的血汗钱有可能血本无归。为此,法院迅速向区政法委作汇报,取得了政法委的支持,6 月 6 日召集侦查机关、检察机关会商,立即组成公检法联合行动组,安排 10 余名精干人员并分成 6 个小组,奔赴北京、杭州、福建、成都、西安等地查封,留置一个小组负责盐城市区银行的续冻。参见王昕、王钊:《攻坚克难扬法威 盐城开发区法院执行工作纪实》,载《江苏法制报》2019 年 10 月 22 日,第 A05 版。

〔3〕 参见刘冠华:《非法集资犯罪涉案财物的处置机制完善》,载《中州学刊》2018 年第 12 期。

到特定被害人。对"特定物"一般需权属明确且有证据证明系犯罪所得方可返还所有权人。〔1〕尽管《返还规定》将涉案资金进行了特定化拟制，但是，涉案资金在本质上仍属于种类物。而且，通过溯源资金链路确定权属虽然有益于涉案资金的精准退还，但于受害人和涉案资金处置本身而言，相较于每笔资金的权属是否明确，已获查控的涉案资金如何分配以及是否公正更为重要。申言之，权属明确只是为实现这一目标而选择的成本较低的手段，但即便是在权属关系未能查清的情况下，只要涉案资金能够按照规范且可接受的方式分配到位，被害人的期待也能得到回应，围绕涉案资金及时返还的争执亦能得到化解。如固守权属明确的要求只会本末倒置。

其二，潜在被害人的求偿权也不应当然成为适用先行返还的阻却事由。出于被害人未报案或未能联系上等原因，电信网络诈骗案件可能会出现被害人及其受骗金额尚未全部查清的问题，即潜在被害人对权属不明确的涉案资金享有求偿权，这也是阻滞涉案资金先行返还的一大理由。我国台湾地区学者林钰雄认为，潜在被害人求偿权不能作为没收宣告排除的事由，否则将导致程序变得复杂、拖沓，没收制度（皆有潜在被害人求偿权）也会几乎毫无用武之地。〔2〕套用于此亦同，如认可潜在被害人求偿权排除先行返还适用，则先行返还制度的适用将会变得十分有限，而且时间上的拖延对于问题的解决可能也收效甚微。同时，对于受害金额已查证清楚且迫切期待返还的被害人而言，以潜在被害人可能有求偿权为由完全排除先行返还的适用也是另一种利益损害与不公。因此，以"权属明确"为由进行一刀切式的适用禁止并不适当。

其三，将比例返还的适用限定于审判环节并无制度必要。首先，在电诈案件中，比例返还的计算公式为"（被害人的被骗金额/所有被害人的被骗总额）×待分配涉案资金"，因此在被害人均已查清且被骗金额能够确定的情况下，涉案资金的比例返还只是公式计算，而且比占比返还更为简易，限定法院通过裁判进行返还并无专业上的必要。其次，涉案资金本就是种类物，遵循金额上的准确分配而非权属上的明确归属并不会造成返还结果上的错误或

---

〔1〕　参见田力男：《涉众型经济犯罪涉案财物先行处置初探》，载《法学杂志》2020年第8期。

〔2〕　参见林钰雄：《没收新论》，元照出版有限公司2020年版，第192-194页。

者损害其他被害人或利害关系人的合法权益，因此对权属明确规则的突破在理论上和制度上也是可接受的。同时，适度放开比例返还方式在裁判前的适用也能使先行返还制度在涉案资金问题上表现更为灵活，并且更贴合实际。再次，就涉案资金的处置，法院并非必须亲自、直接作出裁决，通过对先行返还进行审查并予以确认或纠正亦是法院审判权的体现。最后，涉众型、跨国性的电信网络诈骗案件往往案情复杂，耗时较长，若因无法溯源返还而等待终局处置，则涉案资金返还也将过度迟缓，而且终局返还的具体实施权限仍可能回流至公安机关，[1]程序拖延的增效既不明显，也无必要。

2. 公安机关分散式处置涉案资金，不利于先行返还的规范化

对于电信网络诈骗犯罪涉案资金先行返还，现行实施体制面临决定主体存在准确性和公正性质疑以及职权配置模式的合理性不足两大问题。

一方面，基于侦查环节的特殊性，公安机关并不适宜作为先行返还的决定者。这在学界已基本达成共识。[2]首先，公安机关对于先行返还的态度可能会出现两极分化，在维持社会稳定和安抚被害人情绪时，倾向于促成适用先行返还，[3]而在担心引发争议和耽误诉讼进行时则倾向于避免先行返还的适用，[4]导致偏离制度初衷。其次，在侦查阶段，案件事实、证据的调查尚在进行之中，即使侦查终结后进入移送起诉环节也可能被要求补充侦查，因此涉案财物的权属状态、有无争议、是否合法，以及有关证据的充分性、合法性、关联性等可能会随调查推进而发生变化，继而影响先行返还决定的准确性与规范性。再次，公安机关在权属关系的分析、判断以及证据审查等专业性方面可能较弱，先行返还的规范性、审慎性可能会存在不足。最后，公安机关既担任涉案资金的查控者和调查取证者，又充当先行返还的决定者，容易引发公正性质疑，而且易对后续环节产生决策压力。

---

〔1〕 参见方柏兴：《论刑事诉讼中的"对物之诉"——一种以涉案财物处置为中心的裁判理论》，载《华东政法大学学报》2017年第5期。

〔2〕 参见陈瑞华：《刑事对物之诉的初步研究》，载《中国法学（文摘）》2019年第1期；参见吴光升：《审前返还刑事涉案财物的若干问题探讨》，载《中国刑事法杂志》2012年第1期。

〔3〕 参见高源：《刑事涉案财物先行返还程序论析》，载《湖南科技大学学报（社会科学版）》2020年第3期。

〔4〕 参见李玉华：《从涉众型经济犯罪案件看涉案财物的先期处置》，载《当代法学》2019年第2期。

另一方面，《工作机制》对各级别公安机关职权分工与协作作出了特殊部署，导致电信网络诈骗犯罪涉案资金的先行返还因实施体制的分散而难以统一和规范。

其一，较高级别部门的资源汇集和指挥领导优势缺乏。如前所述，在犯罪打击和刑事追诉方面，现行规定设计了分散受案、集中研判、主协分工、统一移诉追责的施行体制。这种体制设计以信息汇总强化上级公安领导职能，借助较高级别公安部门集中研判的工作形式，增强较高级别公安部门的专业性和资源汇集优势，促进各地方的侦查部门与本地区其他部门形成工作合力，突破了基层机关办案资源少、研判能力弱、侦查效果差的困境。[1]相比之下，在电信网络诈骗案件的涉案资金查控及处置方面，现行规定则是采取分散而非统一化、各自负责而非彼此分工协作的施行体制。分散化的体制缺少较高级别部门集中研判和统一指挥的优势，导致不同地区的公安机关间、本地区不同部门间的办案资源无法充分汇集、工作合力无法形成，地方公安机关可能因多头冻结问题将大量精力花费在与其他司法部门的沟通、协商上，[2]导致先行返还不够及时甚至失败。实务中，多家公安机关的沟通较难达成一致，即使达成一致了，等到各方均作出同意办理的相关文书也可能耗时超过半年，其间存在涉案资金流出等风险。

其二，涉案资金先行返还的程序控制节点可能较多且分散，程序控制的有效性不足。在电诈案件涉及的被害人较多且分布广泛的情况下，接警止付并立案、冻结的公安机关也呈全国广泛分布的特征。但是，在涉案资金方面，现行规定并无类似非法集资案件侦办的资金归集、统一处置的要求，且涉案资金并不需要以原物形式进行举质证，冻结公安机关也无须向主办地公安机关移送涉案资金及先行返还的有关证明文件，因此各地方均可依照规定自行实施先行返还。在此背景下，程序控制的节点也呈现量大且分散的状态，程序控制也因此较为烦琐且效率不高。此外，囿于地区管辖所限，在案件统一移送后，主办地检察机关和法院也很难有效监督和制约其他地方公安机关的

〔1〕 参见秦帅、钟政、漆晨航：《电信网络诈骗犯罪产业化现象与侦查对策》，载《政法学刊》2022 年第 3 期。

〔2〕 参见《电信网络新型违法犯罪案件冻结资金返还若干规定实施细则》第 26 条，一个账户涉及多笔司法冻结的情况下，涉案资金的返还须经各方达成一致。

先行返还活动。在此意义上，涉案资金先行返还的规范化和程序控制将更多地依赖于公安机关内部的程序约束，司法控制也较弱，协办地公安机关的先行返还可能具有事实意义上的终局性。

其三，先行返还的分散化可能导致涉案资金处置的地方性、部门性倾向过重。涉案资金的先行返还可能受部门绩效裹挟。电信网络诈骗是民生领域违法犯罪的突出问题，关乎群众安全感和社会稳定性。[1]实践中，受害人因骗破产、因骗致贫、因骗返贫、受骗自杀等恶性事件时有发生。[2]因此，考虑到电信网络诈骗防治绩效考核和地方维稳，冻结公安机关在涉案资金先行返还的问题上可能更多考虑本地区、本部门的利益，继而弱化审视和判断涉案资金处置问题的全案视角，即倾向于促成先行返还以安抚报案被害人情绪，由此可能导致辖区外被害人无法得到公平返还。

其四，涉案资金先行返还的适用以及主办地法院的裁判与执行可能都会因此受阻。涉案资金先行返还的适用可能被阻滞。依循资金流向确定权属仅适用于涉案资金始终在线上金融体系内的情形，在资金链路曾被物理隔断的情况下，则仍需结合线下消费、现金交付等涉案资金线下流转的有关线索、证据才能解决涉案资金在属性界定、权属梳理、确定返还对象及数额等方面的问题。而涉案财物处置的分散化则不利于涉案财物处置相关的证据、线索的汇总和统合考虑，由此涉案资金可能因线索、证据不充分而无法及时返还。而且，在异地公安机关已就涉案资金先行返还的情况下，主办地法院的涉案财物裁判可能更易被裹挟，即使强行作出裁判也可能面临执行难的问题。

3. 审前处置的法院审查与纠错规定缺失，先行返还的司法控制较弱

非诉讼处分方式一直以来为学界所诟病。在涉案财物审前处置中，决定机关（公安机关、检察院）系追诉性而非中立性裁判的定位，审前返还程序亦采取的是内部行政审批模式，欠缺三方诉讼构造和环节间监督制约。[3]因

---

〔1〕 参见李军：《全力保障民生提升群众安全感　全国人大代表、政协委员点赞公安机关重拳打击民生领域突出犯罪》，载《人民公安报》2019年2月25日，第1版。

〔2〕 参见罗燕：《加大处罚力度源头治理电信诈骗》，载《民生周刊》2022年第6期。

〔3〕 参见杨林：《刑事涉案财物处置程序的生命周期检视与功能定位——兼评扫黑除恶中刑事涉案财物处置现状》，载《法治研究》2020年第2期。

此，有诸多学者主张以推行对物之诉、建立司法审查制度等方式对涉案财物审前处置进行诉讼化改造。[1]这无不凸显着法院审判在涉案财物先行处置的规范化及监督制约上的关键地位与重要作用。电信网络诈骗犯罪涉案资金在先行返还的问题上也面临类似的境况。对涉案财物的法律属性认定、权属确定等实体性处置属于司法裁判的范畴，具有主体专属性，只有法院有权对此作出终局性判决；[2]相对地，对涉案财物的审前返还则只能是暂时的，[3]是终局返还附条件的程序前移，法院对此仍应保留审判监督的权力。因此，在审前机关（主要是公安机关）已在审前返还涉诈资金的情况下，作为涉案财物处置的终局裁判者，法院理应就涉案资金的先行返还是否规范，准确进行审查监督并确认处置结果或纠错，审前机关也应随案移送先行返还的决定书及相关证明文件以供审查。然而，现行制度并未确立已先行返还涉案资金仍需移送并接受裁判确认的规则，法院的审判监督地位未获确立，导致电诈案件中涉案资金的先行返还存在行政性过重而司法控制偏弱的问题。

首先，现行随案移送规定并不适用于已先行返还的涉案资金。根据《刑事诉讼法》及其司法解释的规定，涉案财物的随案移送主要包括作证据用、作裁判处置的对象用两种情形。[4]如前所述，涉案资金并不以原物形式作证据使用，同时，在涉案资金已先行返还的情况下，其也不需要通过裁判处置，因此随案移送规定对其并不适用。而且，结合涉案财物处置实施体制的分散式设计来看，《工作机制》并未要求集中处置和统一移送涉案财物，先行返还的程序控制主要表现为纵向的行政审批，现行制度在电诈犯罪涉案资金先行返还的问题上并不强调司法控制。2020 年 7 月，为推进扶贫领域案件涉案财物的先行返还，最高人民法院、最高人民检察院、公安部联合发布了《关于刑事案件涉扶贫领域财物依法快速返还的若干规定》，要求人民法院、人民检察院、公安机关应当及时调查权属关系并促进先行返还，为增强用权监督，

---

〔1〕　参见陈卫东：《涉案财产处置程序的完善——以审前程序为视角的分析》，载《法学杂志》2020 年第 3 期；谢锐勤：《涉众型经济犯罪中的涉案财物处置——以参与者的行动选择为视角》，载《华南师范大学学报（社会科学版）》2019 年第 2 期。

〔2〕　参见方柏兴：《刑事涉案财物处置程序的诉讼化及其限度》，载《兰州大学学报（社会科学版）》2019 年第 1 期。

〔3〕　参见方柏兴：《刑事涉案财物的先行处置》，载《国家检察官学院学报》2018 年第 3 期。

〔4〕　参见最高人民法院《关于适用〈中华人民共和国刑事诉讼法〉的解释》第 440 条、第 441 条。

还在第 8 条明确规定已先行返还的涉案财物仍需随案移送清单、理由及相关证据材料。可见，在积极推进先行返还的适用时，仅环节内的行政审批无法形成充分的监督控制，还需要不同环节机关的外部制约。换言之，涉案资金先行返还的扩大化需要配套增加外部制约机制，因为需要更多的监督和审查以确保先行返还准确且规范。

其次，法院裁判的范围也不包含已先行返还的涉案资金。根据最高人民法院《关于适用〈中华人民共和国刑事诉讼法〉的解释》第 444 条的规定，法院裁判范围为查封、扣押、冻结的财物及其孳息和仍需追缴或责令退赔的财物，并未要求法院在裁判文书中对涉案财物的先行返还情况进行说明并予以确认或纠正，因此从裁判范围的规定也无法得出法院应当审查监督涉案资金先行返还活动的结论。

最后，先行返还出现错误时如何予以修正尚无规定。因主观或客观原因，先行返还决定可能会出错，如查获新证据、涉案资金法律属性或权属的审前认定被推翻、办案人员存在操作失误或滥用职权等。为保障当事人合法权益和实现法院审查监督作用，纠错机制是必备制度。但是，现行制度并无相关规定。一方面，在《刑事诉讼法》及其司法解释中，法院是否在审前返还问题上具有审查监督地位尚不明确，先行返还出错时法院如何修正的问题同样未有提及。另一方面，《返还规定》也只是概括规定公安机关违法办理资金返还并造成当事人合法权益损失时应承担的责任，[1] 对于当事人损失如何弥补以及已先行返还的资金如何处置则均无规定。纠错规定缺失之下，审前已经错误返还的资金可能无法依法追回，甚至办案机关还需要自掏腰包予以弥补。[2]

上述问题不仅导致实务中已先行返还的涉案财物存在脱离法院审判监督的巨大风险，[3] 而且作为暂时性审前处置的先行返还也因此逐渐异化为具有

---

〔1〕　参见《电信网络新型违法犯罪案件冻结资金返还若干规定的通知》第 14 条。

〔2〕　参见谢小剑：《返还被害人财物程序问题探析》，载《中国检察官》2010 年第 3 期。

〔3〕　实务中，法院判决可能并不提及已在审前返还的涉案财物，而是仅就尚在押财物及需要继续追缴、责令退赔作出要求。参见北京市第一中级人民法院（2020）京 01 刑初 58 号判决书以及四川省广安市中级人民法院（2019）川 16 刑初 2 号、3 号、4 号、22 号判决书。

终局意义的实体性处分。[1] 为免执行受阻或引发冲突，法院对涉案财物的裁判甚至对罪刑问题的裁判都可能受审前返还结果的裹挟，[2] 法院对涉案财物的裁判权被侵蚀，这种法院裁判权的审前倒挂现象也在一定程度上导致了先行返还与终局返还分庭抗礼的局面。

（三）电信网络诈骗犯罪涉案资金先行返还制度难题的解决对策

1. 以"金额的准确分配"为目标扩展先行返还的适用范围

电信网络诈骗案件中，先行返还的目标应是涉案资金在金额上得到规范且准确的分配，冻结账户内各笔资金的特定化和流向溯源以及与特定被害人一一对应关系的建立只是服务于金额准确分配目标的具体实现路径。循此逻辑，不满足权属明确要求但仍能够实现金额上准确分配的返还方式，制度上也应予以积极接受并引入，以扩充先行返还的适用空间，释放先行返还制度的能动作用，进一步强化对被害人受损财产弥补的及时性。基于此，电信网络诈骗案件中涉案资金先行返还的适用条件也应以"金额的准确分配"为目标进行重塑，引入并拓宽比例返还方式在电诈案件中的适用，同时扩大公告机制并细化具体程序以强化对潜在权利人的权益保障。

具体而言，第一，立法上应适度允许比例返还方式在涉案资金问题上的审前适用。《刑事诉讼法》应明确比例返还方式可用于先行返还，将其作为"权属明确"要求在涉案资金先行返还上的例外，即涉案账户、资金的流向关系已梳理完成，但仍无法全部溯源返还的。与此同时，还应将适用条件限定为被害人人数、受损金额均已查清且按照比例返还不影响后续裁判与执行的情形。第二，《刑事诉讼法》应增设分批返还机制，化解潜在被害人与其他被害人的求偿权冲突。当既有证据或线索显示存在潜在被害人时，可视情况先就涉案金额的一部分按比例返还给已知被害人，剩余部分则可作为潜在被害人获偿来源。分批先行返还时，尚未被返还的资金能够充当缓冲资金池的作用，不仅法院裁判及执行所受影响较小而且可控，已知被害人和潜在被害人的财产权益也能在较大程度上得到平衡与兼顾，更有益于实现司法正义。第

---

[1] 参见方柏兴：《刑事涉案财物的先行处置》，载《国家检察官学院学报》2018年第3期。

[2] 参见方柏兴：《论刑事诉讼中的"对物之诉"——一种以涉案财物处置为中心的裁判理论》，载《华东政法大学学报》2017年第5期。

三，《刑事诉讼法》还应增设预留返还机制，避免个别不确定因素阻碍涉案资金整体的先行返还。对于已知被骗金额但无法联系上的被害人或者被骗金额存在争议的被害人等情形，为避免使这类情形阻却先行返还制度的适用，在计算先行返还的数额及分配时，应先假定被害人申请返还全部被骗资金或被骗资金的相关争议已消除，而后根据所有被害人（包含有争议的和尚未联系上的）受损总额按照比例返还公式测算应返还各被害人（包含有争议的和尚未联系上的）的数额。有争议的和尚未联系上的被害人的应得款项暂予预留，在取得联系或者解决争议后，办案机关再根据实际情况予以返还或重新处置。对于其他被害人，办案机关则应依照规范及时返还各自应获偿的金额。第四，细化公告程序的具体实施要求，保障其他被害人、利害关系人的合法权益，并加强先行返还的公开性。目前，《返还规定》仅就公告期限和异议的提出及审核作出初步规定，公告的内容、时间、方式以及被害人、其他利害关系人参与的具体手续、证明要求等细节并无规定，导致各地在进行公告时差异化严重，而且仅注重返还结果的公布，未能真正重视公告机制在寻找潜在权利人和查明事实真相上的作用，不利于被害人、其他利害关系人参与权利的保护。[1]对此，一方面，在公告做告知用时，考虑到公告措施宜作为告知被害人及相关人的最后手段，因此《返还规定》应将公告适用时点限定为侦查终结或涉案财物相关的权属、资金流转关系调查终结，且通过传真、电话、邮件等方式都无法联系到被害人时，才可以进行。公告的内容应包含诈骗方式，

---

〔1〕 从各地涉案资金返还公告来看，不同地方在是否公告诈骗手法、诈骗账户的完整卡号、户名及开户行信息、适用占比返还的原因、冻结金额、返还金额等内容上存在差异，对于被害人、其他利害关系人参与并提出异议所需要的手续、证明文件等具体要求也鲜有提及，大都以"凭合法手续及证明"一笔带过。例如下列公告：《公告丨关于返还电信诈骗案件涉案账户冻结资金的公告》，载 https://www.cqcb.com/dyh/government/dyh5415/2022-05-19/4888635.html；《南通市海门区公安局关于返还涉案资金的公告》，载 https://mp.weixin.qq.com/s?__biz=MjM5ODk4NDQ3Nw==&mid=2652862212&idx=4&sn=799a27f0135c4292cc 8112b012f3160d&chksm=bd29b9768a5e3060a82d3b663e0efa1e46b9a7cf5862f9c2993adddda2eca51205c7349422be&scene=27；《寿光市公安局关于返还电信诈骗案件涉案账户冻结资金的公告》，载 http://www.shouguang.gov.cn/fw/ztfw/jtfw/fwzx/202205/t20220507_6051688.html；《重庆市公安局北碚区分局关于返还电信诈骗案件涉案账户冻结资金的公告》，载 https://www.beibei.gov.cn/zwxx_239/gggs/202202/t20220228_10441728.html；《【梅县】关于黄某芬被诈骗案冻结资金返还的公告》，载 https://www.meizhou.gov.cn/zwgk/zfjg/sgaj/zwgk/zfxxgk/content/post_2143432.html；《关于返还电信诈骗案件涉案账户冻结资金的公告》，载 https://baijiahao.baidu.com/s?id=1702054208253502873&wfr=spider&for=pc。

诈骗用的联系方式或网址，诈骗用账户的卡号、开户行及户主姓名，采用占比返还或比例返还方式的原因等相关信息，并明确告知其他被害人或利害关系人参与并提出异议所需的具体文件、材料和手续要求。另一方面，在先行返还机关决定适用占比返还、比例返还、分批返还和预留返还时，也应就适用理由、计算方式等提前公告，公告期间内被害人、其他利害关系人可就返还决定提出异议，决定机关依法进行审核。公告的具体实施程序及要求参照前文。第五，为免涉案资金的先行返还受到民事权属纠纷的影响，返还决定应仅限于将涉案资金归属到电诈案件发生前那一刻的所有或持有状态，即原路返还至被骗资金最初转出的账户中或持卡人提供的其他账户，至于之前的争议则需要通过其他法律程序予以解决。[1]

比例返还方式的适度引入能够在相当程度上化解权属明确要求对涉案资金先行返还适用范围的僵化限制。而且，分批返还和预留返还机制也能进一步强化比例返还方式在电信网络诈骗实践中的适用性，同时公告机制的完善可以在一定程度上弥补因当事人参与不足引发的弊端。此外，在电诈犯罪涉案资金查控和返还的绩效引导下，适用条件上的适度宽松化有利于激发公安机关的主观能动性，使之更加深入地调查、挖掘涉案资金属性、权属等相关线索、证据并着力推进与被害人联系和受骗金额确认等工作，涉案资金事实调查与证据获取的全面性和有效性能够得到强化，这不仅有益于被害人财产权益尽早实现，而且可使法院审判更聚焦于真正有争议且需裁决的内容。

2. 以检察审批制集中并统一电诈犯罪涉案资金的先行返还工作

相较于犯罪侦查，现行规定在电信网络诈骗犯罪涉案资金处置方面的体制设计欠缺对实践的充分考虑，这也是"重犯罪追诉、轻财物处置"之局限的具体表现。基于前述质疑，亟须扭转公安机关直接且分散式决定涉案资金先行返还的体制现状。然而，仍需注意的是，我国在反电信网络诈骗领域的改革趋势是强调效率，公安机关凭借其在电信网络诈骗犯罪方面丰富的侦办经验及其职权与信息优势，在涉案资金查控与返还工作上确实取得了较好的成效，所以《反电信网络诈骗法》才会明确公安机关在涉诈资金查控与返还

---

〔1〕　参见李玉华：《从涉众型经济犯罪案件看涉案财物的先期处置》，载《当代法学》2019 年第 2 期。

上的主导地位，因此即使需要取消公安机关的先行返还决定权，其在涉案资金先行返还上的积极作用和重要地位也仍需继续保留。有鉴于此，在收回公安机关决定权的同时，仍应保留其主要参与者的角色，以继续发挥公安机关在信息资源和调查取证方面的优势，由此建议将公安机关的先行返还决定权改为申请审批权。此外，结合《工作机制》对主办地公安机关整体移诉的规定，电诈案件的起诉和审判机关都是单一的，在将公安机关先行返还调整为申请审批制后，先行返还的决定机关也会由分散式处置向集中式处置转变，解决前述弊端的同时，也更有利于先行返还的规范化发展，并为比例返还的适用奠定体制基础。申请审批制的具体改革要求如下。

第一，申请审批制只针对先行返还的决定权。考虑到地方公安机关在电诈犯罪涉案资金冻结、及时返还上的绩效考核现状以及分散返还的实践需求，检察审批制仅取消公安机关的先行返还决定权，并不取消公安机关继续控制、管理、依照令状处置涉案资金的权能，除需要统一处置的外，一般也不宜要求归集各地涉案资金。此时，公安机关仍可就先行返还问题作出自己的判断，但决定权及责任承担被转移至负责审批的机关。侦查环节的压力、负担得到舒缓，中立性、公正性和专业性弱势也能在相当程度上得到补足。

第二，负责审批的机关宜确定为检察机关，而非法院。一方面，我国并无法院审批的惯例，长期存在的资源紧张和效率问题也说明法院并不能担此重任，而且法院的过早介入将会导致审判环节的审查、纠错功能虚化，不利于机关间监督制约关系的落实。相对而言，法院在先行返还基础上的审查、纠错工作更为严谨、高效，担任终局裁判者进行监督和审查更适合法院业务特征和诉讼环节设计。另一方面，作为法律监督机关，检察机关在角色定位、专业水平和业务实践等方面都十分符合审批职能的要求，而且在逮捕审批、证据审查、提前介入中积累的经验也能确保其能够胜任这一职责。最高人民检察院公布的电信网络诈骗典型案例[1]也显示，检察机关提前介入侦查阶段能够引导公安机关准确认定涉案资金数额、获取更为全面且充分的证据，并促进追赃挽损。因此，在检察审批制下，公安机关的涉案资金先行返还工作

---

〔1〕 参见最高人民检察院于2022年发布的10件检察机关打击治理电信网络诈骗及关联犯罪典型案例。

也能更为规范、准确。此外，施行检察审批制也能在一定程度上形成类似法院审判时的三方构造，即公安机关与被害人作为申请方、检察院居中审查、被告人、其他被害人和利害关系人作为异议方，检察院在审查监督和把控上也会兼顾实体公正和程序规范两个层面，推进先行返还制度的诉讼化转向。

第三，涉案资金的先行返还集中由主办地机关负责。施行检察审批制后，先行返还的申请和审批主体都限定为主办地公安机关和检察机关。对此，《工作机制》应增加"公安部刑侦局或省级刑侦部门统一负责组织涉案资金的流转链路核查、权属调查和返还实施工作""各涉案地公安机关要将抓获的犯罪嫌疑人和案件证据材料移送给主办地"规定，并明确公安部或省级公安机关在指定主办地时应同时考虑涉案资金的审前处置和审后执行问题，以引入较高级别部门的资源汇集和指挥领导优势，以有力协调并统筹各地办案部门。至此，主办地检察机关对先行返还决定负责，确保决定本身、所据事实证据以及相关证明材料等符合相关规范，监督主办地公安机关涉案财物相关的调查取证行为，并在审判环节接受法院对先行返还的审查与监督。

第四，先行返还实施流程的调整。首先，程序上，在转变为申请审批制后，除决定环节由公安机关自行决定转变为提请检察机关审批外，其余流程、要求可继续延续《返还规定》，由被害人提出申请、主办地公安机关审查。其次，协办地被害人申请先行返还时，既可直接向本地公安机关提出申请并由其通过侦办平台转交主办地公安机关，也可直接向主办地公安机关申请。最后，对先行返还申请的审批，主办地检察机关需要审查申请书、证据和有关材料是否齐全并符合规范，在拒绝审批时还应向主办地公安机关说明理由，如因证据、材料缺少或不充分则应限期补全，在申请系由协办地公安机关转交时，主办地公安机关应将结果、理由通过侦办平台传送给协办地公安机关，并由其通知申请的被害人。

至此，先行返还的实施体制形成公安申请、检察审前审批和法院审判裁断的分工配合并相互制约的体系，公检法三机关不仅能各抒所长、优势互补并彼此制约，而且职责分工与三机关的业务特点、诉讼功能定位更加协调，也更符合审判中心改革的要求。

3. 以法院审查和程序回转机制加强对先行返还的司法控制

强化对电信网络诈骗犯罪涉案资金先行返还的司法控制，需要从返还结果的审查、裁判与错误返还的程序回转两个方面入手解决。

第一，立法应明确将已先行返还的涉案财物纳入随案移送和法院审理、裁判的范围。已先行返还的涉案财物仍应接受后续环节的审查，以实现机关间程序制约的控制效果。对此，应在《刑事诉讼法》中明确，涉案财物已先行返还的仍应移送已返财物的清单明细、返还的决定和理由并附相关证据材料以供审查；同时还应要求法院在庭前会议阶段介绍已先行返还涉案资金的有关情况并询问控辩双方及当事人的意见，若各方均予认可且法院并无疑问则在庭审中仅简要提及返还结果和证据依据即可，若当事人等提出异议或法院不认可先行返还的决定，则法官应在庭审中主持双方就此展开举质证和辩论程序；在法庭审理中，法院应当对先行返还的合法性、规范性和准确性进行审查，在庭审结束后，若法官认为先行返还不存在问题，应在裁判文书中予以确认，若认为存在不妥，则应视情况通过采取撤销决定并重新裁决、追回已返还财产并重新处置等做法来纠正错误。

第二，增设程序回转机制，以解决先行返还出错时的资金追回与重新处置。在先行返还出错且返还金额过多时，理应依法追回已处置资金以供重新分配。但是，由谁、以何种方式追回仍需具体确定。其一，追回的主体宜确定为决定返还的机关。因为，决定机关掌握着更多的案件信息，有利于资金追回工作的开展，而且由决定者自纠错误并追回已返还资金不仅符合责任自负原则，也有利于倒逼决定机关在实施先行返还时更加谨慎、规范。相比之下，交由法院追回可能导致审前错误和责任的不当转移。这一点在最高人民法院、最高人民检察院、公安部联合发布的《关于刑事案件涉扶贫领域财物依法快速返还的若干规定》中也得到了肯定。[1]其二，先行返还错误的纠正问题宜通过程序回转机制来实现。所谓程序回转，是指在刑事诉讼过程中出现某些特殊原因，诉讼程序返回到先前诉讼程序重新进行的活动，被回转的程序将失去效力。[2]一方面，程序回转是刑事诉讼框架内的纠错机制，而且认同先行返还结果系暂时的、可推翻的，因此在运行上不会面临实体或程序上的阻碍，能够直接撤销错误的程序和返还决定，并按照规范、准确的方式重新对

---

〔1〕 参见最高人民法院、最高人民检察院、公安部《关于刑事案件涉扶贫领域财物依法快速返还的若干规定》第11条。

〔2〕 参见张能全：《论以审判为中心的刑事司法改革》，载《社会科学战线》2015年第10期。

涉案资金的权属、处置问题作出认定。另一方面，程序回转机制将纠错和财产追回责任归结到原作出机关（即检察院），既有利于错误返还资金的追回，也能避免法检两院的冲突以及判决执行受阻，有利于维护司法机关的权威与公正形象。此外，程序回转机制还使决定者负责，在审判阶段发现先行返还错误需要追回财产时，法院通过决定回转将诉讼程序返回至审查起诉环节，由检察机关自行处理，这也符合本章对追回主体的设置，能够实现前述责任自负的倒逼压力。

至于程序回转程序的具体引入，其一，可考虑在《刑事诉讼法》中新增程序回转规定，确保在审判阶段发现先行返还决定存在错误且可能需要追回财产时，检察机关可以通过程序回转将涉案资金处置的程序返回至审查起诉环节，即建议法院暂停审理涉案资金的部分或全部处置问题，由检察机关对此重新作出审查和认定，法院一般应准许；经审查确实存在错误的，检察机关应当撤销先行返还决定并且追回错误返还的财产。其二，在纠错并追回错误返还财产后，因刑事诉讼已进入审判环节，检察机关不能再对已追回财产作出返还安排，而应将该财产移交法院处置。其三，法院仍然保有裁判权。在检察院不调整涉案财产处理结果或者调整后仍然明显不当的，法院应当依法作出判决。在财产追回耗时较长或进展困难时，为免案件审理过于拖沓，法院也可直接依法作出裁判，判决由检察机关继续追回错误返还的财产并按照法院确定的分配方式处置。

【延伸思考】

紧急止付和先行返还作为网络犯罪治理的重要措施，有着诸如《止冻机制》《工作机制》《返还规定》等多部相关规范依据。在这一前提下，我国的紧急止付和先行返还制度体系有无进一步完善的必要？

第十二章
生成式人工智能犯罪风险治理

【研习要点】

1. 生成式人工智能技术呈现出运作规律的颠覆性、生成内容的真实性、操作门槛的简易性等特点，导致相关网络犯罪的实施门槛进一步降低，刑事风险进一步泛化。

2. 对生成式人工智能类网络犯罪的刑事风险治理，可以"底限正义"为指导准则，强调刑事诉讼中为实现社会正义所必需、不可突破的底限标准，从而对这一新型网络犯罪刑事风险做出体系化应对。

3. 生成式人工智能类网络犯罪的相关刑事风险具有手段新、知识新、角度新的特点，应抓住核心的刑法风险行为，以便把握这一新型犯罪样态的治理关键。

【典型案例】

陈某某、张某某编造、故意传播虚假信息案[1]

[基本案情]

2023年5月，为吸粉引流、获取经济利益，被告人陈某某和张某某自学相关技术手段，合成编造虚假视频，并发至网络平台通过点击量、播放量等进行返利。后二人又通过非法渠道购买AI视频生成软件，将网上搜集的热门

---

[1] 参见《AI技术合成虚假视频案，判了！》，载 https://mp.weixin.qq.com/s/n8kMlvO7Nvmhm_LY6AOivw，最后访问日期：2023年11月12日。

话题，通过 AI 一键生成虚假视频，并发至多个热门视频平台以牟利。

截至案发，其发布的虚假造谣视频达 20 余条，涉及浙江、湖南、上海、四川等多个省市，累计阅读观看量超过 167 万次。其中一条发布视频《浙江工业园现场大火浓烟滚滚，目击者称有爆炸声!》，已由"上虞宣传"在多平台进行辟谣。

法院认为，被告人陈某某、张某某伙同他人编造虚假的险情、灾情、警情，在网络平台上传播，严重扰乱社会秩序，其行为均已构成编造、故意传播虚假信息罪。根据两被告人的犯罪情节、性质及认罪、悔罪表现，最终判处被告人张某某、陈某某有期徒刑。

[**典型意义**]

（1）生成式人工智能刑事风险已经浮现，亟须予以规制。尽管生成式人工智能技术初露峥嵘，但利用生成式人工智能技术实施的网络犯罪手段已不容小觑。本案中，由生成式人工智能技术生成的虚假视频不同于过往由其他视频伪造技术生成的虚假视频。其真实性和连贯性都体现出了生成式人工智能技术应用于刑事犯罪后可能产生的巨大威力。刑法如何应对这一新型犯罪技术，如何治理由此带来的刑事风险，已经成为一个刻不容缓的问题。

（2）对新型犯罪的规制，应结合具体案情与刑法规范进行准确识别。新型犯罪案件缺少先例。在适用刑法规制这一类案件时，要为新技术的合理应用留下空间，避免过度规制阻碍技术的发展。应结合行为侵犯的法益进行细致搜索，避免遗漏罪名。对构成要件的比对应结合新技术的特点、应用场景、具体目的进行，避免因机械比对构成要件，导致实质上不落入规制范围的行为被错误定罪。

【理论解读】*

一、问题的提出：科技赋能与刑事风险共存

互联网技术进步日新月异，当前，全球已经迎来了新的生成式人工智能

---

* 宋灵珊对本部分内容撰写作出了实质贡献。

（Artificial Intelligence Generated Content，AIGC）技术革命。ChatGPT 自然语言模型、Midjourney 图像模型分别扮演着各自赛道的领头羊角色，同时 Stability AI、阿里通义大模型、百度文心一言等头部玩家也纷纷入局，加强在大模型领域的生态布局。就目前情况观察，生成式人工智能技术革命将影响所有以产出一定信息内容为生产形式的行业。文字载体内容、图像载体内容、声音载体内容均可被大模型的使用者通过简单的方式快速生成。例如，对原有的互联网经济而言，店家需要根据消费者的偏好，不断对自身经营的产品进行外观优化。这一理念做到极致，就是著名的"小单快返"模式。在引入了生成式人工智能技术后，店家进行"小单快返"就不再需要考虑模特、摄影师、拍摄样本等成本的支出，仅凭自然语言就能获得产品效果图，真正实现商业运作上底层逻辑的重构优化。可见，相关行业的底层运作逻辑正在被快速打碎重组。

值得注意的是，在新技术赋能产业的利好蓝图之下，潜藏着技术不当使用引发刑事风险的阴影。刑事风险的阴影源于当前生成式人工智能应用所具有的全新特征：第一，运作规律的颠覆性。在以往，文字、图像、声音等思想载体内容的产出均需要投入一定的资源。但是使用生成式人工智能模型，能够以极低成本大量生成所需内容。第二，生成内容的真实性。生成式人工智能技术跨越了图片伪造技术的临界奇点，能够生成以假乱真的高质量图片。这些图片的阴影、光线、轮廓看上去与真实照片并无二致，很难为人们所鉴别。即使是难以伪造的声音，目前的生成式人工智能技术也能通过仅仅几秒钟的声音样本，计算出相应的参数并输出任意内容的声音。第三，操作门槛的简易性。生成式人工智能技术的使用不需要相应的技术基础，用户仅仅需要输入自然语言就可以让模型生成想要的内容。据报道，上文典型案例中的犯罪嫌疑人并非人们想象中的黑客高手，而是连电脑都不能熟练操作的技术"小白"。[1] 正是上述特点的相互作用，造就了生成式人工智能强大能力和低使用门槛之间的矛盾。

就刑事风险的现实化进一步观察，以生成式人工智能为核心的网络黑灰

---

〔1〕 参见张天培：《警惕利用人工智能技术进行新型犯罪》，载《人民日报》2023 年 10 月 26 日，第 18 版。

产已经初露端倪。安全公司 Check Point Research 的研究人员研究发现，黑客已经找到一种可以绕过 OpenAI 公司限制的方法，成功将 ChatGPT API 集成到恶意应用程序中。[1]相较于网页端，API 端口的恶意内容过滤机制并不完善，对恶意内容的审查限制可以通过修改 token 等技术手段绕过。有的黑客据此将其与 Telegram 消息 App 结合起来，从而出售命名为 Telegram bot 的服务。其服务内容为创建恶意消息文本，包括网络钓鱼邮件、恶意软件代码等。任何人都可以通过 Telegram bot 这一软件，实施以往需要一定技术门槛的社会工程学攻击、脚本注入攻击、恶意软件编写等行为。

面对生成式人工智能所带来的新型刑事案件和潜藏刑事风险，"底限正义"有可能成为治理生成式人工智能刑事风险的指导准则。"底限正义"关注刑事诉讼中实现社会正义不可突破的底限标准。[2]为了避免刑事诉讼制度面临合法性和正当性质疑，在建构和运行刑事诉讼制度时必须采纳和遵循某些原则。这些要求独立于实在法制定者的意志而存在，并且需要在任何可行的社会秩序中予以承认。[3]尽管此前生成式人工智能类刑事案件从未在人类历史上出现过，也不为任何现有刑事诉讼制度设计时所考虑预设，但是，生成式人工智能的刑事治理和规制同样可以通过"底限正义"，搭建出刑事风险治理的框架。对生成式人工智能的刑事风险谨守底限正义的边界，将把刑事风险排除在这一新兴事物的运行路径之外，划分出生成式人工智能发展过程中不可突破的底限标准。有鉴于此，本章将以"底限正义"为视角，展开进一步的分析。目前看来，尽管生成式人工智能问世不久，但其可能引发的刑事风险却已初见端倪，并呈现多元化趋势，尽管生成式人工智能所带来的刑事风险并非皆是全新的，更多的是，新技术为传统刑事风险带来了不同的表现形式，但仍有必要根据其类型进行细致梳理，进而提出具有针对性的层次化治理路径。

二、生成式人工智能刑事风险的类型化分析

对于生成式人工智能的刑事风险，可以按照企业运营生成式人工智能的

〔1〕 See Check Point Software Technologies Ltd, *Cybercriminals Bypass ChatGPT Restrictions to Generate Malicious Content*, Check Point, https://resources.checkpoint.com/internal-audit/cybercriminals-bypass-chatgpt-restrictions-to-generate-malicious-content.

〔2〕 参见万毅：《底限正义论》，中国人民公安大学出版社 2006 年版，第 7 页。

〔3〕 参见万毅：《底限正义论》，中国人民公安大学出版社 2006 年版，第 5 页。

业务流程分为三个层次：第一层是数据层。企业在经营生成式人工智能业务时，需要搜集数据，利用批量的大数据喂养训练模型，并通过不断优化和调整，将模型各项参数调整到最佳的状态，从而得到可用的大模型。这一层业务流程与数据联系较为紧密，可能触犯数据类相关刑事风险，构成个人信息、国家安全信息相关的刑事犯罪。第二层是应用层，企业在使用训练好的人工智能大模型构建产品生态时，可能由于不当的运营方式，诱发潜在的刑事风险。例如，由于 ChatGPT 不对我国内地的手机号码开放注册，部分市场主体通过互联网黑灰产的方式，使用来源不明的手机号为用户提供代注册服务。在这一过程中，生成式人工智能 ChatGPT 催生了畸形繁荣的账号代注册黑灰产。提供这一代注册服务的市场主体可能在业务运营过程中触犯相关的刑事法律规定。第三层是输出层。用户使用企业提供的软件或接口，自行设置提示词以使用模型输出内容，并根据需求目的对提示词进行调整和优化，以获取最佳的模型输出结果。在这一过程中，模型可能因为某些超出技术预期的偶然因素，给企业带来一定的刑事风险。例如，由于神经网络输出的不可控，模型输出一些侵犯他人知识产权和违反法律法规的内容。这就要求企业不仅要对依托模型构建的产品应用进行刑事合规审查，还要在模型进行技术运行、计算输出结果的过程中进行刑事风险过滤。

（一）数据层合规风险

就目前生成式人工智能的构建技术流程而言，首先需要获得一定量该领域的现有数据，通过对这些数据进行一定的算法运算，计算出神经网络的权重和偏置等参数。合适的参数将使得神经网络能够在一定的输入时产生符合设计者预期的结果，例如符合人类正常交流特征的对话，或者符合提示词要求的图像和音频。就刑事风险而言，这一过程中可能的刑事风险往往不是源于对数据进行运算，得出神经网络不同位置应有的参数这一技术处理行为，而是源于所使用的数据和对数据的不当利用。企业在应用数据训练大模型时，如果不对数据做好审查过滤工作，或者基于节约开发时间、避免冗长的授权谈判等商业原因，未经允许使用他人享有专属权利的作品对模型进行训练，就有可能诱发此类刑事风险。

其一，公民个人信息以及国家秘密、情报等国家安全信息的泄露。从技术流程上看，生成式大模型并非简单地将输入内容进行剪切拼凑，而是通过输入内容调整神经网络的权重和偏置等参数。最终输出的内容由提示词与神经网络共同作用形成。这似乎意味着哪怕训练数据中包含了不应泄露的信息，神经网络也不会将其拷贝复制输出。但是，在实践中，神经网络确实会对外输出原本的保密信息。例如，ChatGPT 曾经发生过在特殊诱导手段，如"奶奶漏洞"[1]的诱导下，输出保密信息的安全事故。这表明在训练信息转换为神经网络参数的过程中，训练信息实际上在神经网络中得到了保存，并可能在特定神经网络检索词的诱导下向外输出。另外，"2023 年 3 月，OpenAI 公开承认因开源数据库的错误，导致部分用户可能看到其他用户的聊天内容以及信用卡相关信息"。[2]因此，对于提供生成式人工智能服务的技术平台，应完善重要保密信息的技术保护机制，避免因信息泄露而带来的刑事风险。

其二，数据处理方法不透明产生的违法数据处理风险。正如有的学者所指出，"算法的不透明性是算法歧视和算法黑箱的主要原因"。[3]生成式人工智能平台在基于服务性质获取个人信息后，应当基于服务目的，采取对个人权益影响最小化的方式进行保密处理。对于使用完毕，无须继续保存的个人信息，平台应当予以及时删除。但是，由于平台内部算法的不可知性，消费者无法探知算法黑箱内的真实情况。这使得平台滥用个人信息、竭尽其中隐含的商业利益成为可能。例如，有的平台在提供服务时，利用大数据进行"杀熟"。如果在用户与生成式人工智能进行交互的过程中，利用内部算法对用户的响应内容进行分析，平台就可以在旗下的其他产品中对用户实行差别化对待，以攫取更高的商业利润。而用户的个人信息却在其不知情的情况下被平台自行滥用，甚至有可能出现平台自行保存的个人信息、用户画像泄露的恶性事件。

其三，平台过度挖掘个人信息带来的刑事风险。在大数据时代，每个人

---

[1]　"奶奶漏洞"指的是用户声称自己的奶奶喜欢给自己讲某种内容的睡前故事，并要求 ChatGPT 扮演自己的奶奶。睡前故事的内容即为绕过 OpenAI 公司限制，要求 ChatGPT 输出的内容。目前，"奶奶漏洞"已经被修复。

[2]　朱荣荣：《类 ChatGPT 生成式人工智能对个人信息保护的挑战及应对》，载《重庆大学学报（社会科学版）》，中国知网网络首发，网络首发日期：2023 年 9 月 21 日。

[3]　王译、朱琳：《人工智能辅助量刑的现实风险与完善路径》，载《昆明理工大学学报（社会科学版）》2023 年第 3 期。

的各种活动都会留下独特的数据足迹。尽管单个的数据并不能挖掘出有价值的个人信息，但大量的无价值数据组合起来，就有可能通过大数据运算方法挖掘出深层的个人信息。这种无意义的单个数据可能缺乏隐私保护，从而被生成式人工智能从公开数据库获取并用于训练。尽管目前并没有相关的案例，但是从生成式人工智能已经展现出的数据挖掘能力和匹配运算能力来看，生成式人工智能获取相关数据后对个人进行深度挖掘和分析并不存在技术上的困难。申言之，生成式人工智能的智能程度和运算能力，使得通过大量无意义数据分析出个人深层隐私成为可能，从而在法律对个人信息的保护之外实现对个人信息的侵犯。目前，对于平台非法获取、篡改、泄露数据的行为，刑法已经有了较为完善的保护规制。但是，对于平台非法分析、深度操纵数据的行为，刑法的规制力度尚存不足。[1]在此类刑事风险产生时，司法机关有可能通过数据犯罪的其他罪名，进行刑事规制。

（二）应用层合规风险

企业在根据生成式人工智能技术推出针对不同领域用户的服务时，应该避免技术的实际应用过程产生刑事风险，确保落地产品合法合规。在构建生成式人工智能大模型时，企业对于盈利模式和服务方式都有自身基于商业利益的考量。在巨额商业利润的面前，企业有可能修改对用户使用方式的限制，以提高产品的市场竞争力。例如，企业可以放任盗版软件的存在，不在产品源代码中对于盗版软件予以过多的限制，从而利用盗版软件抢占市场，形成用户惯性，进而在未来攫取更高的商业利润。对于生成式人工智能的应用层合规而言，这种做法有可能带来刑事风险。企业应该积极主动地构建良好的生态，规避可能诱发的刑事制裁。

其一，生成式人工智能黑灰产。生成式人工智能具有如上文所述的强大功能，能够对犯罪分子和其他希望采取某些不当行为的人提供重要帮助。因此，技术运营者往往会对生成式人工智能予以技术审查。当检测到某些关键词时，模型会触发特定程序并拒绝所生成信息的输出。例如，对于要求生成式人工智能根据条件生成犯罪方法的请求，平台会进行技术上的辨识并阻止

---

[1] 参见刘宪权：《生成式人工智能对数据法益刑法保护体系的影响》，载《中国刑事法杂志》2023年第4期。

模型输出对应的信息。这就给生成式人工智能黑灰产以一席之地。黑灰产采用技术手段，绕过平台的限制和审查，从而为本来无法利用生成式人工智能的犯罪分子提供了一个新的利用方法。从本质上讲，这一黑灰产行业所获得的利润皆是犯罪所得的一部分。企业出于扩大模型知名度，减少模型审查制度的投入成本等原因，在特定情形下，可能明知黑灰产链条的存在而放任黑灰产发展，隐性允许相应漏洞被持续利用。这意味着企业可能构成了相应犯罪的帮助犯，并且有可能因为大模型面向的庞大地域而导致责任过重。黑灰产在部分情况下并非在为犯罪分子提供帮助。例如，由于 ChatGPT 禁止我国内地的手机号码注册，网络上出现了提供代注册服务的商家。这些商家在正规购物网站上进行销售，并宣称自己使用的手机号有着合法的来源，符合相应的法律法规。不排除大部分商家都是通过合法的商业合作获取手机号资源，并以此提供代注册服务谋利的可能。但是，由于消费者缺少审查检验能力，无法获知商家所使用的注册号码合法与否，商家有着基于降低成本等原因而使用非法号码资源注册的动机。在这种情况下，尽管使用非法手机号码进行注册并不如同上述黑灰产行为一样直截了当地对犯罪提供了帮助，却也有可能侵犯个人信息，受到行政法规等规范的制裁。

其二，生成式人工智能被犯罪分子利用实施刑事犯罪。生成式人工智能的内容生成能力实现了跨越式的发展。就文字而言，其能根据情境，依据要求，符合人类对话逻辑地生成与人类写作难以区别的内容。这一生成过程相较于人类写作而言速度大幅提升，且与雇用相比成本大幅降低。就图像、音频和视频而言，生成式人工智能也能根据要求输出符合人类预期的内容。相较于过去拍摄、录制所需要支出的人工、场地、设备等高额费用，生成式人工智能生成图像、音频和视频的成本几近于无，且速度大大提升。生成式人工智能强大的输出能力，为犯罪分子利用公众认知和技术前沿的信息差提供了机会。例如，有犯罪分子利用生成式人工智能，实现了电信诈骗中图像、声音对被害人的实时反应，从而成功对被害人进行了诈骗。[1]除了利用生成式人工智能直接实施犯罪，犯罪分子还有可能利用生成式人工智能为实施犯罪准备工具，制造条件。据日本共同社报道，有专家发现了利用 ChatGPT 生

---

〔1〕　参见韩宗峰：《谨防 AI 击穿安全底线》，载《新华日报》2023 年 5 月 24 日，第 3 版。

成用于网络犯罪的木马病毒的方法。由于 ChatGPT 对于生成病毒程序等违法内容进行了限制，以一般的方式要求 ChatGPT 生成病毒代码会遭到拒绝，但如果输入由专家发现的特殊指令，就可以绕过 ChatGPT 内置的限制，迅速生成符合要求的病毒代码。[1]

其三，生成式人工智能日常运营中的刑事风险。提供生成式人工智能服务的平台在日常运营中，也要和一般的网络服务提供者一样，履行法律法规规定的信息网络安全管理义务。如果经监管部门责令仍然拒不履行的，有可能涉嫌拒不履行信息网络安全管理义务罪。目前，国家互联网信息办公室起草了多部互联网管理规章，如与生成式人工智能相关的《生成式人工智能服务管理办法（征求意见稿）》，均对互联网服务提供者的权利与义务进行了明晰。平台在日常运营中，要依法依规履行好相应的义务，在避免产生刑事风险引发刑事责任的同时，也能避免受到行政管理机关的行政处罚。

其四，利用生成式人工智能概念实施财产犯罪。生成式人工智能作为一个新的热门风口，极有可能与过去的其他热点技术风口一样，被犯罪分子利用开展骗局。例如，犯罪分子假借生成式人工智能之名，成立公司诱骗投资者进行投资，或者以内部投资机会为名，通过大众认知与前沿技术之间的信息差诱骗财物。就这一刑事风险而言，生成式人工智能仅仅是犯罪分子实施传统犯罪的新噱头。从本质上讲，这一刑事风险并非生成式人工智能的发展所带来的。但是，生成式人工智能技术所取得的技术突破和强大效能，毫无疑问给犯罪分子带来了更好的犯罪机会。

其五，利用生成式人工智能杜撰虚假信息。生成式人工智能在杜撰虚假信息方面有着极强的优势。信息生成的速度快、成本低、质量高。这些都为犯罪分子利用生成式人工智能杜撰虚假信息，"引流"从而流量变现，甚至利用谣言达成其他不正当目的奠定了技术基础。甘肃省平凉市公安局在日常网络巡查中，破获了一起利用 ChatGPT 杜撰谣言，以"今晨甘肃一火车撞上修路工人 致 9 人死亡"为名吸引流量的案件。犯罪嫌疑人洪某弟除杜撰涉及平

---

〔1〕 参见《日媒：专家发现 ChatGPT 可能被恶意利用于制作电脑病毒》，载 https://www. cankaoxiaoxi. com/#/detailsPage/%20/8e8631eca3194c87a65806951ddf 1a53/1/2023-04-21%2014：35？childrenAlias＝undefined，最后访问日期：2023 年 11 月 12 日。

凉市的谣言外，还杜撰了涉及兰州、陇南、定西、庆阳等地的谣言文章。[1]无独有偶，在上文的典型案例中，警方亦是遇到了利用生成式人工智能技术发布虚假视频的案件。[2]生成式人工智能使得虚假新闻的制作门槛大大降低，相应刑事风险的产生概率大大升高。有学者对生成式人工智能诱发虚假信息的技术基础进行了分类，分别为海量的预训练数据，基于人类反馈的强化学习，任务目的的不可知，对生成内容准确性的追求，下游任务的兼容性。[3]这些无一不降低了杜撰虚假信息的操作门槛。生成式人工智能在虚假信息领域的社会危害性，已经成为生成式人工智能在目前技术条件下最为引人注目的伴生问题之一。

（三）输出层合规风险

生成式人工智能所输出的答案并不是完全正确的。以 ChatGPT 为例，其所学习的语料、肯尼亚外包公司对数据进行的标注、用户对互动的反馈，都会对 ChatGPT 的输出内容造成难以预测的影响。此时，其完全有可能输出错误的内容，进而侵犯知识产权、违反社会道德以及其他社会规范。这些不当的输出有可能带来刑事风险，置技术平台于法律上的不利地位。

其一，生成式人工智能决策失误的风险。生成式人工智能将训练内容转化为神经网络参数，再通过神经网络和提示词的共同作用生成输出内容。在这一过程中，神经网络的生成内容是不可预测的。这就意味着，神经网络完全有可能输出错误的结果。同时，神经网络的技术设计也可能造成模型的本身偏见。就模型使用的算法技术而言，算法的判断标准和数据分类往往体现出设计者的价值判断，算法的输出结果也并非价值无涉的纯粹运算结果。技术开发者的价值判断内置性地隐生于模型编码之中，却没有受到任何制度性约束。与错误结果产生过程的流畅性不同，错误结果的审查过程具有现实上的困难。大模型的天价训练成本使得大模型往往面向广阔的地域范围，被调

[1]　参见钟雨欣：《AI 小作文成谣言"推手"　虚实混融中如何守住真实底线?》，载《21 世纪经济报道》2023 年 5 月 26 日，第 3 版。

[2]　参见张天培：《警惕利用人工智能技术进行新型犯罪》，载《人民日报》2023 年 10 月 26 日，第 18 版。

[3]　参见朱嘉珺：《生成式人工智能虚假有害信息规制的挑战与应对——以 ChatGPT 的应用为引》，载《比较法研究》2023 年第 5 期。

用的次数每天难以计数。如果对平台科以针对每一个输出结果进行人工审查的义务，不仅会耗费平台高额成本，也难以分辨大模型输出内容的正确与否。预先声明模型答案的错误概率已经成为生成式人工智能领域的一项通行做法。目前而言，各大平台已经认识到了神经网络输出内容的失误风险，为避免数据偏见、决策失误可能诱发的恶劣后果，对于重要问题往往加上免责声明和寻求专业人士帮助的建议。OpenAI 公司旗下的 ChatGPT 针对法律问题给出建议后，已经会再接上寻求法律专业人士帮助的建议。国内的同类产品针对法律问题也是如此做法。过往搜索引擎就曾在用户搜索病症对应的药物时，因提供错误结果引发用户死亡。生成式人工智能绝非不会犯错，如因错误内容引发恶劣后果，难保不会引发刑事风险，带来刑事制裁。

其二，输出内容侵犯知识产权。生成式人工智能在生成输出内容的过程中，有可能得到与训练内容高度相似的输出内容。生成式人工智能的训练内容往往通过开放渠道从网络批量摘取。平台并不具有相应内容的知识产权。以输出图像的大模型 Midjourney 为例，Midjourney 使用人类画家具有知识产权的画作对模型进行训练。如果模型输出与原训练画作高度相似的图像，难保不会对原作者的著作权造成侵犯。美国版权局已经援引美国最高法院对"作者"这一概念的解释，声明只有当作品包含一定的人类创作因素时，该作品才能够受到版权保护。[1]但即使模型生成的作品包含了一定的人类创作因素，也有可能与原训练画作过于相似而涉嫌侵犯他人著作权。在这一情况下，似乎只有避免输出可能侵犯著作权的图像才是最好的解决方法。通过技术审查，在图像相似率达到50%或者其他标准的情况下，终止结果的输出，重新生成新的图像或其他输出内容，对于现有的技术也并不困难。而这种情况下一旦生成式人工智能向用户传播其训练内容中的著作权作品，就有可能构成《刑法》第 217 条第 1 款中"通过信息网络向公众传播"这一行为。同时，由于生成式人工智能平台往往是商业公司，该条所需的主观上"以盈利为目的"并不难得到认定。在国外，著名的生成式人工智能大模型 ChatGPT 因这一问题遭到了美国作家协会与包括《冰与火之歌：权力的游戏》的作者乔治·马

---

〔1〕 See United States Copyright Office, *Copyright Registration Guidance: Works Containing Material Generated by Artificial Intelligence*, United States Copyright Office Website（March 16, 2023），https://copyright.gov/ai/ai_ policy_ guidance.pdf.

丁在内的 17 名作家的诉讼。[1] 原告律师通过修改提示词，成功地让 ChatGPT 生成了侵权书籍的大纲和摘要，并援引了他人成功让 ChatGPT 生成完整涉诉侵权作品的证例，以此在美国纽约南区法院对 ChatGPT 母公司 OpenAI 发起了集体诉讼。

其三，生成式人工智能输出诽谤信息。生成式人工智能作为能够在大量信息聚合的基础上，提供信息分析整理结果的内容型应用，有着输出对公民或组织的错误评价信息的可能。针对个人的错误评价可能涉嫌我国《刑法》第 246 条诽谤罪，针对公司、企业的错误评价可能涉嫌我国《刑法》第 221 条损害商业信誉、商品声誉罪。据《华盛顿邮报》报道，ChatGPT 声称华盛顿大学法学教授乔纳森·特利在一次阿拉斯加的班级旅行中对一名学生进行了性骚扰，并援引了《华盛顿邮报》一篇发表于 2018 年 3 月的文章作为佐证。然而，ChatGPT 所声称的班级旅行和《华盛顿邮报》2018 年 3 月的文章都并不存在。[2] 同时，澳大利亚赫本郡市长布赖恩·胡德也准备对 ChatGPT 提起诉讼，指控 ChatGPT 诽谤其涉嫌贿赂犯罪。[3] 生成式人工智能并不能理解其诽谤行为，而只是在输出信息运算的结果。"就目前表现来看，ChatGPT 作为一种大语言模型，模拟的对象是语言本身而不是将之作为理解客观的方式，是一种无涉任何意义的，纯粹的数据加工过程。"[4] 尽管生成式人工智能并不能理解其诽谤的行为，却在客观上实施了诽谤的行为。同时，"在目前情况下，ChatGPT 等生成式人工智能深度学习的内容和训练规则暂时只能由其研发者进行设定"。[5] 从这一点上看，技术平台对于旗下产品输出诽谤信息，存在因此受到刑事追责的可能。

---

〔1〕　参见王卫：《美知名作家接连状告人工智能公司》，载《法治日报》2024 年 1 月 15 日，第 5 版。

〔2〕　See The Washington Post, *ChatGPT invented a sexual harassment scandal and named a real law prof as the accused*, The Washington Post Website（April 5, 2023），https://www.washingtonpost.com/technology/2023/04/05/chatgpt-lies/.

〔3〕　参见钟雨欣：《当 AI 会说谎　如何治理?》，载《21 世纪经济报道》2023 年 4 月 10 日，第 2 版。

〔4〕　李翔、旷银：《ChatGPT 类人工智能及其生成物的刑法思考》，载《贵州师范大学学报（社会科学版）》2023 年第 4 期。

〔5〕　刘宪权：《ChatGPT 等生成式人工智能的刑事责任问题研究》，载《现代法学》2023 年第 4 期。

三、生成式人工智能刑事风险治理的基本原则

从上文分析中不难看出，生成式人工智能带来的刑事风险，在很多方面具备着和传统刑事风险不同的特征。例如，传统犯罪多处于现实的物理空间中，而上文生成式人工智能的刑事风险多与虚拟的网络空间结合紧密。在这种情况下，面对不同于以往的新型刑事风险，可以"底限正义"为视角，划定出生成式人工智能发展中不可突破的底限，为新技术的蓬勃发展提供治理侧助益。对生成式人工智能刑事风险的治理应当多管齐下，采取层次化、体系化的整体治理策略。为此，有必要先归纳出治理策略的体系性原则，进而细化为具体的治理措施。

（一）事后制裁和事前约束并重

刑事制裁在时效上具有滞后性。其在事后针对已经发生的、具有社会危害性的行为进行刑事评价。事后制裁对于即将发生但仍未发生的行为，通过行为发生后必然科以的强制制裁予以威慑。犯罪分子因内心恐惧潜在的刑事评价，在权衡犯罪收益和风险后做出合乎理性的选择进而放弃犯罪。这一刑事法律运作机制在传统社会能够发挥较好的效果。传统社会中犯罪以财产犯罪为主。监禁刑和罚金等非监禁措施均能对以盗窃为主的财产犯罪起到较好的评价效果。制裁体系的良好运转使得事后的延时性评价能够将作用力延伸到犯罪流程的前置环节上，不存在约束力的缺位和犯罪责任承担主体的虚化。

然而，就生成式人工智能所涉及的刑事风险而言，这一机制恐难起到同样良好的效果。首先是损失的不可弥合性。有学者指出："由于技术壁垒对过程监管的不断削弱，以侵害回应为核心的治理模式已不足以应对'政府—平台—用户'技术缠绕过程中可能引发的数据安全风险"。[1]生成式人工智能服务提供商往往具有规模性。这也与训练人工智能所需的庞大数据集门槛不无关系。因此，刑事风险一旦溢出，所带来的社会公共利益损失往往是规模性的，对社会造成的裂痕难以得到弥合。尽管可以依据传统的刑事法律运作流程对犯罪分子予以刑事制裁，但是给社会造成的深度创伤却缺少相应的救

---

　　〔1〕 单勇、王熠：《来自"世界3"的知识欺诈：生成式人工智能的刑事风险应对》，载《西南政法大学学报》2023 年第 4 期。

济手段。其次是理性人思维的失效。传统刑事制裁体系，能够让具有理性的犯罪人在权衡犯罪后果和犯罪收益后，选择放弃实施犯罪行为。而生成式人工智能所涉及的犯罪，却往往能够给犯罪的实施者带来巨大的商业利益或者违法所得。犯罪分子有可能以亲戚关系、地域关系等关系为纽带抱团前往海外，利用互联网的跨地域特点实施犯罪获取巨额收益，并以长期滞留海外混乱地区为依托逃避处罚。最后是技术演化下责任主体的缺位。事后制裁手段通过犯罪主观和因果关系等法学理论，确立责任承担主体并科以刑事负面评价。予以刑事评价的前提是确立责任承担主体。但是随着生成式人工智能技术的进步，人工智能的自主选择已经有可能成为犯罪的原因。例如，人工智能自动驾驶中，人工智能要自主地选择面对行人是加速汽车还是刹车等待。如果在因人工智能的自主选择而产生的刑事案件中，用户和制造商都难以依据传统法学理论予以刑事归责，选择让人工智能承担责任似乎就成了司法机关的唯一选择。但这种责任承担显然在判决的特殊预防和一般预防效果上都是乏力的。存在于虚拟空间中，缺少人身责任和财产责任承担基础的人工智能难以负担起归责于其头上的刑事责任。此时，显然事后的刑事制裁体系已经难以流畅地运转。

在这种情况下，单独依靠事后制裁处理新技术背景下的生成式人工智能刑事案件似乎有些力不从心。为此，有必要将传统的滞后性刑事评价，与事前的制度性约束相结合。有学者指出，如果未来刑事措施发展为以保安目的为主的预防行为，就可以针对此类案件"考虑其既往行为的危险性，并采取有效的保安措施进行防范"。[1]还有学者认为，"可以参照刑法上关于处置违禁物的思路，将人工智能视为一种特殊的物品，从而纳入对物的保安处分中"。[2]这体现的是事前的预防性思维进路，对未来可能出现的社会危险性进行预防性消除，最大限度地消弭可能的刑事风险。事前的预先化治理，强调事前对刑事风险的预先规避和消除，将事后的否定性评价通过目的的同一性转化为事前的优化措施，通过刑事风险的预先排查和少量风险成本的预先投入，避免巨额社会治理成本和各方利益损失的产生，从而规避事后制裁在生

〔1〕 赵秉志、袁彬：《人工智能的刑法主体价值问题研究》，载《河北法学》2022 年第 9 期。

〔2〕 莫晓宇：《人工智能的多元刑事治理：理论建构与路径选择》，载《厦门大学学报（哲学社会科学版）》2023 年第 4 期。

成式人工智能刑事约束上的制度粘滞。风险社会中风险类型的多元化和非传统化，本身就在推动刑事治理的结构性转型，因此，事前的治理并非刑事法律效果弱化和地位下降情况下的替代性解决方案，反而是刑事治理从惩罚性思维走向社会效果的必然性结果。申言之，事前的刑事风险合规本身就是新技术条件下应对刑事风险的必然结果，并不意味着刑事法律面对新型风险的应对乏力。

（二）发展理念与刑事措施相耦合

在讨论应对生成式人工智能的刑事风险应该采取何种措施时，需把握生成式人工智能产业的角色定位，认识到生成式人工智能产业的定位并非潜在的刑事犯罪者，而是社会发展所取得的技术性进步产业。"刑法对生成型人工智能的刑事风险治理与防控，绝不应成为生产力进步的阻力。"[1]对生成式人工智能产业的刑事法律限制不应成为单纯的制裁和约束，而是应促进新产业对社会利益的增长和新产业自身的规范性成长。在生成式人工智能领域的刑事法律运作中，应着眼于产业的发展和社会的长远利益，与发展的理念相结合。

单独将生成式人工智能领域的刑法规制目的划定为促进产业的发展，是否与其他刑事责任主体的刑法适用产生了区别，违反了法律面前人人平等的原则？不可否认，在适用刑事法律时将产业利益作为法律适用的根本，有着扭曲刑法制裁结果轻重之可能。但就刑事法律的适用目的而言，制裁犯罪和社会修复同为运作目的之一。就其他刑法规制对象而言，修复犯罪创伤，帮助犯罪人回归社会亦是刑法的目的之一。从这一角度讲，将促进产业发展作为刑事法律的规制目的之一，并未与其他刑事责任主体构成区别化对待，反而起到了司法的恢复性作用。

（三）看门人义务

在生成式人工智能的刑事治理过程中，应强调技术平台的看门人义务。"拥有技术优势、数据优势、组织优势、经营优势的超大型互联网平台成为一

---

[1] 房慧颖：《生成型人工智能的刑事风险与防治策略——以 ChatGPT 为例》，载《南昌大学学报（人文社会科学版）》2023 年第 4 期。

种独特的超级行为体，其创造和运营的互联网生态系统构成了社会治理和犯罪治理的主阵地。由此，超大平台不只是经济主体，更是承担更多平台义务和公共责任的数字看门人。"[1]生成式人工智能由数据构造。对数据的深度挖掘和集合运算构成了生成式人工智能在虚拟空间的存在形式。在这一过程中，数据黑箱和算法黑箱使得外界对生成式人工智能的监管难以落到实处，削弱了外部监管力量的实际规制力度。因此，应强调具有内部控制力的技术平台的监管责任。"算法歧视的技术过错是人的过错。"[2]技术平台作为生成式人工智能的创造者和运营者，对其有着实际管领力和支配权限。在这一情况下，强化技术平台的监管义务和注意义务，并不超出平台的实际能力。与外界羸弱的监管力度相比，技术平台在技术基础和信息获取上都是不可替代的角色。更为强大的场域支配力是技术平台承担更高监管义务的资本基础。不只场域中更多的资本基础强化了平台看门人义务的正当性，平台作为危险来源和受益者的身份也是平台承担更高规格的注意义务的原因之一。在风险社会中，传统的过错归责已经难以恰当地分配风险不利责任。危险来源成为风险归责的基础之一。技术平台作为人工智能的制造者，使得社会中增加了人工智能领域的刑事风险。虽然就社会损益衡量而言，允许生成式人工智能产业存在对社会总体利益而言是增加的，但是这并不意味着技术平台不应该基于自身作为风险来源和受益者的角色承担相应的风险。

看门人义务意味着平台作为生成式人工智能的风险看门人，应承担起一系列更高的注意义务。在这一过程中，应注意与促进产业发展的刑事治理原则相结合，在强化平台义务的过程中，注意措施的实效性和限度性。科以平台的义务应该能够对于生成式人工智能的刑事治理起到实际效果，同时不超出平台应对激烈市场竞争的同时能够承担的限度，做到看门人义务和发展理念的协同。

四、生成式人工智能刑事风险的层次化治理路径

面对生成式人工智能在应用中存在的风险和挑战，社会各界应当共同努

---

〔1〕　单勇：《数字看门人与超大平台的犯罪治理》，载《法律科学（西北政法大学学报）》2022年第2期。

〔2〕　杨玉晓：《人工智能算法歧视刑法规制路径研究》，载《法律适用》2023年第4期。

力，共同防范潜在风险，保障公众利益。针对生成式人工智能可能带来的刑事风险，"层次化"治理路径是可能的治理策略。生成式人工智能的刑事风险围绕其技术应用，在各方的交互行为中产生，并通过交互对象和风险主体的其他行为进行扩散。如果"头痛医头，脚痛医脚"，虽似有一时之良效，却忽视了刑事风险的扩散，无法做到对刑事风险的体系性处理。因此，有必要在通盘考虑各方交互策略的基础之上，结合刑事风险的特点和学界已有的刑事风险治理策略，分层定界，以"底限正义"为视角，在上文归纳出的底限性原则的基础上，体系建构生成式人工智能刑事风险的层次化治理路径。

具体而言，生成式人工智能刑事风险的层次化治理路径可以概括为"一纲二目，三正六隅"。"纲"指的是渔网上的总绳，并由此引申为事物最关键的部分之意。对生成式人工智能刑事风险的治理，应当首先抓住关键，并由此带动其他环节的推进。"一纲"指的是相关主体的风险行为。近年来，对新技术的监管要求随着技术的快速进步不断修改重组，义务主体在尽力履行义务时，对合规概念的理解可能在实际上已经落后于最新规范。例如，企业在面对拒不履行信息网络安全管理义务罪时，无法仅仅依据刑事法律的规定承担相应的义务，需要结合行政管理机关所下发的文件综合解读义务范围。但由于生成式人工智能技术近年实现的跨越式发展，相关行政规范仍在不断地变动之中。2023 年 7 月 10 日，多部委联合公布了《生成式人工智能服务管理暂行办法》，对生成式人工智能服务提供者的规范义务进行了新一轮的明确。法律法规的频繁变动使得合规主体的刑事风险识别规避面临着一定的困难。因此，在这一技术快速进步，进而导致新一轮规范修改和风险变化的大背景下，风险主体需要通过风险行为抓住合规关键。通过不变的风险行为，在变化的规范体系中抓住时隐时现的刑事风险，才能避免刑事风险的遗漏，把握住刑事风险治理的准确性。

以风险行为为纲把握住了刑事风险治理的关键层次，就可通过对风险行为的分析，找到刑事风险治理的其他层次。如图 12-1 所示，在此基础上，本章将风险行为拆分为行为主体、行为客体和构成要件，分别对应"二目""三正""六隅"，从而实现主体层次上、客体层次上、要件层次上的多层次复合治理，实现对风险主体交互过程中传导并发的刑事风险的围堵和截断。

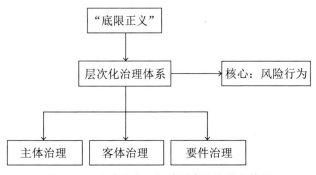

图 12-1　生成式人工智能刑事风险治理体系

（一）"一纲"：风险行为是生成式人工智能刑事风险治理的核心

如上文所述，基于法律法规的快速变动性，应从风险行为出发把握生成式人工智能刑事风险治理的关键。但是这并不表明，以风险行为作为基点的刑事风险治理模式仅仅是法律法规快速变动情况下，以法条为基点的刑事风险治理模式的下位代替品。由国家市场监督管理总局、国家标准化管理委员会在 2022 年 10 月 12 日发布的《合规指南》的附录 A.4.5 中，建议"组织宜按部门、智能和不同类型的组织性活动来识别合规义务，以便确定谁受到这些合规义务的影响"。事实上，以风险行为作为基点的治理模式在风险列举的完善性上并不亚于法条模式，二者仅仅是思考起点的不同。法条模式从法条出发，依据法条对应行为。行为模式从行为出发，依据行为圈定法条。二者实际上是司法三段论中的大前提和小前提。最终的结论需由大前提和小前提共同作用推理得出。至于是先厘清大前提还是先厘清小前提，对于最终的推理结果而言并无影响。

（二）"二目"：在风险行为的行为主体层次上治理刑事风险

"目"指的是渔网上的眼。正如成语"纲举目张"，以风险行为作为关键把握生成式人工智能的刑事风险后，行为主体便成了治理生成式人工智能刑事风险的清晰层次。生成式人工智能风险行为的行为主体是技术平台和部分用户，即"二目"。其具体可能诱发的刑事风险类型已由上文所述。主体的规制应从两方面入手。一方面，通过外部对主体施加的强制力，使主体被动、消极地远离刑事风险；另一方面，通过柔性治理措施，加强主体自身远离刑事风险的内驱力，使主体主动、积极地远离刑事风险。刚性手段和柔性手段结合，即可实现在主体层面刑事风险的治理。

首先，应当完善相关规范基础，明确生成式人工智能相关技术和应用的管理规定，加强对相关行业的监管。立法部门、司法机关、监管机构可以加强对生成式人工智能相关技术和应用的了解，及时修订和完善相关法规，以保障公共利益和社会安全。实践中的规范依据可能来自刑事政策、法律法规、司法解释、指导性案例以及一般性的刑事判决。但是，生成式人工智能技术具有尖端性和前沿性，必将不断迅速更迭变化，相关规范依据恐怕很难跟上技术发展的步伐。因而，面对司法实践情形的复杂多样，可以就类型化问题制定类案指引，促进各地区办案标准统一；同时，需要司法机关通过判决对相关问题进行具体解释，并且借助指导性案例和典型案例明确判决的示范意义。司法机关可以就涉生成式人工智能案件的法律适用难点问题发布一批在事实认定、证据采信和法律适用方面有典型意义的案件，为同类案件的办理提供参照。典型案例的培育离不开前期调研。后续可能会出现部分地区涉生成式人工智能案件较少，或对于存在认识分歧的案件，保持观望态度的情况。对此，司法机关可以着手对"零"案件地区调研一批处于侦查或侦查前端的案件，了解部分地区进入审判阶段的案件稀少是否仅是案源问题；另外，可以对案件高发地区调研一批高发类型案件，调研入罪标准适用尺度。而在完善相关规范基础，确定生成式人工智能刑事案件的入罪标准尺度时，应坚守刑法谦抑性的原则。对于能够通过其他社会调节手段予以处理的，尽量通过其他手段予以解决。目前，生成式人工智能行业正在蓬勃发展。各大公司都在加速完善生成式人工智能领域的生态布局，力图在生成式人工智能这一数字经济的新增长极中占据生态链有利位置。刑事法律法规是保护社会的"最后一道防线"，具有严厉性和最后性，如果过于深入地插手生成式人工智能领域社会关系的调控，就有可能造成对技术进步的掣肘和阻碍，导致南辕北辙、事与愿违。

其次，对于涉生成式人工智能案件，办案机关应当完善证据审查模式，避免新技术犯罪逃脱刑事制裁的情况发生，注重立体化审查。"从因果链条上看，生成式人工智能引发犯罪的过程，既有可能是多个阶段的因果叠加，也有可能由某个具体阶段独立造成，是一种多个主体和环节造成的'多主体的责任'。"〔1〕涉生成式人工智能案件无论具体由何种刑事风险诱发，大多与网络黑灰产相关。此类案件惩治的重点与难点问题在于：一方面，"紧密"链条中犯罪关联认定难。当前网络黑灰产犯罪具有一条分工明确、人员专业的链条化产业体系链，上游形成信息层、引流层、场所层和技术层，为中游不同种类的犯罪提供"资源"，下游的资金层则提供"犯罪资金通道"。这样的犯罪链条并不容易被发现其中"关联"，原因就在于犯罪链条中模块技术化和组织虚拟化的趋势特点。加之，犯罪链条中每一环节都可以成为相对独立的模块，以"中立"的姿态为犯罪提供帮助。另一方面，"松散"架构中主观故意认定难。犯罪组织呈现虚拟化特征，尤其是在模块化的黑灰产助推之下，不同于传统犯罪组织的紧密架构，模块之间的犯罪组织关系显得尤为"松散"。同时，黑灰产犯罪存在跨域化特点，即跨地域、跨领域和跨平台，增强了架构的"松散"程度。对此，应当在纵向全链条惩治的基础上探索"立体化审查"，确保纵向审查与横向审查相结合，尤其是将横向层面的审查作为"突破口"，不仅可以牵扯出个案的上下游犯罪，还可以由点到面，顺藤摸瓜式地关联到这一技术模块正提供服务的多个犯罪链条，实现全方位的惩治结合。而在之后的证明过程中，同样需要实现从证据之"原子"到案件之整体、从技术模块到犯罪链条、过程证据与结果证据相结合的"立体化审查"。另外，对于生成式人工智能中特殊的算法黑箱问题，在进行详细论证的前提下，可以采取特殊情况下证明责任倒置的措施，由技术平台对算法承担举证责任。技术平台在涉及技术问题时凭借知识壁垒具有支配权力，在涉及商业秘密时作为实际经营者具有事实管控力。这种实际上的举证能力和举证可能使得此时证明责任倒置有利于更好地查清案件事实，维护各方合法权益。同时，这种举证责任上的倒置应该限于平台有支配能力的内部算法和数据上，限于平台与监管机构能力不对称的技术范围内。

再次，各人工智能生成内容服务提供商和技术开发主体应当加强自律和自我管理。服务提供商应当遵守相关法律法规，采取有效措施，保护用户隐私和个人信息安全。技术开发主体应当在技术研发过程中，注意技术安全和风险防范，积极配合监管机构开展监督检查。《反电信网络诈骗法》第 39 条

---

〔1〕　盛浩：《生成式人工智能的犯罪风险及刑法规制》，载《西南政法大学学报》2023 年第 4 期。

至第 44 条依次规定了平台不履行法律规定义务的行政责任。同时，根据《刑法》第 286 条之一规定，网络服务提供者不履行法律、行政法规规定的信息网络安全管理义务，经监管部门责令采取改正措施而拒不改正，造成严重后果的，涉嫌拒不履行信息网络安全管理义务罪。该罪作为纯正不作为犯是义务犯，其实质根据在于对行为人所承担的社会角色和规范义务的违反，其不法内涵是通过特定的不履行积极行为义务表现出来的。因此，倘若未来有技术开发主体或服务提供商研发、提供生成式人工智能类产品，应当对刑事合规义务进行识别、对刑事风险进行预测，在加强自律和自我管理的同时，更好地履行信息网络安全管理义务。

最后，公众也应当增强风险意识，提高对生成式人工智能相关技术和应用的认知，依法依规使用生成式人工智能。公众在使用相关服务时，应当注意保护个人信息安全，不要泄露个人隐私；同时，也应当警惕不法分子利用生成式人工智能概念实施的犯罪行为，不轻易相信虚假的投资项目和诱人承诺。实际上，生成式人工智能技术正在快速发展，前沿技术与人们认知之间很可能出现巨大的信息差，从而被犯罪分子利用并实施犯罪。就在 2023 年 3 月 15 日，OpenAI 发布了多模态预训练大模型 GPT-4，其实现了多方面的飞跃式提升。由此可见，ChatGPT 正在快速地"进化"，使用者和社会公众的风险意识也应当随之快速提升。同时，公众也应该按照平台指引依法依规使用生成式人工智能服务。最高人民法院、最高人民检察院、公安部联合发布的《关于依法惩治网络暴力违法犯罪的指导意见》第 8 条规定，利用"深度合成"等生成式人工智能技术发布违法信息，从而实施网络暴力违法犯罪的，从重处罚。考虑到利用生成式人工智能实施不当行为，后果可能因生成式人工智能的强大能力而变得较为严重，公众应加强安全使用生成式人工智能的意识，避免引发严重后果。

（三）"三正"：在风险行为的行为客体层次上治理刑事风险

"正"与"隅"相对。风险行为的行为客体是刑事风险发生时主体的直接作用对象。对客体的完善治理能够阻止行为主体与行为客体的交互，直接制止犯罪行为。其重要性在层次化治理体系中不言而喻。尽管生成式人工智能在目前的技术下已经展现出了一定的自主性，甚至引发了一定范围内对其能否承担刑事责任的讨论，但是，至少在客观的技术条件下，生成式人工智能的所有行为都由人类所操作，并按照人类意志完成各项内容生成任务。人类的主观能动性驱使着大模型的算法对数据进行运算，并最终输出内容。因此，可以将客体"三正"界定为算法、数据和内容。对三者的治理，能够破坏犯罪分子对新技术的利用，避免犯罪行为的产生。

以算法为基点对生成式人工智能刑事风险进行治理有着相应的必要性。算法是技术平台的重要技术成果和竞争优势，一般基于商业考量不会对外公布。在算法不具有公开性的情况下，技术平台有着出于商业利益，操纵算法进行违法活动的可能，从而出现合法的商业秘密法律制度保护非法的技术行为这一离奇状况。这就造成了算法黑箱的社会危害后果。此时，外界监管措施很难深入算法黑箱形成有效监管，构成了刑事风险存在而法律监管缺位的情形。根据《个人信息保护法》第13条，除应对突发公共卫生事件等特殊的有限情形外，个人信息处理者应当取得个人同意方可处理个人信息。个人信息的处理方式发生变更的，应当重新取得个人同意。但是，尽管法律对此有明确的规定，用户个人却由于算法黑箱无法获知技术平台真正的处理方式和手段。技术平台是否利用大模型技术深入挖掘用户个人隐私，是否构成《刑法》第253条之一规定的侵犯公民个人信息罪，用户也无从得知。事前治理的缺位导致刑事风险可以不受控地滑向刑事犯罪的发生，造成良善公民的权益受到侵害的后果。为此，有必要加强算法治理，排除算法黑箱内隐含的可能刑事风险。

数据是生成式人工智能刑事风险的重要来源。上文已经单独将数据层的刑事风险独立为一层进行了分析。互联网时代，数据已经成为重要的个人信息，能够从中识别出个体的特定特征，获取个体的隐私信息。[1]根据《数据安全法》的规定，利用互联网等信息网络开展信息处理活动，应当在网络安全等级保护制度的基础上，履行数据安全保护义务。重要数据的处理者除应当加强风险监测外，还应当按照规定定期向主管部门报送风险评估报告。生成式人工智能实际上是对训练数据的分析整合，通过对投喂数据的深度学习，

---

〔1〕 参见谢澍：《互联网时代金融检察的"全流程"改革》，载《暨南学报（哲学社会科学版）》2023年第6期。

提取出面对特定提示词时特定的输出内容。技术平台作为以数据为营业本质的商业企业，负有《数据安全法》所规定的各项义务，应进行相应的信息网络安全管理行为。同时，数据如果来源不当的，有可能侵犯知识产权；特定情形下还可能造成国家秘密、情报的泄露，直接引发刑事风险。有观点认为，我国个人信息保护法和数据安全法中要求数据使用者获得作为信息主体的个人同意，以及刑法对数据获取行为的过度保护会阻碍生成式人工智能的发展。[1]但是实际上，数据的利用本就应受到规制，以便实现数据利用的良性发展。现有信息并不能表明取消对数据利用主体的应然规制，就能使得数据产业获得更好的发展。就目前情况观察，对数据使用者的适当规制，能够防止这一行业在侵犯公民合法权益的基础上野蛮生长、徒留一地鸡毛。

对生成式人工智能输出内容的治理涵盖了排除算法风险和数据风险后剩余的风险领域。此时，尽管算法和数据都处于正常状态。大模型仍然可能出于偶然因素输出错误内容，进而诱发刑事风险。这是由大模型输出内容的不可知性决定的。尽管投喂的数据已经经过了恰当的过滤和筛选，模型仍然可能自发地整合提取出一些违反法律和社会一般认知的错误信息，进而诱发刑事风险。"一些生成式人工智能应用会在事先毫无征兆的情况下，生成一些带有片面性、倾向性、欺骗性和攻击性的内容，极易引发违法犯罪。例如，ChatGPT 的回答有时会侮辱用户，称用户'表现得像个说谎精、骗子、操纵者、恶霸、虐待狂、反社会者、精神病患者、怪物、恶魔、魔鬼'。"[2]

对算法、数据、内容的治理应从内部和外部两方面入手。就内部而言，平台自身应该采取技术手段，保证算法、数据、内容的刑事合规。首先，平台应当建立风险审查机制，当刑事风险超出预设的阈值上限时，及时提示并提供快速删除、终止操作渠道。当大模型输出的内容中敏感关键词词频及比重超出预设数量时，风险审查程序及时提示后台监控人员，由后台人员决定是否进行风险防范措施。全国信息安全标准化技术委员会制定的技术文件《生成式人工智能服务安全基本要求（征求意见稿）》中也已经明确提出，提供者应该对模型进行安全评估，包括语料安全评估、生成内容评估和问题

---

〔1〕 参见李振林、潘鑫媛：《生成式人工智能背景下数据安全的刑法保护困境与应对——以 ChatGPT 为视角的展开》，载《犯罪研究》2023 年第 2 期。

〔2〕 盛浩：《生成式人工智能的犯罪风险及刑法规制》，载《西南政法大学学报》2023 年第 4 期。

拒答评估，并需覆盖意见稿中所有条款细则项。其次，平台应当建立分级安全机制。近年来，平台内部数据库明文存放用户信息，导致用户信息大规模泄露的恶性事件屡见不鲜。对于用户的个人账号、密码、身份识别信息，平台应提高安全管理等级，保障用户隐私。同时，生成式人工智能在使用过程中可能接收到用户提交的内部资料，个人享有知识产权或不愿泄露的资料。平台在提高用户服务体验的基础上可能会对这些资料进行一段时间的保存，但是在用户完成使用，得到生成式人工智能反馈的内容后，平台应该及时删除。在保存上述文件的过程中，平台也应对此进行区别于普通信息的分类安全管理，优化信息存放技术方法。另外，平台针对模型本身，应当进行技术优化。例如，当算法设计存在缺陷，容易输出偏见性结果和违法性内容时，平台应对算法存在的技术风险进行技术处理，排除模型本身的合规风险。生成式人工智能按照所使用算法的不同，往往会由开发人员进行不同程度的超参数调整，从而优化模型自动学习后的自发性偏差。超参数的微调同时还能使得模型针对特殊的领域有着更好的效果。因此，当模型在某种自发性偏离上出现雪崩式扩大时，可以由技术人员进行参数调整，从而消除模型可能出现的错误输出和内隐偏见。

就外部而言，对技术平台刑事风险的监管应该采取体系化监管的思路。正如上述治理原则中所述，对生成式人工智能刑事风险的治理应当事前预防和事后制裁相结合。体系化监管的内涵要求对技术平台的监管应该是全流程、多手段、成体系的。在流程上，监管要从模型的运营过程向模型的开发过程、试运营过程、升级过程迈步，将针对模型与用户交互过程的监管穿透到模型研发过程之中。在手段上，尽管治理对象为生成式人工智能的刑事风险，但治理方式不应局限于刑事制裁。对技术平台的指引性文件、行政法规、部门规章，都可成为助力平台远离刑事风险的裨益。监管机构与技术平台的日常性沟通机制，也是将刑事风险扼杀于摇篮的良方。全流程多手段的治理，将着眼事后回应的、监管部门于事前缺位的刑事风险治理模式变为刑事风险的综合性消弭模式，有助于技术平台加强对算法、数据和内容的治理，促进生成式人工智能技术的有序发展。

（四）"六隅"：在风险行为的构成要件层次上治理刑事风险

"隅"与"正"相对，指的是旁边，侧翼。但这并不意味着其在构成要件层次上对刑事风险的治理就并不重要。之所以归纳为"六隅"，是考虑到生成式人工智能风险行为构成要件的多样性。生成式人工智能技术不仅增强了犯罪分子采用传统手段进行刑事犯罪的能力，还使得犯罪分子能够采用新的手段实施犯罪行为。例如，在侮辱、诽谤犯罪中，犯罪分子能够利用被害人正常的照片，进行"一键脱衣"制造诽谤材料。不了解相关技术的普通公众，就容易根据图片信以为真，造成被害人人格的贬损和社会评价的降低。多样化的风险行为之间难以找到普遍共通的构成要件，难以抽象出共同的行为模式。因此，在构成要件上对生成式人工智能刑事风险的治理，无法像对风险行为客体一样进行直接的治理，而是应采用一定的治理策略，在一定程度上对犯罪构成要件起到阻断作用。在层次化的生成式人工智能刑事风险治理体系中，这一治理层次处于辅助性的侧面地位，对刑事风险的治理起到一定的促进作用，但同时，也是综合治理模式下不可或缺的治理层次。

第一，监管措施上的过程性监管。过程性监管将事后的回应性监管措施前置，是刑事风险治理由事后制裁转向事前预防的必然逻辑指向。监管不再仅仅是事后针对已经发生的刑事风险的刻板回应，而是在刑事风险发生前，在日常流程中及时发现并消弭刑事风险。过程性监管可以在犯罪行为还在酝酿的危险发展阶段做到对犯罪危险的及时回应和处理。在《网络数据安全管理条例（征求意见稿）》第55条中，对过程性监管已有一定的体现："主管部门应当定期组织开展本行业、本领域的数据安全风险评估，对数据处理者履行数据安全保护义务情况进行监督检查，指导督促数据处理者及时对存在的风险隐患进行整改。"定期进行日常性过程监管，能够有力回应上文所述生成式人工智能刑事犯罪与传统犯罪相比特有的归责困境，从源头上而非结果上消除犯罪创伤。

第二，技术治理策略上的底层技数赋能。技数赋能是当前互联网企业合规问题上产生的非传统应对方案。互联网领域风险规范有着不断快速变化的动态性特点。"有别于单一的'技术赋能'或'数字赋能'，'技数赋能'的优势即在于互联网企业将底层技术和数字建模相结合，形成一套技术化、数字化、可视化的立体识别系统，使得互联网企业刑事合规义务识别更加高效和准确。"〔1〕"技数赋能"打通了底层技术逻辑与顶层政策法规之间的连接通道，勾勒出了互联网平台利用自身技术应对合规风险的预案蓝图。通过"技数赋能"治理策略，技术平台能够避免犯罪因素的无意识累加，降低刑事风险在平台不知情的状态下隐形递增的概率，及时消弭潜在的犯罪风险。

第三，治理模式上的合作性治理也是构成要件治理层次上的重要助力。合作性治理着重相关各方的信息交换和良性对话。一方面，信息的流通能够使得相关各方均获得信息的增加效益，从而使各方均增强自身对消除刑事风险这一共同问题的回答能力；另一方面，合作性治理中的良性对话能够使得各方避免无意义冲突的发生，双方的互信能力和理解程度都能在良性对话背景下得到提升。合作性治理的最终目的是形成各方对共同问题的应对合力，从而在社会层面上以最小的成本实现对问题的解决。生成式人工智能的刑事风险，实质上是生成式人工智能新技术所带来的社会危害可能，是生成式人工智能社会危害性在刑事领域的行为具象化。在这一点上，应用已被社会治理实践证明为行之有效的合作性治理模式，无疑是社会治理理论在生成式人工智能领域的再次证明。

第四，合规类型上的自主事前合规。当前，随着企业合规在我国的不断推进。合规模式已经从传统的案发后才进行的事后合规，转向在案发前通过事前合规制度的构建，排除犯罪责任的事前合规。事后合规即通过事后企业合规体系的构建，换取检察机关的不起诉决定或者减轻处罚决定。但在事实上，通过构建事后合规，换取法律上的从宽对待，也无法完全弥补犯罪行为造成的损失。事前合规通过事前的合规制度构建，将犯罪风险扼杀于萌芽之中，或者通过合规制度证明企业缺少犯罪故意，将原本会牵涉企业的刑事犯罪清晰化为犯罪分子的个人行为。"事前刑事合规计划不仅引导企业依法合规经营，且在企业员工涉嫌犯罪的情况下，仍可以有效切割企业与员工的责任，避免企业被员工牵连入罪。"〔2〕生成式人工智能服务提供者应做好事前合规，避免犯罪发生后由于规模庞大的特点给社会造成过于巨大的创伤。目前来看，事前合规能够有效处理生成式人工智能刑事风险和犯罪后果的溢出性，有力地回应了生成式人工智能刑事风险的治理难题。

---

〔1〕　谢澍：《互联网企业刑事合规义务识别：分层、复合与技数赋能》，载《云南社会科学》2023年第3期。

〔2〕　张中、李怡诺：《我国企业刑事合规计划探析》，载《江西社会科学》2023年第1期。

第五，单位责任和个人责任的精准把握。我国刑法对于单位犯罪和个人犯罪进行了区别规定，对单位犯罪采用双罚制。生成式人工智能涉单位犯罪的刑事案件中，在兼顾刑事制裁和产业保护的同时，要避免个人责任的疏漏。生成式人工智能服务提供商作为大型平台企业，有着完善的现代公司治理制度，不因缺少特定人受到不利的发展影响。因此，在基于企业合规等原因对企业从宽处理的同时，要对涉案高管进行准确的责任划分，避免个人假借企业之名行逃脱刑事制裁之实。

第六，脱罪抗辩的准确厘清。生成式人工智能就目前技术应用形式而言，在可预见的将来仍将缺少承担刑事责任的人身基础和财产基础。因此，在刑事归责的过程中，往往会对服务研发者和提供者进行刑事诉讼。但是，研发者和提供者往往会基于因果关系等理由，对犯罪指控提出抗辩。在全球第一起自动驾驶汽车肇事案中，Uber 负责驾驶汽车的人工智能对前方物体识别错误，造成 49 岁的伊莱恩·赫茨伯格被撞身亡。Uber 尽管在美国国家运输安全委员会的调查中被认定为"安全风险评估程序不足"[1]，却并未遭到刑事指控。在生成式人工智能类刑事案件中，应该对研发者和提供者与危害结果的因果关系进行准确认定，避免有过错的服务提供商不恰当地脱罪。如果服务提供商明知生成式人工智能存在技术缺陷，却基于其他原因放任危险发生的，应当认定服务提供商对于犯罪危害结果构成间接故意。

【延伸思考】

尽管就目前的生成式人工智能技术观察，运算所需要的高算力投入限制了入场玩家的体量门槛，但随着 Meta 公司开源 LLama 大模型，以及显卡算力的不断迭代发展，很难说未来个人就没有单独向市场提供生成式人工智能服务的能力。在这一目前仅仅存在于畅想的未来中，生成式人工智能的刑事风险必将比本章所述更加混杂和多样。对这些独立提供生成式人工智能技术服务的个人进行规制，势必与如今对提供生成式人工智能技术服务的平台型企业进行规制不同。此时，又该如何界定生成式人工智能的规制底限？

---

〔1〕 刘俊寰：《Uber 首起自驾致死车祸两年后重开审判，安全驾驶员被判刑 2.5 年！人车协同为啥这么难？》，载 https://mp.weixin.qq.com/s/5MLp-dKXw3TkG_ i763RSDg，最后访问日期：2023 年 11 月 24 日。